新手学开店（实操手册）

杨光瑶 编著

中国铁道出版社有限公司
CHINA RAILWAY PUBLISHING HOUSE CO., LTD.

内 容 简 介

本书是一本关于创业开店的实操手册，全书对开实体店从筹资、选址、装修及管理等相关知识进行了深入浅出的讲解。

全书共包括 12 章，主要内容有：开店前需要做的准备工作、如何选择开店的类型、怎样筹集开店的资金，如何选择店址、实体店手续的办理、店铺的取名和装修、货物的采购、开业前的准备、实体店的互联网推广方式、店铺的管理和经营之道、突发状况的处理及常见的实体店开店技巧等。通过本书的学习，可以帮助读者快速地了解开店需要做的工作及流程。

本书内容实用、讲解科学，采用理论+实例的方式，可以快速帮助读者学会如何开办实体店。因此，特别适合有创业梦想的、想开店创业但是却不知道如何入手、对开实体店有一定了解但不清楚具体细节的创业者及希望提高店铺销售业绩的实体店经营者和管理者。

图书在版编目（CIP）数据

新手学开店实操手册 / 杨光瑶编著. —北京：中国铁道出版社，2016.7（2022.1 重印）
ISBN 978-7-113-21781-5

Ⅰ. ①新… Ⅱ. ①杨… Ⅲ. ①商店-商业经营-手册
Ⅳ. ①F717-62

中国版本图书馆 CIP 数据核字（2016）第 101254 号

书　　名：新手学开店实操手册
作　　者：杨光瑶

责任编辑：张亚慧　　**编辑部电话：**(010) 51873035　　**邮箱：**lampard@vip.163.com
封面设计：MXK DESIGN STUDIO
责任印制：赵星辰

出版发行：中国铁道出版社有限公司（100054，北京市西城区右安门西街 8 号）
印　　刷：佳兴达印刷（天津）有限公司
版　　次：2016 年 7 月第 1 版　2022 年 1 月第 2 次印刷
开　　本：700 mm×1 000 mm　1/16　**印张：**16　**字数：**327 千
书　　号：ISBN 978-7-113-21781-5
定　　价：48.00 元

FOREWORD
— 前言 —

你是否也有创业的梦想，但是却在苦恼没有好的创业项目？你是否也想拥有一家自己的实体店，愿意悉心经营让它茁壮成长，但是目前还在为如何才能开店成功而烦恼？再也不必担心，本书将带领你一起走进创业开店的征途。

如今，不管是年轻人还是有一定工作经验的成功人士，都加入了创业开店的热潮中，这是因为获得好的创业项目的诱惑力远远大于找到一份称心如意的工作，一大批敢做敢为的创业者已经取得了成功。

开办实体店是许多人走向成功的途径，但是如何才能走向成功呢？为了帮助更多的新手快速拥有一家属于自己的实体店，我们编写了这本《新手学开店实操手册》，本书立足于希望通过经营实体店取得成功的创业者，着手于实用，力求在最短的时间内，让创业者快速了解开办实体店的全过程。

本书主要包括了12章，具体包括了以下内容：

- 第一部分为本书第1～2章，这部分主要介绍了在开办实体店前需要做的准备工作，包括战略规划的制定、开店前的市场调查及不同的开店项目的选择方法，通过对这部分内容的学习，让读者可以为开店做足准备，不再为如何选择项目而烦恼。
- 第二部分为本书的第3～5章，这部分介绍了开办实体店前创业者比较关心，同时对开店很重要的融资、选址和手续办理方面的内容，讲述了申请银行贷款、向小额贷款公司贷款、众筹贷款及P2P贷款等不同的贷款方式，让读者可以从多方面融得所需的资金。针对选址和开店前各种手续的办理，通过具体方法和实际案例相结合的方式来讲述，让读者能够更快速地掌握如何选址和办理开办实体店的各种手续。
- 第三部分为本书的第6～8章，实体店在正式开业前还需要为店铺取名、装修、采购货源及进行人员招聘。在这一阶段有诸多细节需要创业者注意，因此在内容上介绍了实体店装修的注意事项、在采购中如何节省成本的具体方法及如何招聘到合适员工的方法，为店铺后期的经营打下良好的基础。
- 第四部分为本书的第9～11章，实体店的经营和管理是贯穿店铺整个发展过程中的，针对当前互联网的发展，介绍了如何利用互联网开展店铺营销，让实体店快速地学会结合线上和线下进行营销，增强竞争力。同时，实体店的管理对店铺的发展也起着重要的作用，因此该部分还介绍了实体店的用人、管理之道，包括如何处理突发事件、如何调整商品价值及如何缴税等，让店铺经营不再是难题。

FOREWORD

— 前言 —

- 第五部分为本书的第 12 章，主要归纳了一些常见的实体店开店技巧，包括花店、餐饮店、服装店及加盟店，让准备开这类实体店的读者能够有所借鉴。

本书的优势在于全面系统地展示了开办实体店的攻略，让创业者面面俱到，帮助其找到好的项目并开店成功。

本书还运用了图例对理论知识进行辅助说明、目的是让读者能够更轻松地阅读，并配备了实战案例，从而更容易和快速学会如何开实体店。

本书适合于想开店创业但是却不知道如何入手，对开实体店有一定了解但不清楚具体细节的创业者，希望提高店铺销售业绩的实体店经营者及拥有创业梦想的有志人士阅读。

最后，希望所有读者能从本书中获益，并通过开办实体店创业成功。

编 者

2016 年 4 月

Contents

目录

第 1 章 做好开店前的准备

拥有一家自己的店铺是许多人的梦想，然而很多人却因为不知如何开店而使得开店计划一拖再拖，最终没能把开店的想法付诸实际。其实开家店铺并没有想象中的那么难，但是也不是一件简单的事情，它只需要经历店铺位置选择、装修及管理等流程即可。

第 2 章 你要开什么样的店

有了开店的计划后，很多人却因为开什么样的店而犯难了。有些人急于开店，在还没有具体考虑好开什么店的时候就随便选择，匆忙开业，最后只得草草关张。如果开了一家不适合自己的店，不仅经营起来毫无动力，也会带来更多的困难。

第 3 章 准备启动资金

想开店没有一定的资金是不行的，没有投资便不会有回报。大多数人在没有资金的情况下会选择不同的融资渠道，融得开店所需的资金。在融资前，需要先确定开店到底需要多少资金。

第 4 章 选择一个“黄金地段”

店铺的位置对店铺来说是很重要的，每一个开店者都希望能够找到一个“黄金地段”。面对面积不等、位置不同的店铺，我们都应该选择出适合自己店铺的开店位置。

第 5 章 让店铺“合法化”

店铺想要合法经营还需要办理相关执照，没有被有关部门认可的店铺，开店以后也会被勒令关闭。其实，相关执照的办理是需要在店铺还未开业前就办理，这样才能使店铺可以顺利开业和经营。

第 6 章 店铺的取名和装修

我们在街头逛街的时候，会被一些让人眼前一亮的店铺名字所吸引而进入店铺。进入店铺以后，如果店铺的装修给人以舒适的感觉，就会让我们忍不住想要购物。由此可见，店铺的名字和装修对店铺经营是多么的重要。

第 7 章 店铺不能有店无货

明天店铺就要开业了，但售卖的商品还未准备齐全肯定是不行的，勉强开业后，前来购买商品的消费者发现货品不全后，很容易对店铺产生不良的印象。

第 8 章 开业大吉前的最后准备

店铺即将开业是一件让人欣喜的事情，这证明前期筹资、选址及货物采购等工作已经基本完成。这时还需要做最后的准备工作，以确保店铺能够按时开业，并且开业后能够顺畅地经营下去。

第 9 章 互联网+实体店的推广方式

随着市场竞争的日益激烈，不懂营销的店铺很容易被淘汰。互联网的发展对实体店的发展产生了一定的冲击，但是从另一方面来说也给实体店带来了新机遇。那些被迫关张的传统实体店，之所以被打败，很大一部分原因是不懂得与时俱进。

第 10 章　掌握店铺的管理和经营之道

许多实体店倒闭的原因不是被竞争对手打败，而是被自己打败的。因为不懂得店铺的管理和经营之道，使得店铺存在的问题日益增多，最终只得关张。作为店铺的管理者，要善于学习和总结，让店铺得到持久的发展。

第 11 章 店铺突发状况的处理

店铺在经营过程中会遇到一些突发状况，比如，顾客要求退换货、店铺遭遇盗窃等。面对此类突发状况，店铺经营人员不能不知道如何处理。

第 12 章 常见的开店技巧

我们前面已经对如何开店创业及经营管理等有了较清晰的认识，在日常生活中有些实体店是比较常见的，也是许多开店者首选的开店项目，因此掌握一些常见的实体店开店技巧很有必要的。

第一章

做好开店前的准备

拥有一家自己的店铺是许多人的梦想，然而很多人却因为不知如何开店而使得开店计划一拖再拖，最终没能把开店的想法付诸实际。其实开家店铺并没有想象中的那么难，但是也不是一件简单的事情，它需要经历店铺位置选择、装修及管理等流程，下面我们来看看开店前要做哪些准备工作。

01
制定开店战略规划

任何时候都不能打无准备的仗，在开店前也不能没有任何准备。制定开店前的战略规划能够让我们对外部环境有清晰的认识，也能够帮助我们更有效地的执行开店计划。

1. 战略规划包括的内容

战略规划是从全局的角度来进行规划，正确的战略规划应符合当前的环境，战略规划的内容主要由以下几个方面组成。

■ 目标

目标是指整体的定位，从开办实体店的角度来说，即要在什么时候成功开店，开店经营以后的收入目标如何，店铺未来 5 年要如何发展等。这个目标应该是未来的并且即将付诸行动的目标。

目标的制定要结合当前的市场环境，比如，当前政策支持哪个行业、哪些行业更有发展前景等。

■ 计划

确定好目标后就需要进行计划，计划书的内容应该尽可能详细。计划好每一阶段要做的具体工作，确定执行的重点及具体的措施，通俗来讲便是用什么样的方法及手段等实现目标。

■ 执行

执行的过程是一个动态的过程，有时会因为某些原因导致执行中断或者出现延期执行的情况，出现这种情况时要根据实际情况调整战略规划的内容。

2. 如何撰写计划书

有些人认为开店不需要撰写计划书，认为计划书没用，于是在没有任何规划的情况下就开店，结果导致了开店失败，最后浪费了时间，也浪费了金钱。

在撰写计划书时可以把计划书中要涉及的内容写好，再根据后期的市场调查及具体执行过程填写上具体的内容，下面我们来看看某一家餐饮店计划书初步规划的内容。

餐饮店计划书初步规划

餐饮店市场调查：根据此次调查结果，餐饮店目标顾客定位于上班一族、学生及商店工作人员。竞争对手主要为目标顾客聚集区域的已开或者即将开业的店铺。

餐饮店名称：×××川菜馆

选址：选址初步定位于有大型学校、写字楼及有商圈的地段。

菜品特色：以川菜为主要特色菜，体现够味、够辣的饮食文化。

店铺设计：店铺面积在 40 ㎡左右，租金为 30 000 元/月，预计在 2015 年 10 月左右完成店铺签订租房合同。

店铺装修：拟定由×××装修公司负责店铺装修及设备安装工作，预计 2015 年 12 月左右完成。

人员配备：招聘员工 5～6 名，店铺装修期间进行人员招聘，工资在 2 500 元/月左右。

餐具：顾客就餐用具选用一次性消毒陶瓷餐具，供应商为××公司。

开业准备：预计 2016 年 1 月左右开业，相关执照办理、店铺推广工作及菜品价格设计等在 1 月前完成。

发展战略：开业初期提供免费小吃以吸引顾客，再采用会员充值方式增强顾客黏性。与网上各渠道合作实现外卖套餐网上订购。随着餐饮店影响力的扩大，逐渐扩宽店铺辐射范围。

上述例子中餐饮店计划书撰写的并不是特别详细，只是一个大致框架。在具体的撰写过程中，可以向上述餐饮店一样先确定计划书的大致内容，然后再进行具体项目的细化。

3. 了解当前热门行业

热门行业是当前备受关注的行业，通俗来讲便是比较“吃香”的行业。那么如何才能了解当前的热门行业呢？我们可以通过查询关键词的方式来了解当前的热门行业有哪些，通过搜索量的比较，即可看出当前他人的受关注度是否较高。

下面我们来看看如何通过百度指数查看关键词的搜索量，此处以餐饮店、饮品店及服装店这 3 个词为例。

Step01 进入百度指数官方网站（http://index.baidu.com/），在首页输入要查看的关键词，再单击“搜索”按钮。

Step02 在打开的页面中输入百度账号和密码，单击“登录”按钮。

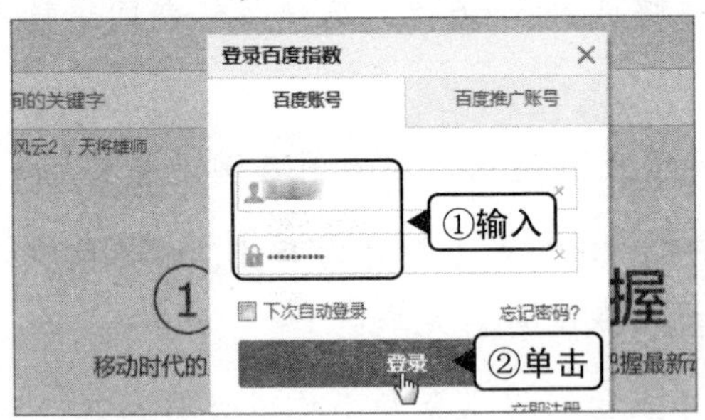

Step03 登录成功后即可查看最近7～30天关键词的搜索情况，还可以查看到关键词的整体趋势。

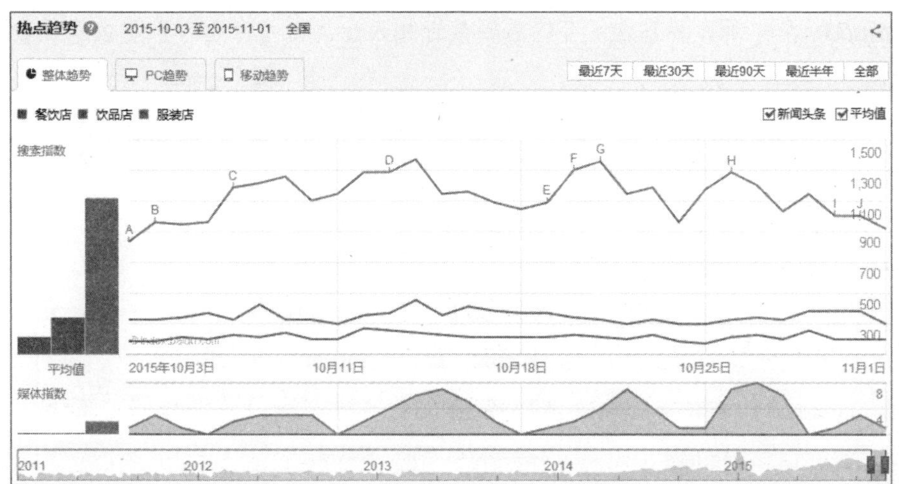

从趋势图可以看出服装店的搜索量从 2011—2015 年都要高于餐饮店和饮品店，可以看出服装店更受大多数人的关注。

除了通过百度指数来分析热门行业外，还可以通过阿里指数来帮助分析热门行业。下面我们来看看如何使用阿里数据分析热门行业。

Step01 进入阿里指数官方网站（http://index.1688.com/），在首页单击“行业大盘”超链接。

Step02 在打开的页面中选择要查询的词汇，比如，选择女装。

宠物及园艺	所有	所有			
LED	安全、防护	办公、文教	包装	宠物及园艺	传媒、广电
代理	电工电气	电子元器件	二手设备转让	纺织、皮革	服饰配件、饰
钢铁	个人防护	工艺品、礼品	化工	环保	机床
机械及行业设	家纺家饰	加工	家用电器	家装、建材	交通运输
精细化学品	库存积压	美妆日化	母婴用品	男装	内衣
能源	农业	女装 选择	用品	汽摩及配件	日用百货

Step03 在打开页面下方便可以看到最近30天女装相关行业的采购数据及数据解读情况。

从上图可以看出，最近30天在女装相关行业中，数码和电脑在淘宝中的市场需求量最大，那么这时我们可以通过百度指数来查询一下数码店中的搜索量，看看数码行业是否比服装店更热门。

在阿里数据中还可以查询属性细分及阿里搜索量排行榜等数据情况，比如，查询女士毛衣属性细分数据，可以得到以下数据，如图1-1所示。

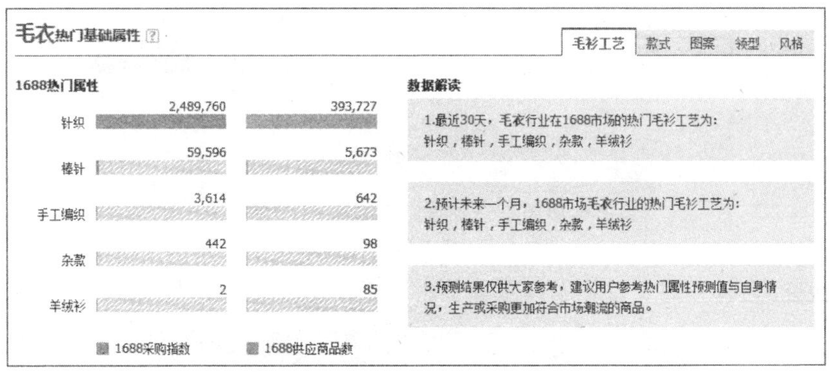

图1-1 毛衣热门基础属性

在对热门行业进行分析时便可以采用上述的方法，首先使用百度指数确定大的方向，再使用阿里数据进行产品的分析。通过反复的对比和分析来了解当前的热门行业。除此之外，某些新闻综合网站也会报道当前的热门行业有哪些，多关注新闻动态也能对了解热门行业起到重要的帮助。

02 市场调查确定开店意向

市场调查是指运用科学的方法，有目的地、系统地收集资料，并对资料进行分析，以了解市场现状。开办实体店前进行市场调查可以进一步确定开店方向，对店铺的创建、后期的经营管理和营销决策提供客观的、正确的资料。

1. 市场调查的作用

市场调查是开店前要做的首要工作，市场调查之所以很重要是因为它对开办实体店来说有以下的作用。

- **了解市场现状**：在不了解市场现状的情况下就贸然开店是不科学的。比如，现阶段的消费者已经不需要小灵通了，但是某一店主却开了家卖小灵通的店铺，那么可想而知，这样的商品是销售不出去的。市场调查能够为了解消费者需求提供参考依据，从而判断出是否有开店的价值。
- **做出正确决策**：市场不是一成不变的，要想在市场中取得成功，那么市场调查是必不可少的，通过对市场调查资料的客观分析，能够及时地发现市场信息和机会，为店铺的建立和经营做出正确的决策。
- **提高竞争水平**：实体店之间的竞争也是很激烈的，如果不能在竞争中占有重要的地位，那么很可能面临倒闭的风险。通过对市场现状和竞争对手的分析，能够有针对地采取不同的措施来提高店铺的竞争力，从而使店铺立于不败之地。

- **提高管理水平：**店铺管理者的管理能力是店铺能否高效运营的关键，通过市场调查可以学习其他行业及竞争者的先进管理经验及技术，并运用在店铺管理中，使得店铺管理水平提高。

2. 如何进行市场调查

在进行店铺的市场调查前需要了解市场调查的方法有哪些，市场调查常常运用的方法如表 1-1 所示。

表 1-1　常运用的市场调查方法

调查方法	含义
观察法	观察法是市场调查的基本方法，指通过眼睛、耳朵等直接观察的方法。比如，去某家实体店看其产品特点及当天顾客流量如何
问卷法	问卷法是指以问卷的形式，对目标群体进行问卷调查
分析法	分析法是指利用现有的资料进行分析，比如，分析某网站的网络问卷调查结果和政府机构发布的统计数据等
抽样法	抽样法是指在全体调查对象中抽取小部分进行调查，根据抽样调查结果分析出整体的情况
实验法	实验法是指把某一产品投入市场中进行试销

开店的市场调查涉及整个开店过程的方方面面，可以把调查内容确定为市场环境调查、竞争对手调查和市场需求调查等。

■ 市场环境调查

市场环境调查是从宏观的角度出发，了解当前的市场环境对开店是否有不利的影响，具体内容可以包括以下几个方面，如图 1-2 所示。

政治环境

政治环境调查的内容包括了解当前政策对某类店铺经营业务是否有限制或者是否有政策鼓励某一行业等，了解当前是否出台了最新的与开店有关的法律法规。

行业环境

行业环境调查的主要内容是调查该行业是否有发展前景，比如，对服装店的调查就要了解当前市场下，人们的审美水平发生了怎样的变化及服装行业的流行色、流行款式是怎样的。

图 1-2　市场环境调查内容

经济环境

一般来说，在经济景气的时候，大多数行业的业绩普遍较好，在这个时候，就要抓住更有发展前景的行业。而在经济不景气的时候也有好的行业，这时在开店的选择上就要更为谨慎。

图 1-2　市场环境调查内容（续）

■ 竞争对手调查

竞争对手的调查是市场调查的重要内容，在一个区域内竞争对手多，那么店铺的买卖自然要难做点，相反如果在一个区域内还没有类似的店铺，但开业后生意火爆，那么也会有人争相效仿。因此开店的竞争对手调查要包括现有的竞争对手和潜在的竞争对手两方面的内容。具体可以调查以下几个方面的内容。

- **产品构成调查：**产品构成调查的主要是对竞争对手店铺内主营产品进行调查，调查商品的销售数量情况，调查销售量较多的热门商品是哪些，以便为后期选择经营商品和进货提供参考。
- **地理环境调查：**该项调查是指调查竞争对手店铺位于怎样的地理环境中，比如，是多分布于学校附近，还是多位于商圈地段等。
- **店铺设计调查：**该项调查是调查竞争对手的店铺装修设计是何种风格、店铺面积、员工数量及货架摆放方式等。
- **商品价格调查：**该项调查的内容包括对主要经营品种价格的调查，以及调查该店铺是否有相关产品折扣优惠活动等，为新店的定价提供参考依据。
- **进店客流调查：**进店客流量调查的目的是，分析竞争对手店铺的主要购买人群是哪类，在哪个时间段、哪个日期客流量更多。

■ 市场需求调查

市场需求调查是以消费者为中心的调查，目的是确定开店的可能性。只有具有消费需求的店铺才能够继续经营下去。市场需求的调查内容可以有以下几方面的内容。

- **目标消费者调查**：目标消费者调查主要调查店铺的主要消费群体的年龄、职业、家庭成员构成、收入、工作地等方面的内容。
- **购买行为调查**：购买行为调查主要调查消费者购买商品的频率、数量、时间段及购买方式等。
- **购买后的评价**：主要调查消费者在购买商品后是否认可该商品及其提供的服务，商品是否能满足消费者的某一方面的需求等。

对市场环境的调查可以使用分析法对现有的资料进行分析。比如，在中国政府官方网站上即可查询到最新的国家政策和法律法规，对经济环境的调查可以在国家数据库网上查看，行业环境的查询则可以通过关键词分析的方法来调查。

除此之外，在大型的新闻网站上也可以查询到相关的数据，比如，网易新闻、搜狐新闻等。竞争对手和市场需求的调查可以使用抽样调查法和观察法进行。如果没有专业的调查人员进行调查，那么可以委托市场调查公司为其调查。

3. 调查数据的分析

得到数据调查资料后还需对资料进行分析以得出调查报告，对调查数据的分析分为对原始数据的分析和二手数据的分析。原始数据是一手资料，对原始数据的分析首先要对资料进行加工，其流程如图 1-3 所示。

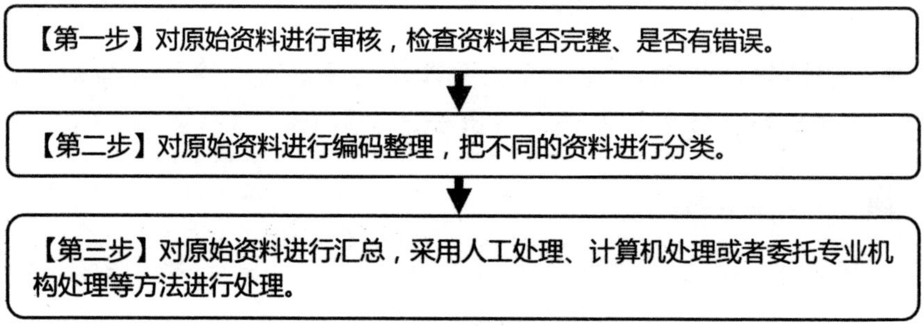

【第一步】对原始资料进行审核，检查资料是否完整、是否有错误。

↓

【第二步】对原始资料进行编码整理，把不同的资料进行分类。

↓

【第三步】对原始资料进行汇总，采用人工处理、计算机处理或者委托专业机构处理等方法进行处理。

图 1-3 原始数据加工流程

二手资料可能是在相关网站上、代理商处、其他市场调查人员处或者对原始资料进行加工处理后获得的，对二手资料的处理也要先审核其真伪性和可靠性，再进行整理归类编制成表格或者其他形式。

对数据进行整理以后，便可以进行分析。在撰写分析结果时可采用描述法、推论法及综合说明法得出分析结果。

4. 其他实用的调查方法

教科书中的市场调查方法往往比较复杂，操作起来也有诸多不便，且投入成本也较高，对普通店主来说可能无法承担过多的市场调查成本。其实一些简单的被忽略的调查方法反而更适合对实体店进行可行性调查，有以下几方面的内容。

- **置身其中法**：置身其中法是指当不了解某个行业时，可以成为某个行业公司的员工，了解其经营状况。比如，要开家珠宝店，可以应聘某珠宝店的员工，了解其盈利状况及市场开拓前景，从而得知该行业是否有市场需求。
- **试销法**：如果是开一家饰品店或者家居用品店等，可以采用试销法。通过在不同场合摆小摊点的方式进行试销，以判断市场的需求状况。
- **网络法**：是指在网站上发起在线问卷调查或者适当的投入广告，看其是否有人点击。
- **代销法**：与相关行业的店铺进行合作，让对方代销商品，看商品是否能够很好地被销售出去。

5. 市场调查不要犯的错误

在市场调查中由于调查人员经验不足常常会犯一些错误，这些错误可能会导致市场调查结果不准确。为使调查结果更加准确，那么就要避免以下错误，如图 1-4 所示。

准确进行记录

在对受访者进行面对面的调查时，可以使用录音笔把访问内容记录下来，以便后期准确地进行数据分析。

正确设计问题

在对调查对象进行访问时，不要问一些模棱两可的问题。比如，你有多喜欢这个节目？这种问题让受访者无法准确回答，可以设计为“你喜欢这个节目吗？”，在问题下面给出几个选项，比如，非常喜欢、一般喜欢和不喜欢等。每一个问题中只能涉及一个变量，变量过多会导致受访者难以正确回答。

问卷排版

对市场调查问卷的排版不容忽视，不要为了节省纸张而压缩页面空间，使得问卷看起来极不美观，导致被调查者不重视问卷。

不要过多计算问题

问卷中不应有太多计算方面的问题，比如，估算家庭的年收入水平等。太多计算问题会引起被调查者的厌烦。

有顺序地进行调查

市场调查应该一步一步地进行，不要在没有完成上一项调查的情况下就急于开始下一项调查。另外，对问卷的设计也应该由繁到简地进行设计。

图 1-4　市场调查不要犯的错误

03 知晓开店的风险

开店是一种投资行为，而任何投资都是有风险的，要想通过开办实体店盈利，那么就需要有一定的风险承受能力。下面我们来看看开办实体店具体有哪些风险。

1. 政策风险

国家的政策是可变的，政策的变动可能会对开店带来政策风险。对某些有特殊要求的店铺，国家政策会有特殊的要求。比如，刘先生在开餐饮店的时候就因为没有明确餐饮业相关的政策法规而受到了处罚，下面我们来看看这个例子。

刘先生新开了一家餐饮店，为了让消费者的人均消费得到提升，于是刘先生对前来就餐的消费者制定了不低于20元的消费标准的规定。但是过了几天，刘先生却接到了工商局的罚款通知，原因是设置最低消费。

刘先生这时纳闷了，之前也有餐饮店设置最低消费为什么他们没有被处罚。原来在商务部、国家发展改革委令2014年第4号《餐饮业经营管理办法（试行）》文件中，第十二条明确规定了禁止餐饮经营者设置最低消费。而刘先生正是违反了此条规定，所以才受到了处罚。

上面刘先生的例子告诉我们，随时了解政策法规的变动情况是很有必要的。对某些行为过去可能并没有明确规定，但是不代表最新政策也没有相关的规定。政策风险是可控的，只要严格遵守相关政策法规，这一风险是完全可以避免的。

2. 市场风险

消费者的消费习惯是会改变的，在店铺的经营中如果商品不能符合当前的市场需求，那么店铺就将面临被“淘汰”的风险。除了消费者带来的市场风险外，竞争者之间的竞争也会带来市场风险。为了应对市场风险，店铺经营者可以做好以下工作。

- 减少不必要的开支，尽可能地节省营业费用。
- 跟随市场动向合理地调整商品价格。
- 提高商品本身的核心竞争力。

- 建立危机处理方案，当店铺发生经营问题时能够很好地应对。
- 把握市场动向，制定有效的市场营销政策。

3. 执行风险

在开店筹备过程中，虽然前期已经制订了完善的计划，但是也可能因为各种原因造成开店计划不能很好地被执行。开店计划不能很好地被执行会导致开店所用的时间增长，也可能会增加额外的投入成本。

造成执行风险的原因有很多，可能是因为执行人员执行不到位，也可能是因为他人造成的，比如，装修公司装修进程缓慢等。面对执行风险时要清楚风险的源头是什么，再采取应对措施。

4. 有形和无形风险

有形风险是可以预测的风险，比如，因为设备陈旧、原材料价格上涨等导致的风险。无形风险是指不能预测的风险，比如，消费者对店铺没有好感、店铺内部员工工作效率低等造成的风险。

面对有形和无形风险，店铺经营者如果能够制定有效的经营管理制度，提高消费者对店铺的信任度，那么就能很好地减少这类风险。

第二章
你要开什么样的店

有了开店的计划后，很多人却因为开什么样的店而犯难了。有些人急于开店，在还没有具体考虑好开什么店的时候就随便选择，匆忙开业，最后只得草草关张。如果开了一家不适合自己的店，不仅经营起来毫无动力，也会带来更多的困难。

01
从自身条件出发

很多人都有这样的经验，做自己擅长的事情总会感觉更加简单；做自己喜欢的事情会觉得更有热情和信心。同样的，如果开店从自身条件出发，会让开店变得更加轻松。

1. 根据个人特长选择

开一家花店需要经营者懂得一定的插花和养护知识；开一家饮品店需要经营者有调制饮料的技术。如果投资者本身具有这方面的特长，那么开店以后的经营可以自己把关，经营起来也会更加顺手。

如果经营者取得了某个行业的资格证书，也会赢得消费者的信任。对于已经长时间荒废的特长，也可以采取重新温习的方式，提高自己的技能。

因为是自己专业的领域，也能更容易提出一些创新点子，提高顾客的认可度。因此开店前，不妨根据个人特长选择要开的店铺。

2. 从自身喜好出发

每个人的喜好是不同的，有些人喜欢手工 DIY；有些人喜欢制作糕点；而有些人则喜欢研究花样百出的菜品。这些不同的人因为喜好不同，因而选择开立的店铺就会有所区别。

也有人因为听别人说开某个店铺特别赚钱，或者本来想开家自己喜欢的花店，却因为他人劝说而开了家咖啡店。

开店并不是一件特别轻松的事情，在这个过程中会遇到很多困难，如果不是自己喜欢的行业，当开店过程中遇到挫折或者经营不善时，就会产生抵触心理，从而对自己经营的店铺产生厌烦感，以至于店铺没有被持续经营下去。

做自己喜欢的事情，即使他人看起来枯燥乏味，自己做起来也会感到无比的愉悦。威廉·理查德·瓦格纳说过："快乐不在于事情，而在于我们自己。"那么什么样的事情才会让自己感受到快乐呢？那便是做自己喜欢的事情。

3. 你的性格决定你开什么店

一个人的性格特点常常决定了他处理问题的方式和看待问题的角度，积极的人在遇到困难时会用积极的心态来面对，消极的人在经历挫折时可能会萎靡不振。其实，性格本身没有好坏，不同性格的人都可以找到适合自己的店。

单一地评价某人的性格是不科学的，因为每个人的性格色彩都是多样化的，但是我们可以根据主要的性格色彩来判断。下面我们来看看常见的几种性格色彩的人适合开哪些店铺。

- **安静、沉默的性格：**个人性格更倾向于安静、沉默的人更适合开咖啡店、有个性的书店、温馨的奶茶店等，这样的店铺可以让同样喜欢安静的人待一上午或者一下午，它贩卖的不仅仅是某样商品，还是一种氛围。
- **活泼、快节奏的性格：**这种性格的人可以选择开家快餐店、精品店或小吃店等，这样的店铺让人感觉节奏很快，每天的客流量会相对较大，因此更适合活泼的人。
- **严谨、关注细节的性格：**这类性格的人做事情有组织性并且谨慎，适合于开药店、美发店等。这类店铺要求经营者足够的细心，如果疏忽可能会造成不可估量的后果。

- **善于创新、友好的性格**：这类性格的人适合于开花店、服装店、酒吧或设计室等。这样的店铺能够带给顾客更加有创意的体验，并且可以根据个性设计商品以满足不同顾客的需求。

不同性格适合开的店还有很多，只要充分了解个人的性格特征，再根据店铺的特征来选择想要开的店即可。当然某些基本品质是开店者必须要有的，比如，坚持、善于学习等。

02 根据人群选择

从自身条件选择要开的店，可能有部分人会说我没有特长，也不知道自己是什么样的性格。那么在这种情况下，即可根据自己所属于的群体来选择开什么样的店。

1. 适合女性开的店

女性创业如今已经不新鲜了，在我们身边随处可见女性经营的店铺。女性开店有着独有的优势，然而要成为一位成功的女老板，选择开什么样的店同样很重要。

对女性来说开一家小店是不错的选择，既是一份事业，又可以追求个人想要的生活方式，还可以实现自我的梦想。适合女性开的店铺有以下几类。

- **精品店**：许多女性都喜爱打扮自己，并且也喜欢一些小饰品，开一家精品店不仅可以满足其他女性购买的需求，获得利润。同时，也可以满足自己喜爱小饰品的爱好。
- **化妆品店**：市场的男性化妆品和女性化妆品都比较畅销，所谓爱美之心人皆有之。对女性来说，开一家化妆品店是个不错的选择。

- **毛线店**：织毛衣、织围巾仍然是很多人会做的事情，毛线的利润也较高，是比较适合女性开的店。
- **美容美发店**：大多数女性花在自己头发上的钱都不少，并且为了漂亮，也不会舍不得花钱进行美发。美发店也是男性经常需要光顾的店，美容美发行业仍然有巨大的商机，女性开家美容美发店是不错的选择。
- **美甲店**：美甲学起来不会太难，开一家美甲店不需要招聘太多员工，也是比较适合女性开的店。

除了上述的几种店铺外，内衣店、服装店及银饰店等都是比较适合女性开的店。

2. 你的星座决定开什么店

不同星座有不同星座的特点，根据星座也可以选择到适合自己开的店。星座通过研究普遍规律来得出结论，下面我们来看看十二星座都比较适合开怎样的店。

- **天秤座**：喜欢打扮是很多天秤座的特点，天秤座对服装有着个人独特的品味，因此开家服装店是最好不过了。天秤座可以售卖有独特风格的服装，再加上很好的搭配，往往会赢得不少买家的青睐。
- **天蝎座**：天蝎座适合开一家电子商品店，天蝎座具有头脑清晰、理智的特点，这种高科技的产品，正适合天蝎座。
- **射手座**：射手座爱自由、不受拘束的特点较适合开一家户外用品和运动用品店。在经营过程中，射手座可以根据个人亲身户外经验为顾客推荐适合的户外用品，因此射手座开一家户外和运动用品店是再好不过了。
- **摩羯座**：摩羯座的人具有含蓄、羞涩的特征，喜欢有历史感的物品，因此摩羯座比较适合开书店或者古董店，他们能够投入其中了解每本书的笔者及写作背景，也能够静下心来研究和收集古董。

- **水瓶座**：水瓶座的人总有自己独特的视角，会发现一些与当前潮流不符，但是却有着独特艺术气息的作品，因此水瓶座较适合开家纪念品店。虽然这种店铺比较冷门，但是水瓶座特立独行的风格不会让他人阻止自己开冷门店的热情。
- **双鱼座**：开一家充满浪漫气息的礼品店是比较适合双鱼座的，双鱼座能够很好地融入自己营造的店铺氛围中，并且双鱼座想象力丰富，能够为顾客挑选到既浪漫又富有创意的礼品。
- **白羊座**：白羊座爱玩、热情，好奇心也特别重。白羊座开家玩具店、健身器材店都是不错的选择，健身器材店能让自己的热情和活力得到释放，玩具店能够满足自己爱玩的心性。
- **金牛座**：务实、踏实是很多金牛座的特点，具有理财意识的金牛座常常会把经济性和实用性放在首位，开一家食品店及保养品店比较适合金牛座。
- **双子座**：双子座富有变化、善于沟通，感兴趣的东西很多。开家种类繁多的便利店，或者电子产品店都较适合双子座。
- **巨蟹座**：开家日常生活中常用的商品的店铺，比如，小卖部、家居用品店，可以让巨蟹座的亲和力得到很好的发挥，给顾客一种亲切的感觉。
- **狮子座**：狮子座更适合开家高档商品的店铺，比如，专卖店、珠宝首饰店等。狮子座喜欢华贵的商品，价高的商品才能衬托狮子座自信、大方的特点。
- **处女座**：处女座具有爱干净、严谨细致的特点，开家清洁用品店很符合处女座，虽然生意可能会相对冷清，但是处女座也能从中找到乐趣。

3. 适合青年开的店

年轻一族具有青春活力，他们中有一部分人并不愿意成为朝九晚五的上班族。目前，年轻一族创业开店的人越来越多。那么年轻人比较适合开哪些店呢？如图 2-1 所示。

动漫配件店

在学校周边或者人群密集的区域开家动漫配件店是比较适合年轻人的，热爱动漫和游戏的年轻人不仅能够乐在其中，还可以与有共同爱好的人进行交流。

情侣用品店

情侣装、情侣水杯等是许多情侣都愿意购买的商品，大多数情侣也舍得花钱购买代表两者关系的商品，年轻人开家情侣用品店是很有市场的。

青年旅店

开家为爱旅游的人提供住宿和食品的青年旅店也是不错的选择，这类店铺经济实惠，符合很多外出旅行的人的需求。

早餐店

在学校周边或者小区聚集的区域开家早餐店，符合学生、上班族等没有时间在家做早餐的人的需求。

烧烤店

日夜颠倒是很多年轻人的生活写照，开家烧烤店正符合年轻人这一生活习惯。早上睡觉、晚上开店既满足了个人生活习惯，又能够开店赚钱。

酒吧

为其他年轻人提供一个休闲娱乐、放松的消费场所也可以是年轻人开店的一个选择。让自己的酒吧展现不一样的主题，呈现不同的风格，也会赢得很多年轻人的青睐。

图 2-1 适合年轻人开的店

03 其他选店方法

除了上述的几种选择店铺的方法以外，我们还可以采用其他方法来完成店铺的选择。

1. 利用市场调查结果选择

在前面我们已经了解了如何进行市场调查，在市场调查中会对市场现状有较清晰的认识，在调查中也可能会发现一些好的项目。在市场调查中通过对不同开店项目的对比调查，再通过结果来选择开店项目。

要利用市场调查的结果来选择开店项目，首先要确保市场调查的数据是真实有效的，如果市场调查的数据是几年前的，并且数据也不一定是真实的，那么通过这个结果来选择的开店项目也是不准确的。

市场调查也能够帮助店铺进行准确的定位，利用市场调查结果来选择店铺是比较理性的方法。

2. 选择加盟店还是自营店

加盟店是指企业把服务标章授权给加盟主，让加盟主可以使用加盟总部的形象和品牌开店。开加盟店也是很多人开店的选择，这是因为加盟店有以下优点。

- 加盟店的商标本身具有一定的品牌价值，总公司拥有的技术及开店经验都可以直接利用，可以避免开店经验不足的情况。
- 加盟店拥有自己的核心产品，这类产品在市场中是有竞争力的，能够在市场中站稳脚步。

- 店铺的装修、材料订购都可以获得总公司的帮助，在店铺开业以后也会得到专业人士的指导。
- 总公司会对市场环境进行分析，及时了解市场动向，同时帮助店主做出营销决策，改变经营方式等。
- 面对竞争对手，总公司会制定应对措施，提高店铺自身竞争力。

开加盟店可以省心、省事，但是开加盟店也有缺点，它的缺点主要有以下几个方面，如图 2-2 所示。

1 加盟店的加盟费用较高，有时还要负担推广营销的费用。

2 加盟店经营方法一般都有具体规定，很难创新。

3 加盟店不能轻易地转手，必须要得到总公司同意后才能转手。

4 加盟店会受到总公司的限制，比如，货源采购等。

图 2-2 加盟店的缺点

开加盟店有两面性，开自营店同样有两面性。选择开加盟店还是开自己经营的店，很多人都无从抉择。自己开店投入成本比加盟店要少，但是如果经验不足就免不了要“交学费”，同时开店的风险也更大。

开加盟店的风险比自营店小，但是会受到总公司的诸多限制。如果在行业已经具有一定的经验并且有一定的抗风险能力，这时可以选择自营店，如果对行业一窍不通，并且也不愿意花太多时间和精力亲力亲为等完成从开店到经营的过程，那么即可选择开加盟店。

除此之外，如果想要自己完全掌握店铺的经营和管理权，那么就要选择自营店。自营店对经营者的要求虽然较高，但只要经营妥当，一样能够获得丰厚的利润。

3. 根据区位选择

在不同的区域位置选择的店铺类型是不同的，比如，在学校周边、写字楼附近会开不同的店铺。如果自己拥有店铺，为了节省店铺租用的成本，这时即可根据店铺所在的位置选择开店类型。下面我们来看看在不同的区位都适合开哪些店。

- **学校**：学校开店面对的主要消费群体便是学生，在学校附近可以开文具店、小吃店、饮品店、书店及精品店等。
- **写字楼**：写字楼开店面对的消费群体是上班族，在写字楼附近可以开快餐店、早餐店、便利店、咖啡店、西餐店、甜品店及披萨店等。
- **步行街**：步行街是休闲娱乐和购物的场所，在步行街可以开服装店、小吃店、饰品店、珠宝店及折扣店等。
- **住宅小区**：住宅小区可以开一些能够为小区住户服务的店铺，比如，日用百货店、水果店、蔬菜店和干洗店等。
- **店铺集中区**:在某些城市，某类型的店铺往往会集中起来形成特殊的商业圈，比如，数码城、灯饰城、汽配城等。在这种集中区可以选择同类的店铺，因为来这儿购买商品的顾客都有明确的需求。
- **车站附近**：车站附近每天的人流量很大，面对的消费者主要是旅客，因此在车站附近可以开青年旅店、报刊店、彩票店、便利店及快餐店等。
- **医院附近**：医院附近面对的消费者大多是在医院就医的人和病人家属，在医院附近适合开花店、医疗器材店、快餐店、母婴用品店、营养品店及日用品店等。
- **菜市场附近**：菜市场附近面对的消费者主要是周边住宅区的居民，可以开米店、粉店和凉菜店等。

- **工业区附近**：工业区附近面对的大多是在工业区上班的人，可以开餐饮店、小吃店以及烟酒店等。
- **公园附近**：公园附近面对的大多是以休闲娱乐为主的消费者，可以开玩具店、小吃店以及礼品店等。

04 营业范围的确定

选择好要开的店铺以后，还需要确定店铺的经营范围。通俗来讲就是店铺要卖怎样的商品。营业范围是否能够在竞争者中脱颖而出也是店铺是否能够经营成功的关键。

1. 把握好定位

餐饮店有西餐店、中餐店、快餐店及自助餐饮店等，选择不同的餐饮店类型，那么经营的菜品也就不同。把握好店铺的定位对经营范围的选择有着重要的作用，在对店铺经营范围进行定位时，可以注重把握以下几个方面。

- **确定目标顾客**：对店铺的目标客户进行定位，比如，目标顾客是有孩子的家庭，那么店铺的定位可以确定为童装店；目标客户是时尚女性，那么店铺可以定位为潮流女装店。
- **确定店铺大小**：面积较大的店铺的经营范围可以广泛一些，如果店铺较小，那么就需要精简经营范围。
- **确定区域**：同样的店开在不同的区域，其营业范围也是不同的，并且不同的区域商品价格也会存在价差，这会影响营业项目的成本，因此确定店铺的区域也是很重要的。
- **确定竞争优势**：竞争优势是有别于其他竞争者的核心产品，对具有核心竞争力的产品要定位清晰。

2. 如何确定营业范围

对店铺有了清晰定位后确定营业范围就比较简单了，同时也可以通过了解竞争对手的营业范围来确定自己店铺的营业范围。最简单的方法就是实地考察，到竞争对手的店铺中查看其经营范围是怎样的。

通过对竞争对手店铺的实地考察可以获得许多有价值的信息，除了能够了解到竞争对手店铺的经营项目外，还可以了解到竞争对手的店铺装修风格、促销方式等。

另外，有些店铺也有自己的官方网站或者微信，通过网络渠道也可以了解竞争对手的经营项目有哪些。

比如，目前打算经营一家快餐店，那么我们可以在网上查看有官方网站的快餐店的菜品有哪些，下面我们以乡村基为例，来看看如何在网上查看乡村基的菜品情况。

Step01 首先进入乡村基官方网站（http://www.csc100.com/），在打开的页面中选择“乡村基美食”选项。

Step02 在打开的新品推荐页面中可以看到许多的菜品，选择其他选项可以了解其他选项下的菜品情况，比如，单击“营养早餐”超链接。

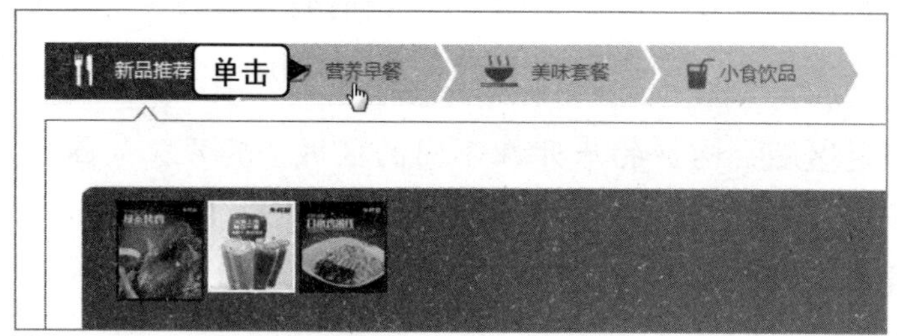

Step03 在打开的页面中便可以看到营养早餐选项下的菜品情况。

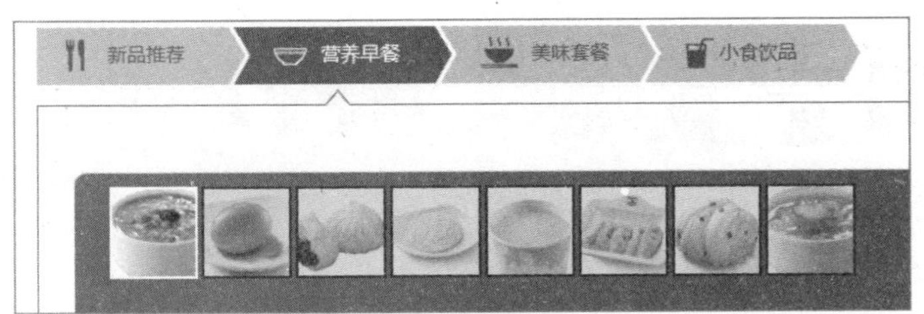

通过微信查看竞争对手的经营项目也是很简单的，比如，要开家蛋糕店，那么即可关注某些蛋糕店的微信公众号，来查看其蛋糕品种有哪些，下面以好利来蛋糕为例来看看具体怎样操作。

Step01 进入个人微信公众号后，在“通讯录”菜单栏中选择“公众号”命令，在打开的页面中点击“+”按钮。

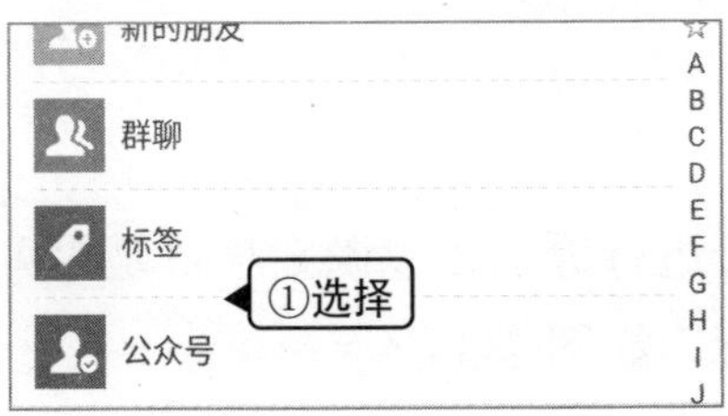

Step02 在搜索框中输入“成都好利来”，在打开的页面中点击公众号名称超链接。

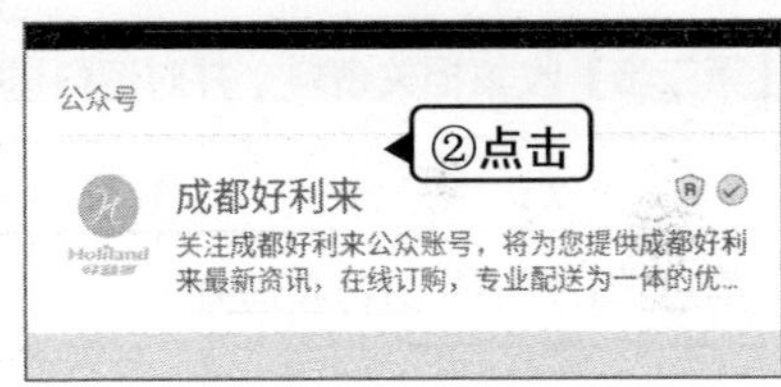

Step03 在打开的页面中点击“关注”按钮，进入微信公众号后，在“线上商城”下拉菜单中选择“微信下单”命令。

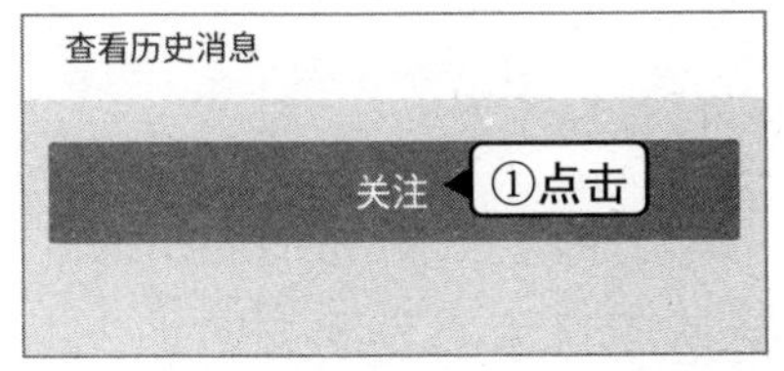

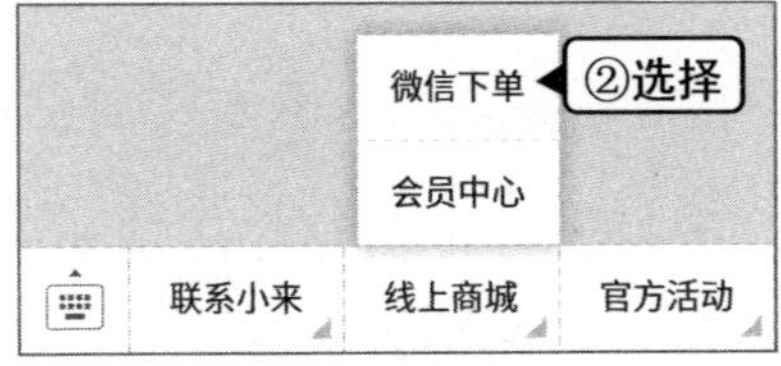

Step04 进入商城页面后可以看到不同的蛋糕系列，点击其不同系列名称超链接，比如，点击“经典系列”超链接。在打开的页面中便可以看到该系列下的蛋糕品种。

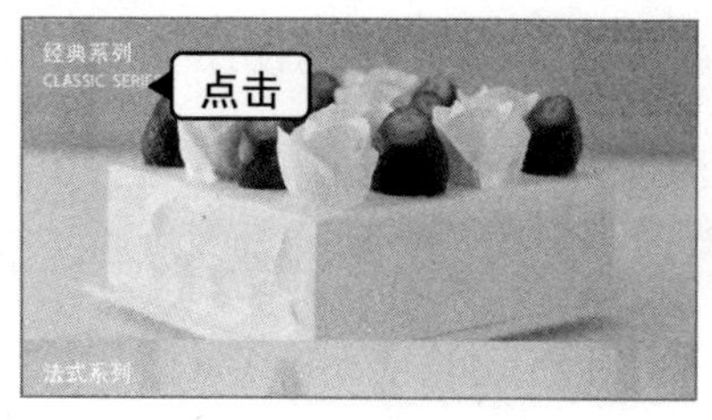

了解竞争对手的经营项目可以为自己店铺确定营业范围提供参考资料，要使自己的店铺在竞争对手中脱颖而出还需要有自己的独特卖点，比如，餐饮店需要有特色菜。因此在确定经营项目时还需要确定几项有自身特色的产品。

3. 如何评估选择的项目

确定好开店项目后还需要对项目进行评估，以确定项目是否可行。对项目进行评估可以按以下流程进行，如图 2-3 所示。

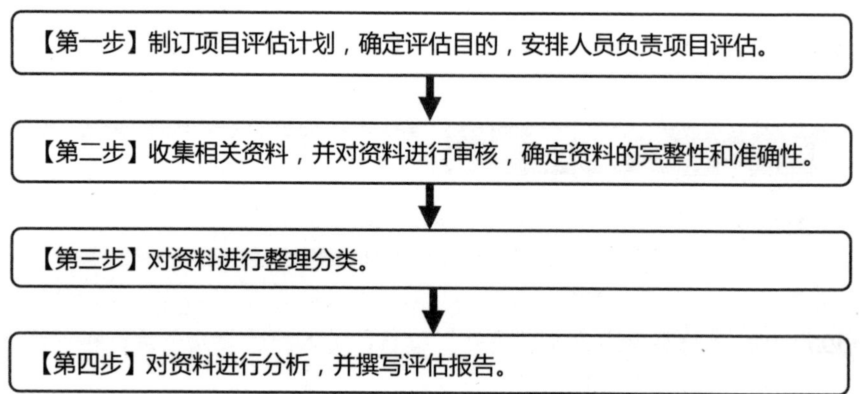

图 2-3 评估项目可行性流程

对项目进行评估是在店铺还未经营之前就必须进行的，对项目可行性评估可以从两方面出发，一方面是项目本身是否可行，另一方面是操作项目的负责人是否可行，在确定评估目的时便可以从这方面来制定。

在收集资料时可以通过问卷调查、网上调查及使用其他市场调查的方法来完成。因为是对经营项目进行评估，那么在收集资料时可重点关注产品用途、功能特点，以及主要应用是否能够满足消费者需求这几方面。

对原始资料进行整理以后，便可以通过分析撰写评估报告了。在撰写项目评估报告时要遵循以下几个原则。

- **客观原则**：避免先入为主，用自己的想法来评估项目。
- **规范化原则**：在评估的过程中，采取定量分析与定性分析相结合的方法。
- **科学、公正原则**：在评估时要有科学性，实事求是地撰写评估报告。
- **可比性原则**：在评估过程中有时会对不同的项目进行比较，选择的对比项目必须是有可比性的项目。
- **分析方法结合原则**：在评估时可以采用微观效益分析与宏观效益分析相结合的方法，以及技术分析和经济分析相结合的方法。

在具体的撰写过程中可以把报告内容制作成评估表的形式，下面我们来看看某家花店的评估表的部分内容。

表 2-1 ××花店经营项目评估表

产品类别	报告内容
情人节花束	根据调查分析，情人节是送花的高峰期，在这个节日里各家鲜花店和批发市场的鲜花销售量都很高，鲜花类型为不同包装和颜色的玫瑰花
教师节花束	根据调查分析，教师节鲜花的购买者主要为学生家长和学生本人，教师节送花种类较多，主流产品为康乃馨、百合等，可搭配包装产品
慰问花束	慰问花束主要表达的是关怀，主要购买者为医院家属，由于花店附近没有大型医院，可适当减少慰问花束采购量
生日花束	生日花束的受赠者大多以女性为主，鲜花设计可以按照数量的不同搭配
商务花束	婚庆、会场装饰及开业花篮等的市场需求也较大
祭奠花束	祭奠花束在不同的鲜花店需求量都比较大，祭奠花束以白色和黄色为主

续表

产品类别	报告内容
多肉植物系列	多肉植物养护简单、种类丰富、外形可爱，受到很多人的喜爱，多肉植物也很有市场
空气净化植物	空气净化植物具有吸收异味，如甲醇等的作用，也受到很多家庭的喜欢
水培植物系列	水培植物在室内和室外都可以养，根据调查显示水培植物在办公场所和个人家庭中都很受欢迎
观叶植物系列	观叶植物叶片美观，并且养护方便，市场需求也较大

当然，项目评估只是一个初步预测，实际情况会与预测结果有一定的偏差。在后期店铺的经营和管理中，发现所经营的某个项目没有市场，那么就需要及时地调整项目。

第三章
准备启动资金

想开店没有一定的资金是不行的，没有投资便不会有回报。大多数人在没有资金的情况下会选择不同的融资渠道，融得开店所需的资金。在融资前，需要先确定开店到底需要多少资金。

01
开店需要哪些资金

开店需要花钱，但是也不能白花钱，经营者还需要明白钱都花在了什么地方，花得有没有价值。同时，为了节省开店成本，还可以采取一些方法来降低开店的投入。

1. 投入资金的构成

在开店之前融资之时，店铺的投资者首先需要了解开店都有哪些资金投入。这些资金的投入便是开店前期的成本，下面我们来看看开一家店具体需要哪些投入。

- **店铺投入**：是开办实体店店铺必不可少的支出，如果是租用店铺，那么就需要支付给房东租金；如果是自己的店铺，也要按照当前店铺的租用价格把这个成本算上，因为如果不开店把店铺租出去也会产生收入。
- **店铺装修**：开不同类型的店铺需要对其进行不同的装修，店铺装修需要投入资金。
- **水、电、气和网费**：一般来说，商业用电用水的价格比居民用电用水的单价更高。免费无线上网也是现在很多店铺提供给顾客的一种服务，因此网费也是一项投入。
- **桌椅、货架等购买费用**：购买店铺所需的桌椅、货架、店面广告牌及收银设备等都需要投入。
- **员工薪资**：招聘店铺营业员以后，需每个月支付给员工薪水，如果有员工奖励制度，那么还需要支付提成奖励。
- **物业费用**：大多数店铺需按照建筑面积支付物业管理费。
- **进货成本**：购买店铺销售的商品，需要投入一定的资金。

- **工商税费**：办理开店的执照需要费用，同时在店铺的经营过程中也需要缴纳税费。
- **运输费**：商品在运输过程中需要支付运输费。
- **其他费用**：包括员工服装费、员工培训费、设备折旧及杂项费用。

由于店铺类型营业模式的不同，其产生的费用可能会有所区别，比如，花店、服装店等一般不会产生气费。

2. 计算投资成本

了解了开店的投入构成后，要明白开店需要多少资金，还需要计算一番才会知道。在不同的地区开店的成本也是不同的，下面我们以一个具体的案例为例，看看在成都市开一家花店需要多少成本。

张女士决定在成都市开一家花店，但是不清楚开花店具体需要多少资金，于是张女士进行了以下的计算。

店铺租用：张女士打算租一间 15 ㎡左右的店铺。目前，在成都市租用地段较好、面积大小在 15 ㎡的店铺的成本大概为 5 000 元/月，店铺租用多为押一付二，因此总费用大概为 15 000 元。

装修费：张女士决定找装修公司对店铺进行装修，按照张女士的装修要求，费用大概是 8 000 元。

设备购买：购买鲜花冷藏柜、收银设备、鲜花打刺机、花架、海报牌及花篮等设备大概需要 10 000 元。

购买鲜花及运输费用：鲜花购买成本大概为每次 3 000～5 000 元。

员工薪资：员工薪资为 1 800 元～2 500 元/月。

其他费用：工商税费、水电费用、网费及其他费用在初期的投入约 3 000 元。

通过合计，张女士计算出开家花店的初期投入至少要在 40 000 元左右，由于成本是可变的，在具体的开店过程中有可能会增加成本，张女士预计这次开店至少需要准备 50 000 元左右的投入资金。

3. 计算店铺管理成本

店铺管理成本是指店铺在经营管理过程中会涉及的费用，店铺只要在经营，每天都会产生费用，这些费用是在营业过程中每月都需要支付的，管理成本主要由以下几方面构成，如图 3-1 所示。

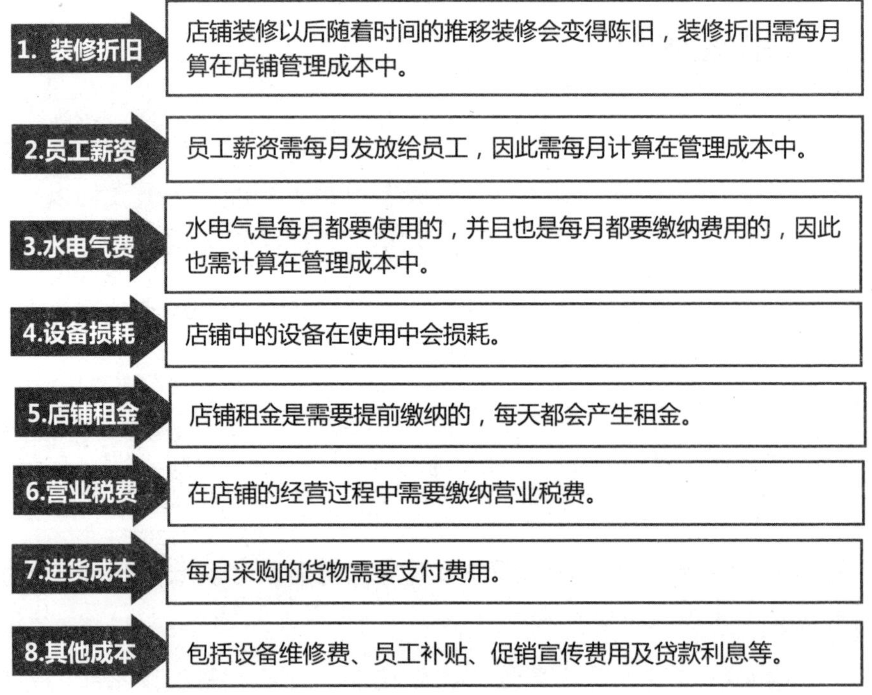

图 3-1 店铺管理成本

店铺的管理成本可以分为两部分，一部分是固定的成本，另一部分是不固定的成本。一般来说，店铺租金、员工薪资、装修折旧及设备损耗是固定的。水电气费、进货成本及其他成本是会变动的。

不同行业经营过程中的管理费用和销售收入是不同的，通常情况下管理费用与营业收入的比值在 10%～15%左右比较合理，在具体的经营过程中，就要控制好管理成本。

4. 预算营业额

开店是一种投资，投资的目的是获得利润。店铺要盈利，那么每月的收入就必须大于成本和费用的总和。在店铺开业前可以预估营业额，来初步分析店铺开业后是否能够盈利。影响营业额的因素主要有以下几个方面。

- **区域内消费能力**：一个区域内的消费能力与居民数量和人流量大小有关。
- **假日天数**：一般来说，节假日时人们的消费欲望会更加强烈，节假日天数较多的月份的营业额会比其他月份稍多。
- **促销宣传**：店铺在开展促销活动时，人们会因为价格实惠而购买商品，从而增加营业额。
- **季节变动**：对某些行业来说，季节变动也会影响其营业额状况，比如，冰激凌店在夏季的销量明显高于冬季。
- **学生假期**：在学校周边开店会受到学校放假的影响，放假期间销量会有所降低。
- **竞争对手**：如果在同一区域内有竞争对手的加入，对店铺营业额也有影响。
- **其他变动**：包括商圈变动、道路改造、营业时间变化等，这些都会影响营业额。

顾客进店消费以后才会产生营业额，然而并不是所有路过店铺门口的人都会进入店铺，因此在预估营业额时要考虑一个因变量，那便是入店率。

通俗来讲，入店率便是店铺客流量与进入店铺内的客流量的比率，具体公式为：

进店客流数量÷经过店铺门口的客流数量×100%＝入店率

在一个区域内，常住居民的数量是相对固定的，对一个区域类常住居民的消费能力可以用以下公式进行计算：

户数×入店率×进店购买量=常住居民的消费能力

一个区域内还有流动人口，每天的流动人口数量虽然是不确定的，但是可以计算出平均值，从而得出流动人口营业额，具体公式为：

流动人口营业额=每小时平均人数×客单价×入店率

由于不同年龄阶层的人消费能力和入店率是不同的，因此在计算时还需要使用以下公式：

每日流动人数营业额=不同年龄阶层流动人口营业额总和×常数

下面我们来看一个案例，具体是如何预算营业额的。

在以店铺为中心的 1km 内、2km 内、3km 内区域内，常住居民数分别为 50 户、100 户、150 户，对应的入店率为 20%、15%、10%，预估购买量分别为 30 元、15 元、5 元，那么常住居民消费能力为：

1km：50×20%×30=300 元

2km：100×15%×15=225 元

3km：150×10%×5=75 元

区域总消费能力：300+225+75=600 元

店铺门口不同年龄阶段的流动人口情况，以及入店率和购买量如表 3-1 所示。

表 3-1　不同年龄阶段的流动人口情况

项目	0~20 岁（含）	20~40 岁（含）	40~60 岁（含）
入店率	5%	25%	10%

续表

项目	0~20 岁（含）	20~40 岁（含）	40~60 岁（含）
购买量	5 元	15 元	10 元
每天人流量	10 人	30 人	25 人
总计	2.5 元	112.5 元	25 元

如果常数为 5，每日流动人口营业额为（2.5+112.5+25）×5=700 元。

每天总的预估营业额为 700+600=1300 元。

虽然还有其他因素影响营业额，但是对新店来说可以暂时不用考虑其他因素对人流量的影响，而只是计算通常情况下的营业额情况。

入店率及人流量数据可以通过对竞争对手的调查来得知。比如，选择十几家竞争对手的店铺，对它们采取抽样调查的方式来考察。

02 如何获得启动资金

很多人有了好的开店项目后，但是却因为筹集不到开店所需的资金而导致投资计划被搁置，其实获得开店启动资金的方法很多，下面我们就一起来看看具体有哪些方法。

1. 个人积蓄

很多人开店的第一笔资金来源常常是个人积蓄，特别是对小本开店的投资者来说，是一个不错的选择。在有动用个人储蓄开店想法前，就要注意精简自己的开支，尽可能使得开店资金充足。

除此之外，如果个人积蓄是为了定期存款或者购买其他理财产品，那么就需要在动用资金的前几天就把资金转存为活期存款，否则可能因为资金不到位而导致开店进程被阻隔。

使用个人积蓄进行开店要注意，投入的资金不能是自己的所有积蓄。开店是存在风险的，如果把所有积蓄都投入到开店中，不仅会对个人造成心理压力，而且一旦开店失败，那么很可能到头来连个人生计都无法维持。

个人储蓄是一点点积累起来的，在开店计划并不是很紧急，并且存款不多的情况下，可以通过理财投资来积蓄自己的资金，等攒到了一定的存款以后再实施开店计划。

通过合理的理财是可以快速地积蓄到启动资金的，理财的方式很多，比如，股票投资、基金投资及购买理财产品等。此次理财的目的是积累，那么理财的方式也应以稳健型为主，在资金充足的情况下，可适当购买有一定风险的理财产品，最好不要投资期货等风险较大的产品。

2. 向他人借款

向他人借钱也是获得启动资金的一种方法，向他人借钱要考虑到借钱的对象，如果没有找准借款对象，想要借到钱也是难上加难。下面我们来看看向哪些人借钱更容易借到钱。

- **父母**：一般来说，父母有一定的积蓄，并且很多父母都支持自己的子女创业，因此向父母借钱是比较容易成功的。
- **亲戚**：最好向有血缘关系的亲戚借钱，向一般关系的亲戚借钱成功率较低。
- **朋友**：向自己的好朋友借钱，比如，发小、闺蜜等，也是比较容易的事情。
- **同事**：向同事借钱要找关系密切的同事，如果只是点头之交的同事，那么借款的成功率并不高。

不管是向谁借款，要顺利借到钱也要掌握一定的方法，如果直接告知他人“借我点钱”，那么他人是不会轻易借的。向他人借钱时要掌握以下的方法，如图 3-2 所示。

确定金额

向他人借钱之前要确定借钱的金额，考虑到对方的经济能力，如果对方没有多余的存款，那么就很难借出。

表明目的

不管是向谁借款都要表明借款的目的，因为开店需要借款可以直接告知，开店创业并不是一件丢脸的事情，明确告知为开店而借款反而会得到他人的支持。如果隐瞒借款目的，会让人感觉借款人不值得信任。

提供保障

大额的借款都需要向他人提供保障，打张借条并写明偿还日期、利息等，让他人知道这个钱是能够收回来的，提供了还款的保障才能让人信服。

找准时机

开口借款还要找准时机，引入话题，如要在气氛较好的时候借款。比如，在和父母闹矛盾的时候向父母借款，这时父母会因为还在气头上而不愿借出。

图 3-2　顺利借款的方法

3.　合伙人投资

一个人的资金不够开店，或许两个人的资金便够了。在合伙人自愿加入的原则上，让不同的合伙人投入不同的资金从而筹得开店资金。并不是所有的人都可以成为合伙人，在寻找合伙人或者有合伙人自愿加入时都要考察合伙人是否靠谱。

由于合伙人内讧或者不合适导致散伙的例子很多，为了避免自己的店铺也遭遇这样的状况，需要为自己挑选合格的合伙人，那么怎样的合伙人才是合格的合伙人呢？合格的合伙人要满足以下条件。

- **认可项目：**合格的合伙人首先要从心里认同开店计划，有些合伙人因为投入资金不多就抱着试一试的心态加入其中，其实内心并不认可开店项目，一旦遇到困难就提出散伙，对于这样的合伙人一定不要选择，判断这类合伙人的方法便是和其探讨开店方案，看其是否能够融入其中并提出自己的意见。

- **值得信赖**：找合伙人最好找自己熟悉的、信任的，并且对方也能信任和认可自己的合伙人，合伙人之间的信任是开店成功的重要因素之一。
- **有技术**：如果合伙人本身具有与开店有关的技术，那么开店计划进行起来也会相对简单些。
- **能够沟通**：合伙开店难免会遇到两人意见不符的情况，这时就需要两人心平气和地沟通，如果合伙人不是容易沟通的人，甚至只按照自己的想法来行动，这对开店是不利的。
- **能够坚持**：开店不是一两天就成功的事情，因此合伙人要能够坚持，并且能够为了共同的目标奉献。

合伙开店不是一个人说了算，因此还要制定大家都认可的合作规则，以合同的形式写明并签字盖章，确保合同的合法性。合伙合同的条款一般包括出资方式、合伙人及退伙的处理等内容。下面我们来看看一份合伙合同具体有哪些内容，以帮助我们学会如何写合伙合同。

合伙协议

甲方：____身份证号：______________

乙方：____身份证号：______________

甲、乙两方就共同经营__________事宜达成如下合伙协议：

（一）合伙宗旨

两方本着共同经营、共同劳动、共担风险的原则，为更好促进经济合作、明确有关事项，特订立本协议。

（二）合伙经营项目

合伙经营项目名称______________。

（三）合伙期限

合伙期限为_____年，自___年____月____日起，至____年___日止。

（四）合伙出资额和出资方式

1.合伙人__________(姓名)以_________方式出资，计人民币_____元。

各合伙人的出资，于_____年_____月_____日以前交齐。逾期不交或未交齐的，应对应交未交金额数计付银行利息并赔偿由此造成的损失。

（五）盈余分配与债务承担

盈余分配：盈余分配以_____为依据，按比例分配。

债务承担：合伙债务由合伙财产偿还，合伙财产不够偿还时，由合伙人按各自出资的比例承担债务。

（六）退伙和出资的转让

退伙条件：1.经全体合伙人一致同意；2.退伙需提前__月告知其他合伙人。

出资的转让：除合伙协议另有约定外，合伙人向合伙人以外的人转让其在合伙中的全部或者部分财产份额时，须经其他合伙人一致同意。

（七）合伙人权利和义务

权利：1.参与合伙事业的管理；2.合伙经营权；3.利润分配请求权。

义务：1.出资义务；2.承担合伙事务的义务；3.为合伙债务承担连带责任。

（八）禁止行为

禁止行为：1.禁止任何合伙人私自以合伙组织名义进行业务活动；2.禁止合伙人经营与合伙有竞争的业务。

（九）纠纷的解决

合伙人之间如发生纠纷，应共同协商，本着有利于合伙事业发展的原则予以解决。如协商不成，可以诉诸法院。

（十）其他

本合同正本一式____份，合伙人各执一份。本协议经全体合伙人签名、盖章后生效。

全体合伙人签章处：

甲方：__________

乙方：__________

签约时间：____年___月___日

签约地点：______________

在制定合伙合同时要注意内容上应尽可能详细，以免因为内容不全而产生纠纷。如果担心个人书写的合伙合同不够规范，也可以请律师事务所代替书写。

4. 申请银行贷款

向银行申请贷款也是一种有效的筹资方式，对个人投资开店来说，银行也推出了适合个人投资者创业贷款的项目。下面来看看不同银行推出的适合个人开店投资的贷款有什么不同特点，如表 3-2 所示。

表 3-2 不同银行创业贷款项目

银行	名称	贷款期限	贷款限额
中国银行	个人投资经营贷款	最长不超过 5 年（含 5 年）	金额起点为 3 万元人民币，最高金额一般不超过 300 万元人民币
工商银行	个人经营贷款	最长可达 5 年（含 5 年）	最高可达 1 000 万元
建设银行	个人助业贷款	非循环类最长不超过 3 年，循环类期限最高 10 年，单笔期限不超过一年	贷款额度不超过 1 000 万元
农业银行	个人助业贷款	期限最长不超过 5 年	最高可获得 1 000 万元
交通银行	个人短期流动资金贷款	贷款期限最长一年	单笔贷款最高 1 000 万元
广发银行	“生意红”经营贷款	贷款期限最长 5 年	单笔贷款最高 200 万元

从表 3-2 可以看出不同银行的贷款期限和贷款限额是不同的。同时，申请贷款的条件和所需提供的资料也有所区别，下面我们来看看在工商

银行申请个人经营贷款需要满足哪些条件。

- 具有完全民事行为能力的自然人，年龄在18周岁（含）~60周岁（不含）之间。外国人及港、澳、台居民为借款人的，应在中华人民共和国境内居住满一年并有固定居所和职业。
- 具有合法有效的身份证明、户籍证明（或有效居住证明）及婚姻状况证明。
- 具有合法的经营资格，能提供个体工商户营业执照、合伙企业营业执照、个人独资企业营业执照，或持有营运证、商户经营证、摊位证等经营证照或其他合法、有效的经营资质证明。
- 具有稳定的收入来源和按时足额偿还贷款本息的能力。
- 具有良好的信用记录和还款意愿，借款人及其经营实体在工行及其他已查知的金融机构无不良信用记录。
- 能够提供工行认可的合法、有效、可靠的贷款担保。
- 借款人在工行开立个人结算账户。
- 工行规定的其他条件。

在工商银行申请个人经营贷款需要提供一定的证明文件，所需提供的资料如图3-3所示。

借款人及其配偶有效身份证件、户籍证明、婚姻状况证明原件及复印件。

经年检的个体工商户营业执照、合伙企业营业执照、个人独资企业营业执照，或营运证、商户经营证、摊位证等经营证照原件及复印件。

个人收入证明，如个人纳税证明、工资薪金证明、个人在经营实体的分红证明、租金收入、在工商银行或其他银行近6个月内的存款、国债、基金等平均金融资产证明等。

贷款采用保证方式的，须提供保证人相关资料及银行要求提供的其他资料。

图3-3 工商银行申请个人经营贷款需提供的资料

能反映借款人或其经营实体近期经营状况的银行结算账户明细或完税凭证等证明资料。

抵押房产权属证明原件及复印件。有权处分人（包括房产共有人）同意抵押的证明文件。抵押房产如需评估，须提供评估报告原件。

图 3-3　工商银行申请个人经营贷款需提供的资料（续）

如果满足工商银行申请个人经营贷款的条件，也能提供相应的资料，那么即可带上文件到银行申请贷款，也可以通过网上银行提交贷款申请，下面来看看如何在工商银行个人网上银行加网址申请贷款。

Step01 进入工商银行个人网上银行标准版，在打开的页面中单击“网上贷款”超链接。

转账汇款　私人银行　单击　网上贷款　银医服务　养老金
网上债券　结售汇　银证业务　网上期货　网上保险
工银信使　电子银行注册　银行卡服务　安全中心　客户服务
如果该回显的信息与您预留的不一致时，i

Step02 进入选择贷款类型页面，选择要贷款的类型，比如，单击“其他贷款”栏中的“申请”超链接。

使用中国工商银行网上银行的贷款功能，您可以通过网上银行渠道申请办理如下类别的贷款：

类型	可贷金额	可贷期限	担保方式	简介	操作
其他贷款	0-1000万元	30年	抵押、质押、保证、信用	个人网银质押贷款、个人网银第三人质物质押贷款以外的其他贷款项目，贷款品种多样，客户通过网上银行提交贷款意向后，需[illegible]署协议。	单击 申请
逸贷	100-20万元	6、12、24、36个月	信用	“逸贷”是指中国工商银行对持本人的工行借记卡（或存折）、信用卡的客户在特定的工行特约商户进行刷卡消费或网上购物时，提供的信用消费信贷服务。	办理
质押贷款	500元-1000万元	1-12个月	质押	个人质押贷款是中国工商银行向客户发放的以合法有效的质押品为担保的人民币贷款。质物品种多样：包括银行存款、国债、账户贵金属等。	办理
个人信用消费贷款	600元-30万元	2-24个月	信用	个人信用消费贷款是指由我行向符合特定条件的借款人发放的，用于个人合法合规消费用途的无担保无抵押的人民币贷款。	办理

Step03 进入申请贷款页面，在打开的页面中单击“办理”按钮。

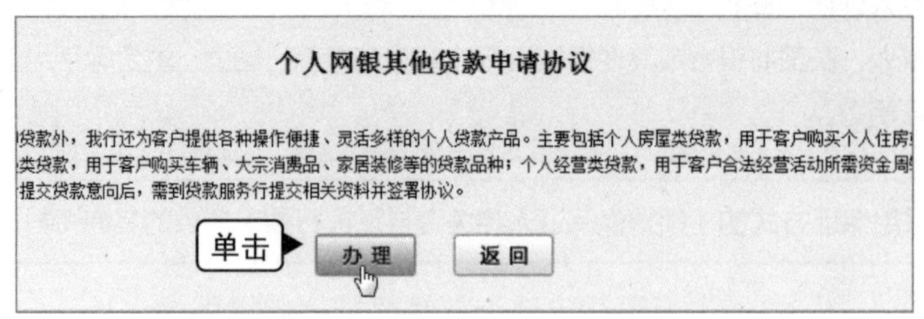

Step04 进入选择贷款地区和网点页面，选择贷款服务行，勾选贷款用途前的复选框，再单击“下一步”按钮。

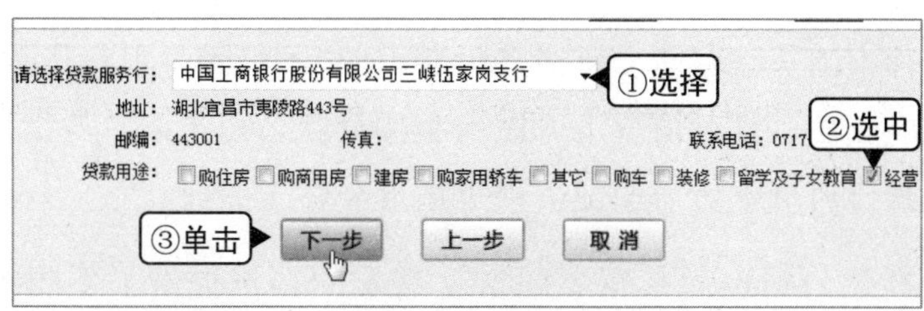

Step05 进入填写贷款信息页面，输入贷款金额和贷款期限，选择担保物，再单击“下一步”按钮。

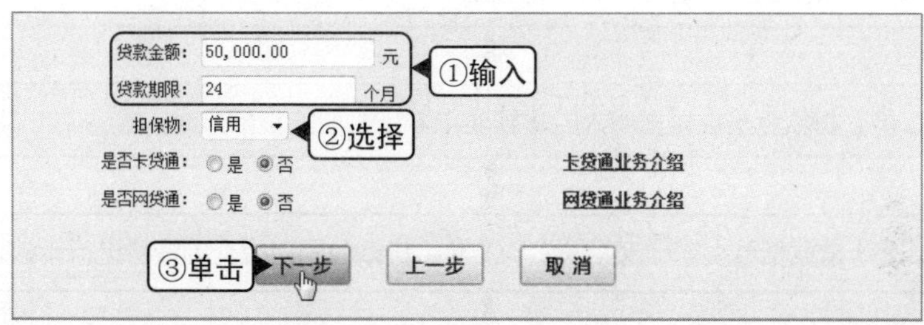

Step06 进入填写借款人信息页面，填写借款人职业、年收入、通信地址等资料，再单击“提交”按钮。

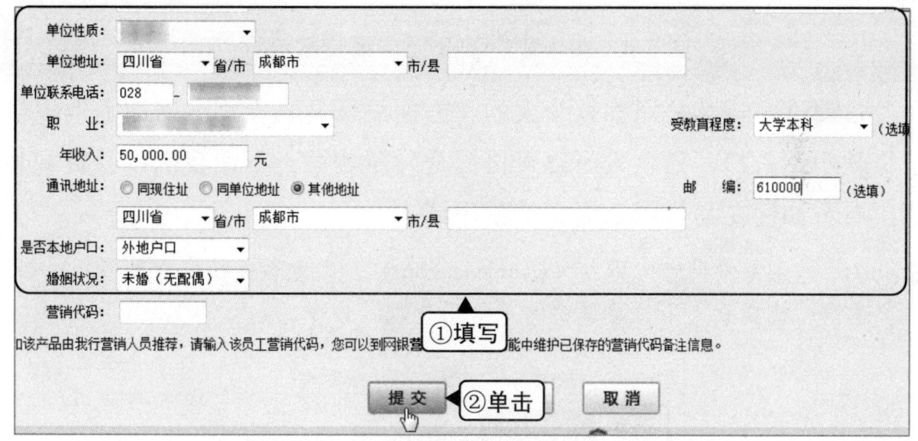

完成上述步骤后，再确定交易信息即可完成贷款申请。在工商银行网上银行提交贷款申请以后，还需要到贷款服务行签署贷款协议，才能成功办理贷款。

5. 在小额贷款公司贷款

在银行申请贷款可能会有诸多限制，如果不能满足银行贷款的条件，贷款将不能成功。这种情况下可以向小额贷款公司申请，与银行相比，在小额贷款公司贷款更为便捷，也更适合个体工商户。

小额贷款公司也为具有不同贷款需求的客户提供了不同的贷款方案，在小额贷款公司申请贷款的流程如图 3-4 所示。

【第一步】在网上提交贷款申请，或者到贷款公司进行贷款咨询。

↓

【第二步】贷款专员根据贷款人的贷款要求制定相应的贷款方案。

↓

【第三步】根据贷款要求提交相关资料文件，贷款公司对提交的资料进行审核。

↓

【第四步】审核通过后到银行开立账户，与贷款公司签约，贷款公司打款到专用账户中。

图 3-4　在小额贷款公司申请贷款流程

目前许多贷款公司都有个人的官方网站，并且在官方网站上也提供了贷款申请入口，借款人可以直接提交贷款申请。下面我们以易贷网为例，看看如何在易贷网上提交贷款申请。

Step01 进入易贷网官方网站（www.edai.com），在首页选择贷款类型，比如，选择“找贷款”下拉菜单中的“信用贷款”命令。

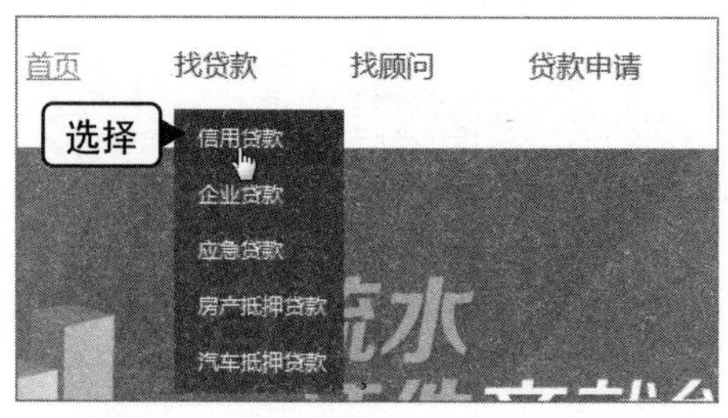

Step02 在打开的页面中单击“信用贷款咨询”超链接。进入新的页面后单击“在线申请”超链接。

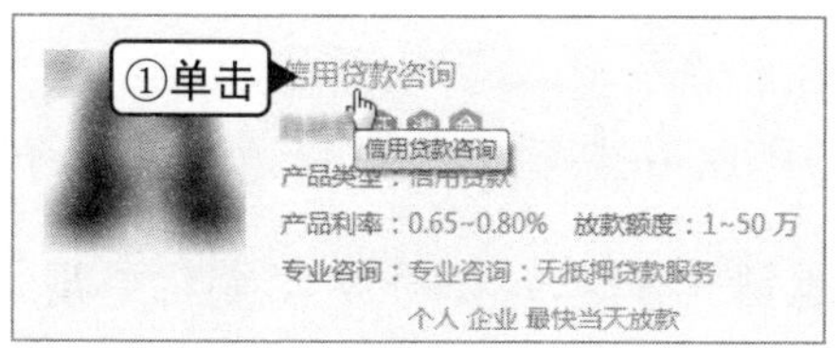

Step03 进入贷款信息填写页面，输入贷款金额、姓名、手机号码及其他个人资料，再单击“下一步”按钮。

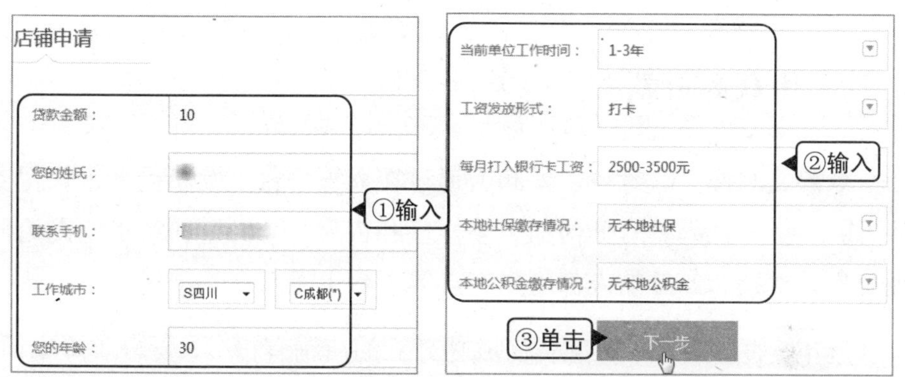

申请资料提交成功后，工作人员会第一时间与申请人取得联系，完成接下来的贷款事项。目前，市场上的贷款公司很多，许多公司打着贷款的旗号欺骗借贷人，因此在选择贷款公司时也要格外注意。

甄别小额贷款公司是否正规也是有方法的，下面我们来看看具体有哪些方法。

- 正规的公司都是在工商部门注册登记的，能够提供营业执照，并且有办公地址。
- 正规的公司不会在贷款申请未成功或者签订贷款合同前要求借款人预缴保证金、手续费等。
- 贷款公司在为贷款人提供贷款前，会要求贷款人提供相关资料文件，并且会与借款人详细沟通以制定适合借款人的贷款方案，不会告知借款人只需提供身份证即可贷款。
- 在正规的贷款公司办理贷款都会经历一系列正规的程序，如果有公司声称放款速度快并且利息也很低，这时就要格外留意了。

- 目前的小额贷款公司都只能在登记注册地开展业务，有些公司声称能够办理全国业务，那么一定要谨慎识别是否是骗子公司。
- 正规的贷款公司一般会邀请借款人到公司办理贷款申请，而有些公司只在 QQ 上与借款人交谈，并且联系方式也常常变动，那么这很可能就是贷款骗局。

6. 利用众筹贷款

众筹又叫作大众筹资，发起人通过在众筹平台上发起提案，获得支持者的支持。众筹具有低门槛、多样性和依靠大众力量的特点，无论何种身份、性别和年龄的人都可以在众筹平台上发起众筹项目。

近年，通过众筹平台融资而成功开立的店铺有很多，要想众筹成功，那么发起的提案不仅要能通过众筹平台的审核，还要能够打动支持者。

人人投是专注于股权众筹的网络平台，为实体企业提供融资服务，帮助融资方快速融资开分店。下面我们以人人投为例，看看在人人投上融资的流程，如图 3-5 所示。

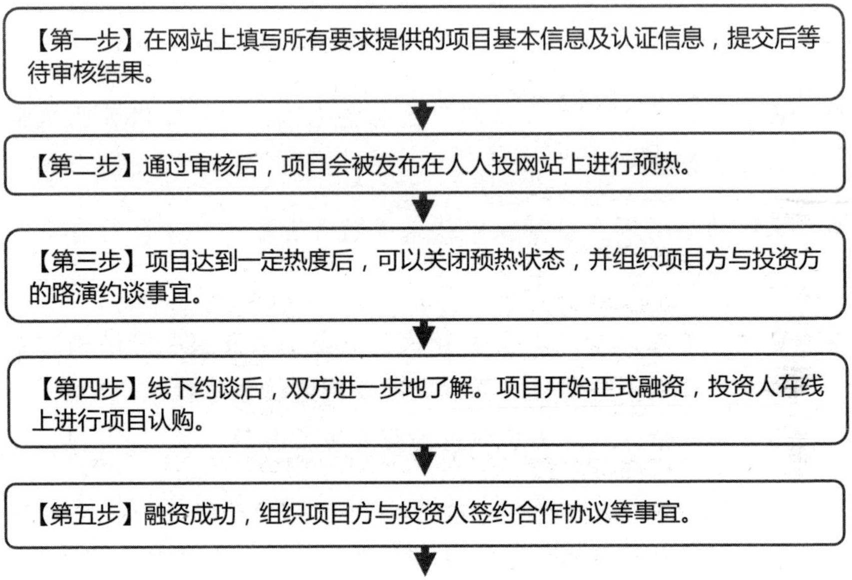

【第一步】在网站上填写所有要求提供的项目基本信息及认证信息，提交后等待审核结果。

↓

【第二步】通过审核后，项目会被发布在人人投网站上进行预热。

↓

【第三步】项目达到一定热度后，可以关闭预热状态，并组织项目方与投资方的路演约谈事宜。

↓

【第四步】线下约谈后，双方进一步地了解。项目开始正式融资，投资人在线上进行项目认购。

↓

【第五步】融资成功，组织项目方与投资人签约合作协议等事宜。

↓

图 3-5　在人人投融资的流程

【第六步】融资者申请费用支取，审核通过之后，人人投总部同意放款。

图 3-5　在人人投融资的流程（续）

发起人在获得资金后便可以开始使用资金进行店铺选址、装修等事项。在店铺正常营业前，项目方需要将所有的收支费用整理成表，通过QQ、短信等方式发送到每一位股东手中，以便投资者及时了解店铺最新动态。

在人人投发起开店项目需要注册个人账户，下面我们来看看怎样在人人投注册账户并进行融资。

Step01 进入人人投官方网站（http://www.renrentou.com/），在打开的页面中单击“注册”超链接。

Step02 进入注册页面，输入手机号码，再单击“获取验证码”按钮。在打开的页面中输入验证码，再单击“获取短信验证码”按钮。

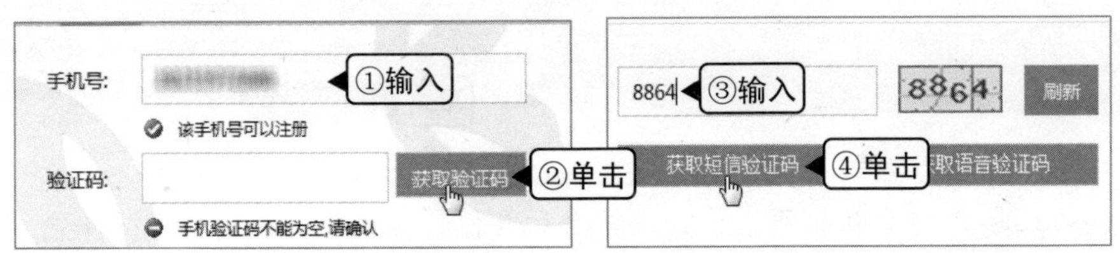

Step03 在打开的页面中输入短信验证码和密码，单击“注册”按钮。

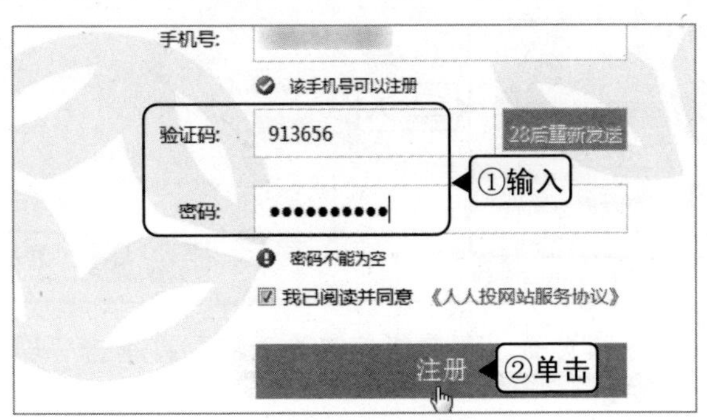

完成上述步骤后便完成了人人投账户的注册，但还需完成实名认证

才能在人人投上发布项目，接下来看看如何完成实名认证。

Step01 在人人投首页，选择“ ”下拉菜单中的“发布项目”命令。

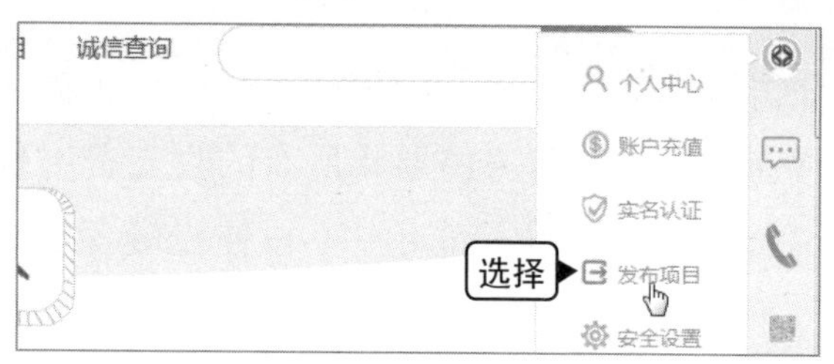

Step02 在打开的页面中单击“点击跳转”按钮，进入认证邮箱页面，输入邮箱，获取邮箱验证码后，进入邮箱查看邮箱验证码后输入验证码，再单击“提交“按钮。

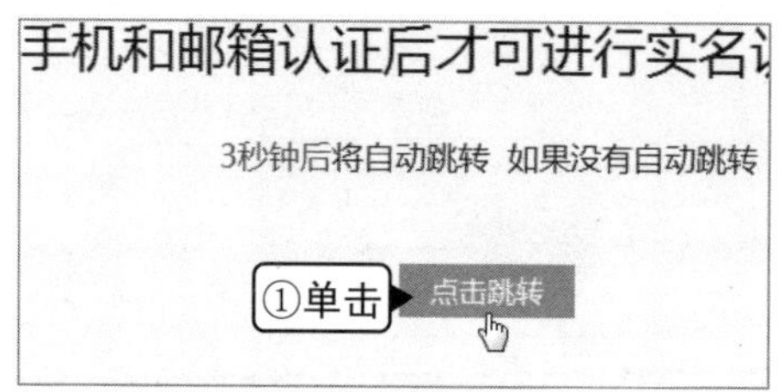

Step03 在打开的页面中单击“同步易宝”按钮。

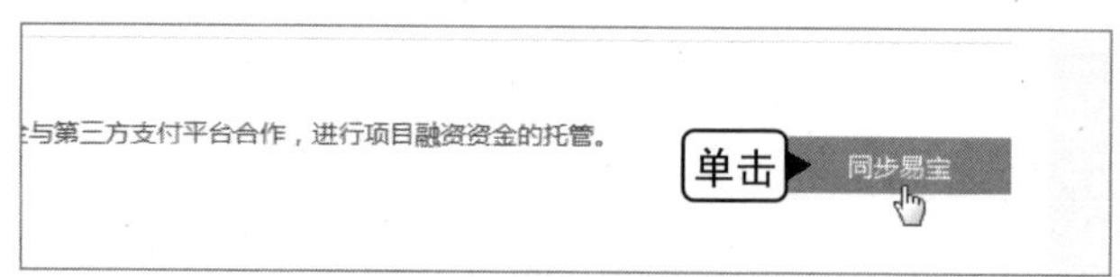

Step04 进入实名认证页面，输入姓名和身份证号码，在页面最下方单击“提交”按钮。

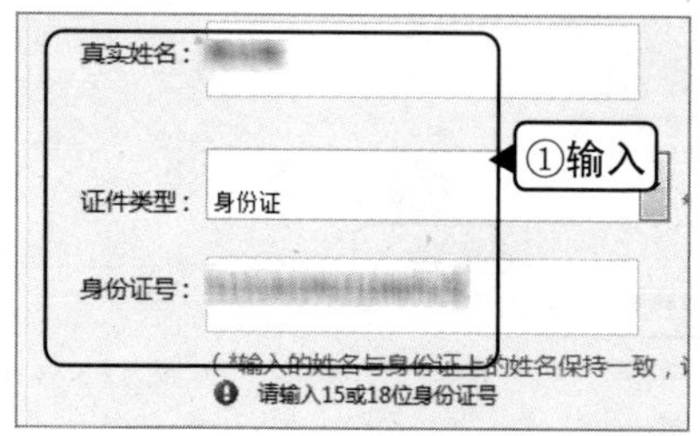

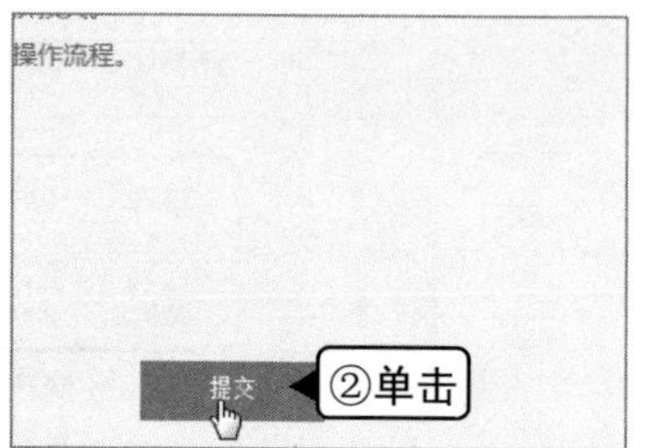

Step05 进入信息确认页面，查看信息是否正确，再单击“确认”按钮。

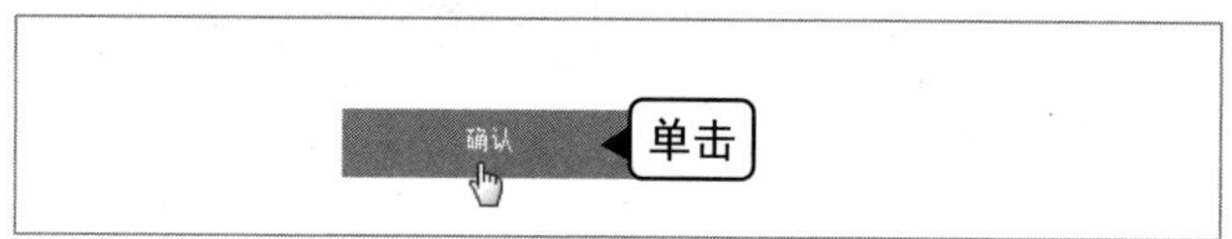

Step06 进入会员注册页面，输入交易密码和手机验证码，再单击“同意以下协议并提交”按钮。进入确认个人信息页面，单击“去自动授权”按钮。

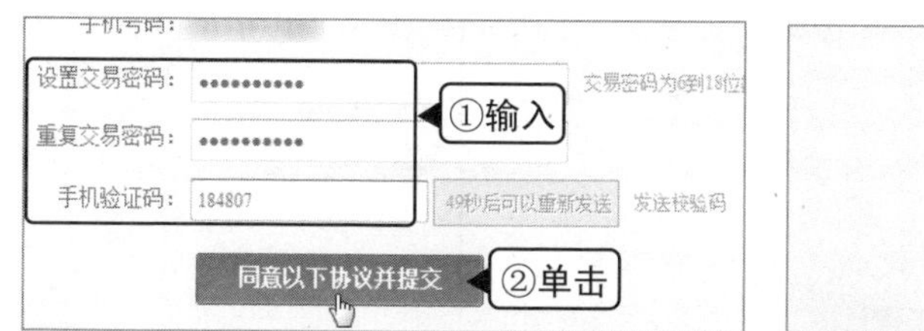

Step07 在打开的页面中单击“完成”按钮，再单击“×”按钮。

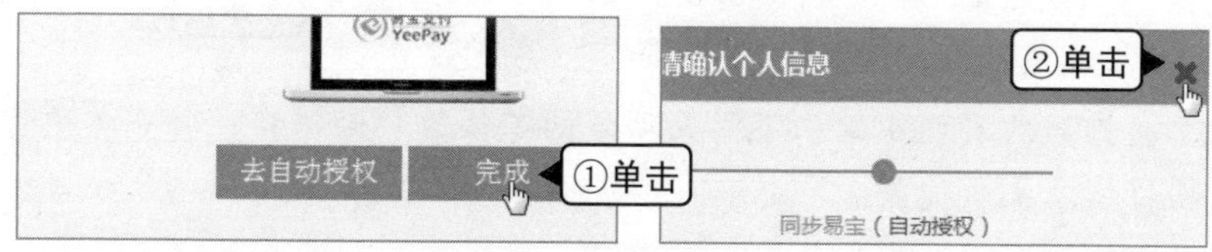

完成上述步骤后便完成了人人投的实名认证，接下来看看如何发布项目。

Step01 在页面中单击“发布”超链接。

Step02 进入基本资料设置页面，输入项目名称和筹资金额，选择行业类别和新店地址，再单击“下一步”按钮。

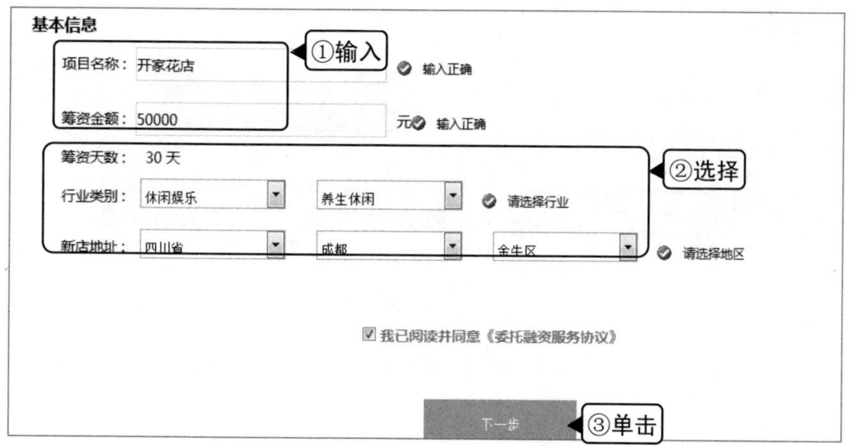

Step03 进入股权设置页面，输入项目出资方金额、认购份数、单笔投资人最

低投资金额、项目方收益比例和投资方收益比例，再单击“下一步”按钮。

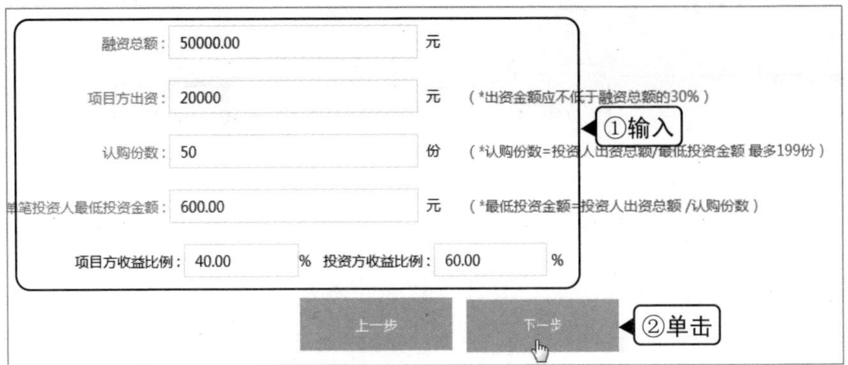

Step04 在打开的页面中单击不同选项后的“修改”超链接，补充各项目的描述，使项目信息更加完整。

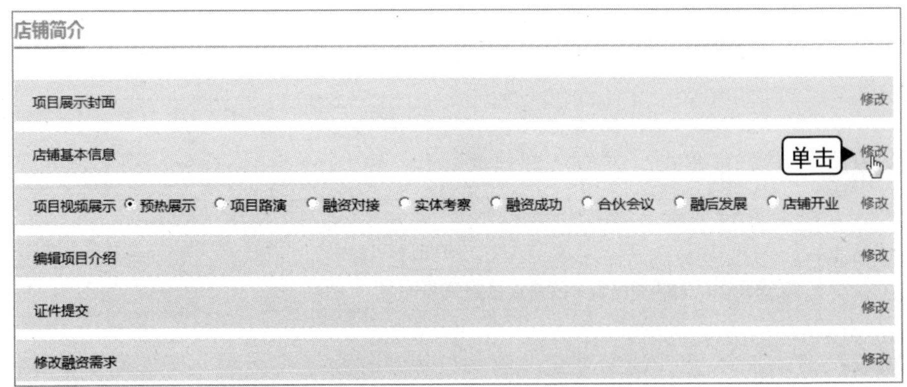

Step05 完成各个选项的信息补充后，单击“下一步”按钮。在打开的页面中单击“提交审核”按钮。

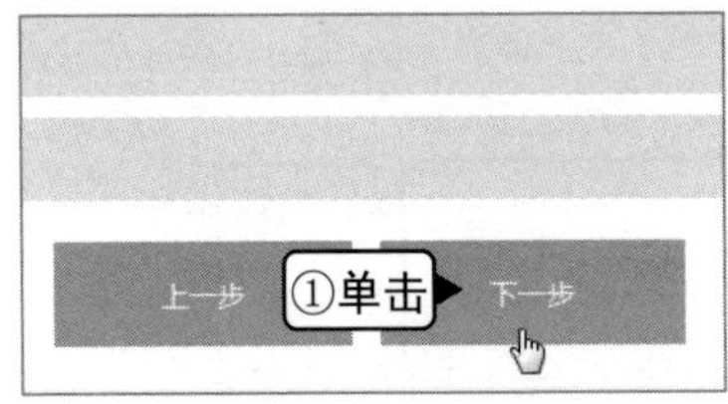

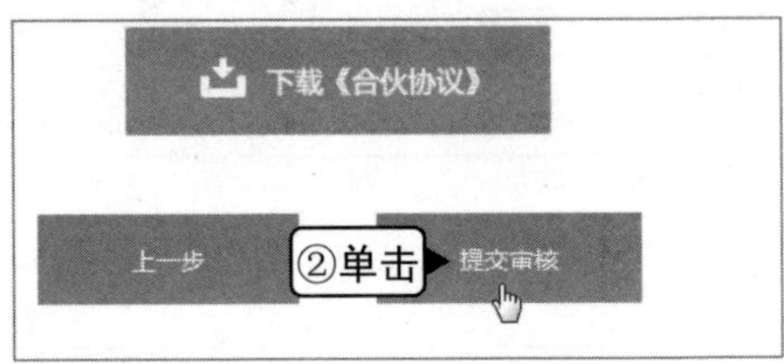

完成以上步骤后需等待人人投对项目的审核，审核通过后便可以在人人投上融资。在后期的店铺融合管理中需要有《合伙协议》来约束投资人的权利和义务，因此人人投提供了合伙协议模板，发起人可以下载模板，填写后在后期上传到人人投平台。

7. 通过典当贷款

在过去，当人们急需用钱的时候便会把家中的物品拿到当铺去当掉，以此换取资金。随着时间的推移，当铺发展成为了典当行，成为专门发放质押贷款的非正规边缘性金融机构。

开店需要的资金额度相对较小，借款期限一般也不会太长，典当行具有小额性、短期性、安全性和便捷性的特点，刚好能满足开店投资者对资金的需求。在典当行典当融资的基本程序主要有3步，如图3-6所示。

【第一步】当户提供当品合法证明文件，证明其典当的物品归当户所有，并提交身份证明文件，进行审核建档。

↓

【第二步】典当评估人员或是评估机构对当物进行估值，最终确定当物的典当金额。

↓

【第三步】签署典当协议后，典当行进行收当，扣除其他费用后，支付典当金额给当户。

图3-6 典当流程

办理典当一般都是在典当行的办公地址办理，在选择典当行的时候，要留意典当行是否是合规的企业。在实地考察的时候，可以查看典当行是否有营业许可证、特种行业许可证及营业执照等能够证明企业身份的证件。

由于不同典当行的收费标准是不同的，最好货比三家，选择收费更低的典当行。贷款期限越长，当户就需要支付更多的费用，因此在典当前也要确定好贷款期限。

8. 利用 P2P 贷款

P2P 贷款是指个人与个人之间的小额信用借贷交易，P2P 平台作为连接两者的桥梁，让有借贷需求的个人连接起来。P2P 贷款的运作模式比较简单，如图 3-7 所示有人人贷 P2P 平台运作方式。

图 3-7　人人贷 P2P 平台运作方式

在 P2P 平台上进行借款，首先需要注册平台账号，下面我们以陆金所为例看看如何注册平台账号。

Step01 进入陆金所官方网站（https://www.lu.com/），在首页单击“免费注册”按钮。进入注册页面，输入用户名、登录密码、手机号码和验证码，选中“我已阅读并同意”前的复选框，再单击“同意并注册”按钮。

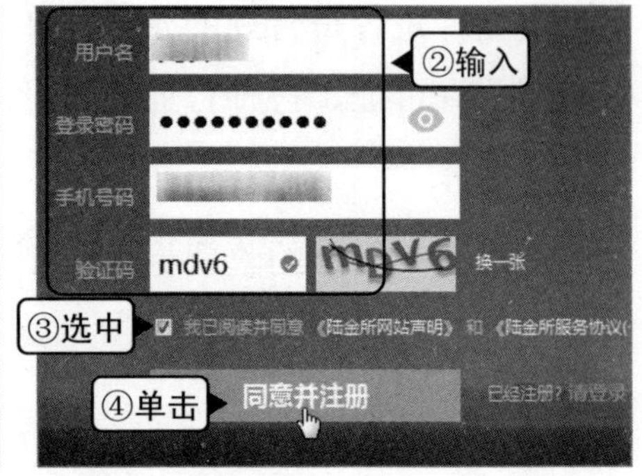

Step02 进入身份验证信息页面，输入手机动态码，单击“确认”按钮，即可完成注册。要进行借款还需完成实名认证，在打开的页面中输入真实姓名和身份证号码，单击“认证”按钮。

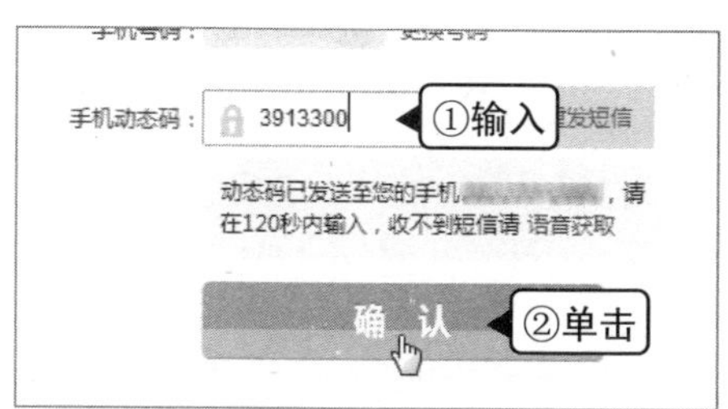

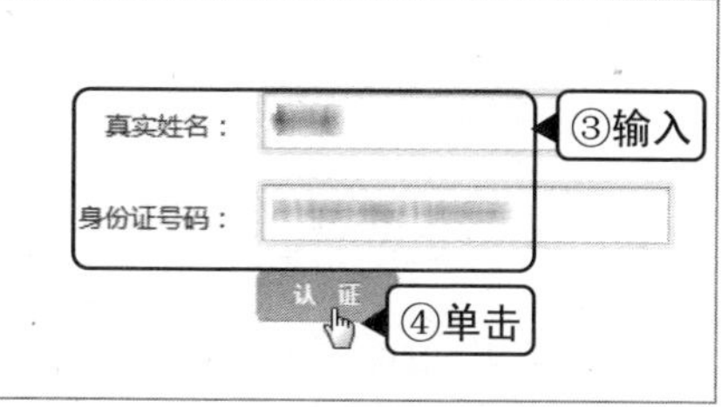

完成注册以后要想借款成功，借款人还需满足陆金所平台要求的以下条件。

- 申请人年龄在 21 ~ 55 周岁。
- 现居住地满 6 个月以上。
- 企业职员的现职工作时间在 6 个月以上。
- 私营企业主的营业执照注册时间在 12 个月以上。

陆金所提供了借款在线申请方式，提交了借款申请后，还需等待审核，审核成功后需要进行面签，面签完成后才算真正完成了借款。在线申请操作比较简单，下面来看看如何完成在线申请。

Step01 进入陆金所官方网站首页，在首页单击“借款”超链接。

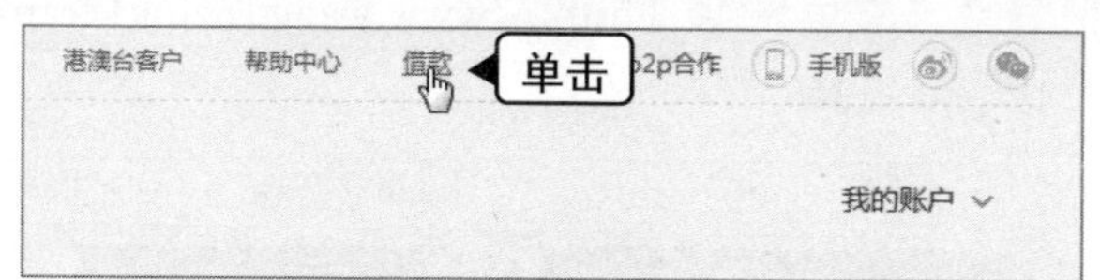

Step02 进入在线申请页面，输入个人基本信息包括姓名、手机号码、真实年龄及申请金额等，再单击“立即申请”按钮。

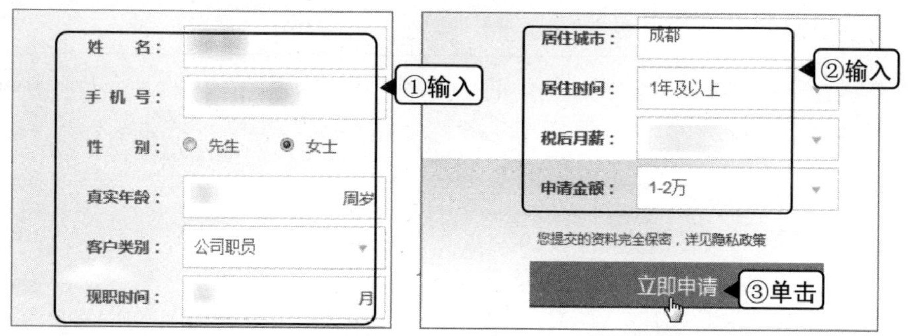

提交申请以后，会有工作人员电话联系及确认借款信息，完成剩下

的事项。在陆金所申请借款同样需要提供相关资料文件，一般情况下需要提供以下资料。

- 身份证原件。
- 车房相关凭证（包括房产证、购房贷款合同及产权调查证明等；如果没有车房可不提供）。
- 最近超过6个月的薪金银行流水。
- 工作证明。
- 个人征信授权委托书。

目前市场上的P2P平台还有很多，比如，宜人贷、人人贷及红岭创投等。借款人可以选择其他平台借款，但不管是选择哪个P2P平台，都要学会辨别平台是否合规。

近几年，P2P 平台跑路的事件时有发生。作为借款人要避免选择到这种问题平台，通过网上查询的方式可以查看到近期的问题平台有哪些，下面一起来看看如何查看问题平台的相关信息。

Step01 进入网贷之家官方网站（http://www.wangdaizhijia.com/），在打开的页面中单击“数据”超链接。

Step02 在打开的页面中便可以查看到近期的P2P平台存在哪些问题，还可以按上线时间和注册资本查询。

问题平台数据　按问题时间　按上线时间　按注册资本　→ 按问题时间看更多数据

名称	问题时间	上线时间	注册资本	地区	待收金额	涉及人数	事件类型
网络贷	2015.11	2013.11	500万元	广东	-	-	提现困难
睿圣宏泰	2015.11	2014.09	1100万元	山东	-	-	跑路
58钱管家	2015.10	2015.07	6000万元	黑龙江	-	-	提现困难
储金所	2015.10	2015.01	3000万元	上海	-	-	跑路

选择 P2P 平台时除了要查询平台有没有出现问题，还要从以下几个方面对平台进行考察。

- 了解平台的信用审核体系，正规的平台会对出借人和贷款人都进行审核，并且审核程序规范。
- 了解平台是否受到第三方支付平台的监督，有第三方支付平台监督的平台可以很好地避免平台卷款出逃的风险。
- 了解平台的风控措施是否完善，风控措施完善的平台，在出现问题时可以及时采取措施控制。
- 了解平台实力，包括注册资本和金融背景。实力雄厚的平台更加安全可靠。

上述的这几点可以在 P2P 平台的官方网站上查看，正规的平台都会在网站上写明风控措施、金融背景等。

03 如何降低开店成本

开店需要投入资金的地方有很多，如何有效地降低开店成本，是开店投资的创业者需要懂得的。

1. 减少不必要的开支

开店者要有精打细算的思维，不管是借款开店还是使用个人积蓄开店，都要把每一笔钱用到实处。因为不懂得精简不必要的开支，导致开店成本增加，使得获利减少，这样是不划算的。下面我们来看看哪些方面的成本是可以降低的。

- **筹资成本：**借款开店需要支付给出借人一定的利息，这个出借人可能是银行，也可能是贷款机构。向不同的出借人借款所需支付的利息是不同的，这时应该把不同的贷款方式进行对比，选择利息更低的借款方式，以减少筹资的成本。

- **设备成本**：购买开店的设备也需要一笔不少的资金，在商场或者网店进行促销活动的时候购买设备，也可以节省不少成本。
- **装修成本**：店铺装修应该与店铺的定位相符合，如果店铺针对的只是普通消费者。那么，不必要花太多的钱把店铺装修的很豪华。
- **水电气成本**：水电气是店铺每月都有的投入，水电气的使用不能铺张浪费。
- **人员成本**：每月店铺员工的工资是一笔不少的费用，人员的配备不应过多，过多会产生浪费，导致费用增加，人员的配备数量应与店铺的实际需求相符。

2. 充分利用税收优惠

税收优惠政策是指税法对某些纳税人和征税对象给予鼓励和照顾的一种特殊规定。对开店者来说，如果能够享受到税收优惠政策那是再好不过了，因为其意味着节省一笔费用。税收优惠方式有多种方式，如下所示。

- **减税**：指依据税法规定减除纳税义务人一部分应纳税款，是对某些纳税人进行扶持或照顾，以减轻其税收负担的一种特殊规定。一般分为法定减税、特定减税和临时减税三种方式。
- **免税**：指对某些特殊纳税人免征某种（或某几种）税收的全部税款。一般分为法定免税、特定免税和临时免税三种方式。
- **延期纳税**：对纳税人应纳税款的部分或全部税款的缴纳期限适当延长的一种特殊规定。
- **出口退税**：指为了扩大出口贸易，增强出口货物在国际市场上的竞争力，按照国际惯例对企业已经出口的产品退还在出口前各环节缴纳的国内流转税（主要是增值税和消费税）税款。

- **再投资退税**：指在特定的投资者将取得的利润再投资于本企业或新办企业时，退还已纳税款。
- **起征点**：指对征税对象开始征税的起点规定一定的数额。征税对象达到起征点的就全额征税，未达到起征点的不征税。
- **投资抵免**：是指对创业投资企业从事创业投资的投资额和企业购置用于环境保护、节能节水、安全生产等专用设备的投资额，按照一定比例抵免应纳税所得额。
- **减计收入**：是指对企业综合利用资源取得的收入按照一定比例计减应税收入。
- **加速折旧**：即按照税法规定对缴纳所得税的纳税人，准予采取缩短固定资产折旧年限、提高折旧率的办法，加快折旧速度，减少当期应纳税所得额。
- **加计扣除**：是对企业为开发新技术、新产品、新工艺发生的研究开发费用和企业安置残疾人员及其他国家鼓励安置就业人员所支付的工资，在实际发生数额的基础上，再加成一定比例，作为计算应纳税所得额时的扣除数的一种优惠政策。
- **免征额**：即按照一定标准从课税对象全部数额中扣除一定的数额，扣除部分不征税，只对超过的部分征税。

知道了税收优惠的方式后，还需要了解此次开店能不能享受税收优惠政策，不同时期的税收优惠政策是不同的，只有了解最新的优惠政策才有用。查询最新的税收优惠政策可以在国家税务总局的官方网站上查询，下面一起来看看如何查询税收优惠的相关政策。

Step01 进入国家税务总局官方网站（http://www.chinatax.gov.cn/），在首页单击“税收知识”超链接。

Step02 在打开的页面中选择“税收制度”选项，即可查看到最新的税收优惠政策。

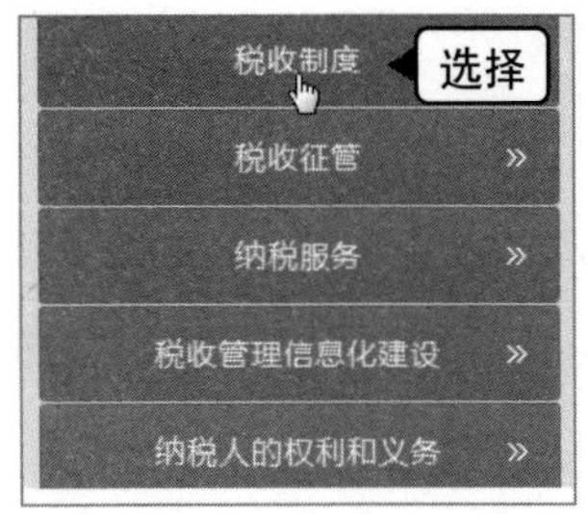

二、现行主要税收优惠政策

1.促进区域协调发展的税收优惠政策。

对深圳、海南、珠海、汕头、厦门和上海浦东新区实行企业所得税过渡期优惠政策，自2008年1月1日起，原享受低税率优惠政策的企业，在新《企业所得税法》施行后5年内逐步过渡到法定税率。其中，享受企业所得税15%税率的企业，2008年按18%税率执行，2009年按20%税率执行，2010年按22%税率执行，2011年按24%税率执行，2012年按25%税率执行；原执行24%税率的企业，2008年起按25%税率执行。原享受企业所得税定期减免税优惠的企业，新《企业所得税法》施行后继续按原优惠办法享受至期满为止；对新疆部分地区和西藏等地区实行

在查询最新的优惠政策时可重点查看开店能够享受的优惠，比如，在现行的优惠政策中，有以下几点是对开店有好处的。

1.对吸纳自主择业的军队转业干部、自谋职业的退役士兵、随军家属及“两劳”解教人员的企业，给予减免营业税的优惠政策，对上述人员进行自主经营的，免征营业税。

2.对吸纳“盲、聋、哑、肢体、智力”残疾人员的各类福利企业，定额减免增值税、营业税；对安置《中华人民共和国残疾人保障法》规定残疾人员的企业，在计算企业所得税时，给予按照残疾职工工资加计扣除的优惠。

3.对应届大学生自主创业创办的企业免收税务登记证工本费。

4.自 2011 年 11 月 1 日起，小规模纳税人的增值税起征点幅度调整为：销售货物或应税劳务的，为月销售额 5 000 元～20 000 元；按次纳税的，为每次（日）销售额 300 元～500 元。营业税起征点的幅度调整为：按期纳税的，为月营业额 5 000 元～20 000 元；按次纳税的，为每次（日）营业额 300 元～500 元。

从上述的优惠政策中可以解读出，退役士兵、随军家属和应届大学生创业开店是可以享受相应的税收优惠的。对小规模纳税人来说，如果未达到当前的起征点，那么是可以不交税的。

通常情况下，个体工商户都为小规模纳税人。如果个体工商户满足一般纳税人的条件，也可以申请为一般纳税人。

小规模纳税人

小规模纳税人是指年销售额在规定标准以下，并且会计核算不健全，不能按照规定报送有关税务资料的增值税纳税人。认定标准为：从事货物生产或者提供应税劳务的纳税人，以及以从事货物生产或者提供应税劳务为主，并兼营货物批发或者零售的纳税人，年应征增值税销售额在50万元以下（含50万元）的。除上述的规定以外，年应税销售额在80万元以下的纳税人。

3. 融资租赁减少设备费用

融资租赁又叫作设备租赁，它是指出租人将设备租给承租人使用，承租人分期支付租金给出租人，出租人拥有设备的所有权，承租人拥有设备的使用权。

在开店过程中，如果购买设备的金额太高，可以采取融资租赁的方式减少初期投入的费用。融资租赁的出租方式主要有以下几种。

- **直接租赁**：直接租赁是最普遍，也是最简单的融资租赁方式，指租赁公司购入承租人需要的设备，再承租给承租人。
- **转租赁**：转租赁是指出租人从其他租赁公司租入设备，再转租给承租人。
- **售后回租**：设备的所有人将设备卖给租赁公司，租赁公司再承租给承租人（原设备所有人）。
- **委托租赁**：设备所有人委托银行金融机构从事融资租赁，第一出租人同时是委托人，第二出租人同时是受托人。
- **项目融资租赁**：承租人以项目自身的财产和效益为保证，与出租人签订项目融资租赁合同，出租人租金的收取以项目的现金流量和效益来确定。

- **经营性租赁**：在计算租金时，承租人可以留有超过 10%以上的余值，在租期结束后选择续租、退租或留购。

融资租赁很好地解决了开店初期资金不足的情况，办理融资租赁主要有以下流程，如图 3-8 所示。

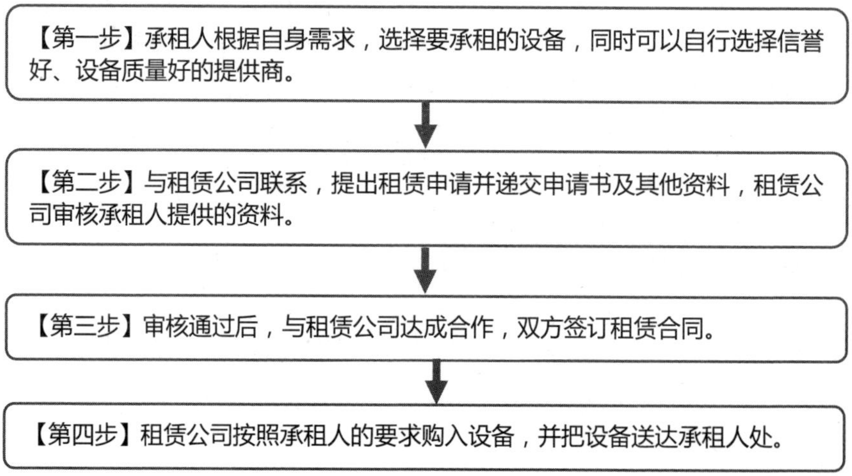

【第一步】承租人根据自身需求，选择要承租的设备，同时可以自行选择信誉好、设备质量好的提供商。

↓

【第二步】与租赁公司联系，提出租赁申请并递交申请书及其他资料，租赁公司审核承租人提供的资料。

↓

【第三步】审核通过后，与租赁公司达成合作，双方签订租赁合同。

↓

【第四步】租赁公司按照承租人的要求购入设备，并把设备送达承租人处。

图 3-8　办理融资租赁的流程

融资租赁租期到期后，承租人可以选择对设备进行留购或者退租，如果承租人要留购设备，双方可共同协商留购价格。融资租赁的合同未到期前，承租人不能单方撤销合同（设备损坏或者失去使用价值的情况下可以撤销）。

第四章
选择一个“黄金地段”

店铺的位置对开店来说是至关重要的，一个开店者都希望能够找到一个“黄金地段”。面对面积不等、位置不同的店铺，我们都应该选择出适合自己店铺的开店位置。

01
店铺选址前的准备工作

有了很好的开店计划，但是苦于找不到好的位置，是很多开店者都比较头疼的问题。店址的好坏关系着开店的成败，做好选址前的准备工作，再掌握一些选址的技巧可以很好地解决选址的难题。

1. 选址的作用

很多开店者都明白，店址对店铺来说是很重要的，但是具有什么作用却不清楚，选址之所以很重要是因为它对店铺会产生以下几点影响。

- **影响经营效益**：店铺所在的区域是否有目标顾客，是否有竞争对手等都会影响店铺的营业收入。
- **影响经营策略**：店铺所在的区域不同、面积不同，店铺管理者在制定营销策略时也会有区别。
- **影响投入成本**：店铺租金的多少会影响开店的投入成本。
- **影响店铺发展**：店铺的投资是开店投入中金额较大、周期较长且灵活性较小的一个项目。当店铺所在区域的环境发生改变，要改变店铺位置会相对困难，区域的改变会影响店铺的发展。

2. 选址前的市场调查

在选择店铺位置时，如果对市场没有较清晰的认识，很难找到合适的店址。在选址前做好市场调查工作，到不同区域进行实地考察，多看、多了解有助于选择到合适的店址，在进行市场调查时要注意以下几点。

- **客流量**：在调查时要注意区域内人流量、交通状况及常住人口数等。如果店铺周围客流量多，入店率也会相应得到提高。

- **后期规划**：店铺所在区域内是否即将有大的改变，比如，修高架桥、修地铁等市政改造。市政改造会使冷门地段变得热门，同时也会使热门地段变得冷门，在市场调查时要了解区域内未来规划的大方向。
- **店铺本身**：市场调查时还要调查店铺面积、租金情况。不同位置和面积大小的店铺，租金也会相差很大，开店者要考虑店铺的投资成本，尽可能选择性价比更高的店铺。
- **竞争店**：调查竞争店铺是大型店还是小型店，以及竞争店分布的位置，以此分析本店是否有足够的市场占有率。

02 如何正确选址

选择了好的店址就等于开店成功了一半，实体店面对的顾客大多是零售客户，因此店址的好坏就显得更为重要了。店铺选址并不是盲目地选择，下面我们就一起来看看如何正确地选址。

1. 决定店址好坏的因素

店址的好坏不能一概而论，有的店址对花店来说是好的店址，但是可能对开餐饮店来说就不适合，那么是什么决定了店址的好坏呢？主要有以下几个因素，如图 4-1 所示。

店铺类型

店铺的类型不同那么选址的位置自然也就不同，比如，服装店适合开在商业街，而餐饮店适合于写字楼附近。

营业目标

店铺营业后要实现多少的利润，取得多少销售收入都对店址的选择产生影响。如果销售额要求较高，那么对店铺大小和位置的要求就会更高。

图 4-1 决定店址好坏的因素

文化环境

区域内风俗习惯、消费习惯及社会风尚的不同会影响人们的消费方式和消费水平，所以文化环境也会影响店铺的选址。

交通环境

店铺周围的交通环境是影响店铺选址的因素之一，比如，很多大型餐饮店周围都需要有停车场，方便消费者就餐时停车。

竞争环境

如果一个区域内的同一种店铺已经达到了饱和，那么这时再开相同的店铺，竞争压力将会很大。而如果所开的店能够与周围的其他店铺互为补充，那么店铺经营起来就会更加容易。

配套设施

区域内的配套设施对店铺的经营会产生影响，比如，餐饮店一般都需要用水电气，而这时还未对区域内的店铺供水，那么这必然会影响店铺的经营。

区域规划

区域规划也影响着店址的好坏，比如，某个区域目前比较萧条，但是正在建商业区或者住宅区等，那么后期该区域也会变得繁华。

图 4-1　决定店址好坏的因素（续）

2.　开店选址的原则

店铺位置一旦选择好了，如果要变动会增加很多成本。店址的选择关系店铺后期的发展，是一项长期的投入。因此开店者要格外重视店铺位置的选择，在选择时要遵循以下的原则。

■ 便利顾客的原则

店址的选择要从顾客的角度出发，节省顾客的购买时间和购买成本，只有充分地满足了顾客的需求才能得到顾客长久的支持，店铺只有有了持续的销售力，才能一直经营下去。方便顾客购物的店址一般具有以下的特征。

- **人口密度高：**在居民聚集、人口集中地区，人们对商品的需求量会较大，并且距离店铺位置较近，顾客购物将会很方便，所用的时间和交通成本也不会太高，那么店铺的生意自然会兴隆，收益也比较稳定。
- **交通便利：**在城市交通要道和交通枢纽地段，顾客上车下车的频率会很高，人流量较大，如果店址选在这样的地段，将很方便来往的顾客购物。
- **同行聚集的地区：**顾客到同行聚集的地区购物，可以进行比较、选择的品种也会更多，顾客也愿意到这样的地区购物。
- **人流量大：**在公园、旅游景点等人流量大的地方开店也会方便前来休闲娱乐的人购物。

■ 成本最优原则

开店是为了赚钱，想要通过开店赚钱不得不考虑开店成本。开店投入的固定成本和可变成本，以及营业后的收入都与店址的选择有关。店铺开业后能否取得良好的经济效益是选址必须要考虑的问题。

■ 长远发展原则

店铺的选址不能只考虑眼前利益，而要有前瞻性，要考虑店铺未来的发展。店铺经营的越久，就会比其他竞争者更有优势。而当店铺发展到一定程度时也会有扩大市场覆盖率的需求。

在店铺的经营过程中，外部环境是随时都可能变化的，比如，交通状况的改变、居住区的拆迁等，这些影响因素应该在选址前就考虑到。选址的时候要选择有发展潜力的位置，用发展的眼光来选址。

3. 选择店址要考虑的风水因素

大多数人在购买住房的时候都要看看风水，搬家时也会选个黄道吉日。店铺选址同样也需要讲究风水，这是为了让店铺讨个好彩头，使店铺能够聚财。下面我们就一起来看看店铺的选址有什么风水讲究，店铺选址主要考虑以下 4 点。

- **朝向**：店铺的朝向对店铺来说是很重要的，店铺的朝向应该考虑顾客来的方向，面对人流量多的地方，做到门迎顾客。比如，店铺的南面是地铁口，那么店铺的朝向应该是坐北朝南。
- **屋前开阔**：店铺的前方应该是开阔的，而不应该是狭窄的，这与经商讲究广纳四方来客契合，讲求屋前开阔，接纳八方生气。在店铺的正前方不要被电线杆、广告牌等大型物体遮挡。
- **协调性**：店铺应与周围的环境相协调，店铺如果与周围的建筑不协调，那么就破坏了自然之气。
- **避不祥之物**：风水上说的不祥之物是类似于厕所、烟囱等让人看到以后心里会产生不适的物体，店铺的位置要避开出现此类物体。

4. 判别不宜开店的地段

我们已经了解店铺选址的原则和选址要考虑的风水因素，但对哪些地方不宜开店却不是很清楚，下面我们就一起来看看哪些地段不适宜开店，如图 4-2 所示。

快速车道旁

随着城市的发展，为了交通更加方便，高速公路也越来越多，在高速公路旁或者高速路出入口都不太适宜开店，虽然有固定的客流量，但是高速路两旁都有隔离带，汽车一般也不会在高速路出入口停车。

配套基本齐全

居民的增长量和区域内的配套已经基本齐全的区域也不适宜选址，特别是在流动人口不是很大的情况下，区域内的购买力是基本固定的。

楼层高的地方

在楼层高的地方开店不方便顾客购买，并且进货以后也不方便货物的及时补给。就算这种地方租金便宜也最好不要选择。

图 4-2　不宜开店的地段

有高低悬殊的地方

道路平面与店铺地面高低有悬殊的地方也不太适宜开店，因为这种地方顾客的眼球不易关注到。

图 4-2　不宜开店的地段（续）

5.　选址的注意事项

在选择店铺位置时还有一些注意事项需要我们注意，具体有以下几点事项。

- 在选址时要注意避免选择有交通管制的道路，比如，道路中间有隔离栏，单向通行等。这样的店址会流失掉道路对面的顾客，即使顾客有购买意向也因为道路“难行”而无法购买。
- 在确定店址时还要注意房屋是否存在产权纠纷，比如，店铺业主是否拥有产权，店铺是否欠了水电气费等。
- 店铺要选在有广告空间的地方，有些店铺门前没有独立的空间，对后期店铺开展营销活动是不利的。
- 有些店铺因为面积太大而难以出租出去，这时可以采取团租的形式，几个开店者把店铺租下后再进行分割。
- 不要在灯光昏暗的地方选址，这样的店址不易被顾客发现，同时也会影响顾客购物的欲望。

03
商圈选址的方法

商圈是指商店以其所在地点为中心，向一定范围辐射，并能够吸引顾客的范围。通俗来讲便是来店顾客居住的区域范围，商圈选址是重要的选址方法。

1. 对商圈进行分类

实体店面对的销售群体一般有一定的地理范围，商圈是由消费者、经营者及管理者等构成的。如果把商圈按照辐射范围分类可以分为三个部分，如图 4-3 所示。

1.核心商圈	核心商圈是指顾客最为密集、离店铺最近的商圈，核心商圈的顾客占有率为 50%～80%。
2.次级商圈	次级商圈是指核心商圈外围的商圈，它的顾客占有率约为 15%～25%，辐射半径为 3km～5km。
3.边缘商圈	边缘商圈内的顾客最为分散，它的顾客占有率为 5%～10%，拥有的顾客最少。

图 4-3 商圈按照辐射范围分类

商圈是由群体组成的圈子，按照不同的群体对商圈进行分类，可以把商圈分为以下几类。

- **商业区**：商业区是由各商业体组成的区域，在这个区域内商店众多，人流量也比较大，人们的消费购买力都很旺盛。
- **工业区**：工业区是以工厂为主体的区域，消费者以工业园区的员工为主。
- **住宅区**：住宅区的住宅住户至少在 1 000 户以上，区域类人们的购买需求相对稳定，讲究购物的便捷性。
- **文教区**：文教区是以学校为主体的区域，消费者以学生为主，购买的商品多为文具用品和食品。
- **办公区**：办公区以写字楼和办公楼为主体构成，消费者以上班族为主。消费时间稳定，并且需求量也相对稳定，购物需求以便利性为主。

2. 如何分析商圈

商圈分析是指对商圈的构成、特点及影响商圈变化的因素进行分析，商圈的分析能够帮助开店者选址，制定有效的市场营销策略。对商圈进行分析要考虑以下几个因素。

- **人口数量和特点**：对商圈进行分析首先要考虑商圈内人口的数量及特点，包括居住人口数量、流动人口数量及工作人口数量等。还要了解商圈内不同年龄阶段人口的数量情况及人均收入等。
- **配套设施**：分析商圈内的配套设施，包括公共交通、公园及金融机构等配套情况。
- **市场饱和度**：调查区域内同类商店的饱和度，分析出是否有进入市场的机会。
- **供货情况**：分析商品供应的成本及时间，批发商和制造商的数量及商品的可获得性和可靠性。
- **劳动力状况**：分析区域内不同层次员工的工资水平和学历水平。
- **法规**：分析区域内的税收政策、营业限制及规划限制等情况。

对商圈内人口数量和特点的分析可以从政府的人口普查和购买力报告中得知。比如，在国家统计局官方网站上可以查询到人口和就业、运输和邮电等数据，下面我们一起来看看具体的查询方法。

Step01 进入中华人民共和国国家统计局官方网站（http://www.stats.gov.cn/），在打开的页面中单击“数据查询”超链接。

Step02 在打开的页面中的“地区数据”下拉菜单中选择“主要城市年度数据”命令。

Step03 在页面左侧选择指标，在“地区”栏中选择要查询的地区，比如，选择成都地区的人口和就业。

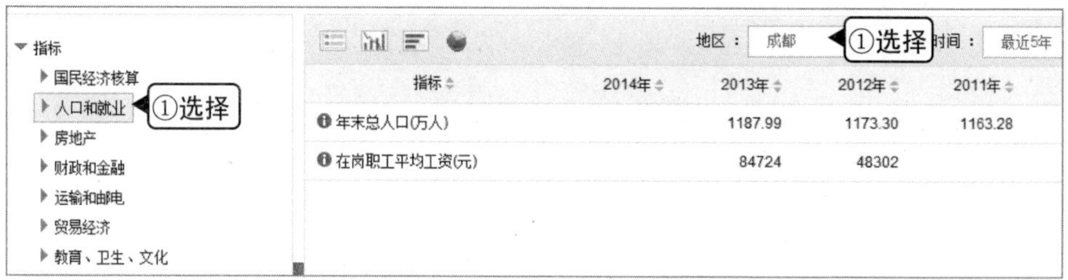

了解了地区内的整体情况后，还可以查询该地区内更详细的数据情况，下面我们来看看如何在成都统计信息网上查询，成都地区内不同区域内的数据情况。

Step01 进入成都统计信息网官方网站（http://www.cdstats.chengdu.gov.cn/），在首页单击“统计数据”超链接。

Step02 在打开的页面中单击不同数据名称前的超链接，比如，单击“2014年金牛区国民经济和社会发展统计公报”超链接。

· 2014年青白江区国民经济和社会发展统计公报 [2015-09-10]
· 2014年郫县国民经济和社会发展统计公报 [2015-09-10]
· 2014年金堂县国民经济和社会发展统计公报 [2015-09-10]
· 2014年双流县国民经济和社会发展统计公报 [2015-09-10]
· 2014年龙泉驿区国民经济和社会发展统计公报 [2015-09-10]
· 2014年温江区国民经济和社会发展统计公报 [2015-09-10]
单击 · 2014年金牛区国民经济和社会发展统计公报 [2015-09-10]
[上一页] [下一页] [尾页]

Step03 在打开的页面中便可以看到详细内容。

> 2014年金牛区国民经济和社会发展统计公报
>
> 2014年，全区人民在市委、市政府和区委、区政府的坚强领导下，全面贯彻落实党的十八大和十八届三中全会精神，深化落实省委“三大发展战略”和市委“五大兴市战略”，继续把北改作为消除城市二元结构的根本举措和中心任务，保持了全区经济和社会持续良好发展势头。
>
> 一、综合
>
> 据初步统计，2014年全区完成地区生产总值815.49亿元，比上年增长5.5%。其中第一产业实现增加值0.13亿元，比上年下降25.2%；第二产业实现增加值193.49亿元，增长0.02%；第三产业实现增加值621.87亿元，增长7.5%。三次产业比重为0.01：23.73：76.26。

对区域的人口数量及劳动力状况有了一定的了解后，便可以对市场饱和度进行分析了。饱和指数可以用以下一个公式表示。

饱和指数=潜在顾客数量×消费者人均零售支出/同类商店营业面积总和

比如，某一商圈内的潜在客户数量为50万，人均零售支出为20元，商店总面积为15万平方米，那么商圈内的饱和指数为50万×20/15万≈66.6。

饱和指数越高表示商圈内的饱和度越低，反之饱和度越高。该区域内的饱和度为66.6表明在此区域开店是可行的。

了解区域相关政策法规可以在当地政府的官方网站上查看，下面我们来看看如何在四川省人民政府官方网站上查询最新的文件。

Step01 进入四川省人民政府官方网站（http://www.sc.gov.cn/），在首页“政务信息”下拉菜单中选择“政府文件”命令。

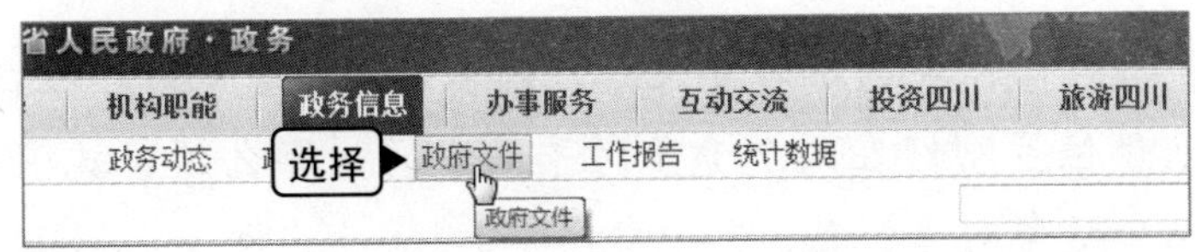

Step02 在打开的页面中选择要查看的文件，比如，单击“最新文件”栏中的第一条文件超链接。

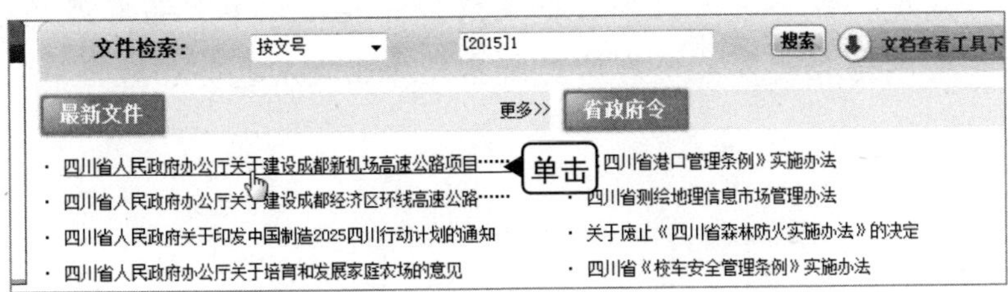

Step03 在打开的页面中便可以看到文件内容

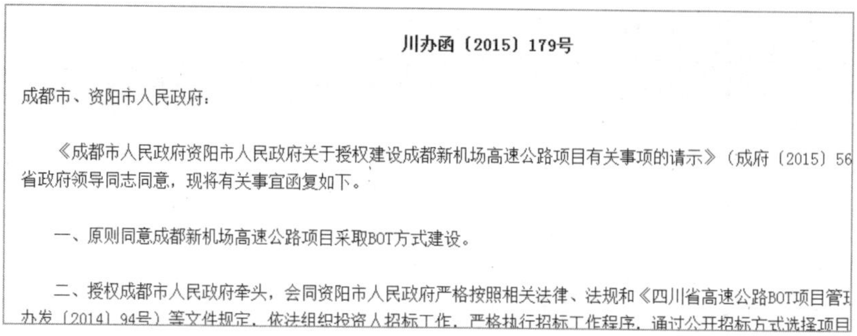

川办函〔2015〕179号

成都市、资阳市人民政府：

《成都市人民政府资阳市人民政府关于授权建设成都新机场高速公路项目有关事项的请示》（成府〔2015〕56
省政府领导同志同意，现将有关事宜函复如下。

一、原则同意成都新机场高速公路项目采取BOT方式建设。

二、授权成都市人民政府牵头，会同资阳市人民政府严格按照相关法律、法规和《四川省高速公路BOT项目管理
办发〔2014〕94号）等文件规定，依法组织投资人招标工作，严格执行招标工作程序，通过公开招标方式选择项目

在查看政策文件时可重点查看与店铺经营管理等相关的文件，比如，市容和环境卫生管理条例、户外广告和招牌设置管理条例等。

3. 如何进行商圈选址

对一个区域内的不同商圈进行调查后，便可以选择出新店的商圈了。确定好商圈后还要选出店铺的最佳位置，商圈选址也要遵循便利客户原则、成本最优原则和长远发展原则，在遵循上述三个原则的基础上，还要考虑以下几个方面的问题。

- **聚客点**：找准商圈内的聚客点在哪里，尽可能地选择在客流集中的地方开店。要考虑的因素有人口的流动数量、人流出入的方向等。
- **商业拦截**：在选址时要注意，顾客是否被竞争对手拦截，比如，店铺位置刚好在两个竞争对手的中间，那么顾客就很有可能被两个竞争对手拦截。
- **吸引力**：选址时要考虑店铺位置是否能够很好地被来往的人所发现，能否被关注到。如果店铺开在顾客不容易发现的地方，便不会有太多人入店购买商品，营业收入也会相对较低。

04 如何进行商场选址

在商场开店也是很多开店者的选择，商场内的商品丰富，很多消费者都愿意到商场购买商品。在商场开店，好的位置常常都很抢手，下面我们就一起来看看如何在商场进行选址。

1. 商场选址要考虑的要点

商场有聚集消费者的优势，商场购物方便快捷，是很多人购物的首选，在商场开店选址的环节很重要，在商场选址时要考虑以下几点，如图 4-4 所示。

选商场

在商场开店首先要选择商场，要了解商场的管理模式，判断其适不适合店铺的经营。选择新商场时要注意详细了解商场周边的环境，不要听信招商专员的片面之词，最好进行实地考察以判断招商专员所说的是否真实。

进场条件

一般来说商场都要向进场的商店收取入场费和租金，进入商场后还需要缴纳水电管理费、促销费和商场扣点费等，进入商场前就要考虑这笔投入的大小，同时可以对比不同的商场，选择性价比更高的商场。

了解商场实力

选择商场时还要了解商场的实力和信誉度，有些商场会因为招商情况不好或者其他原因在收了商家进场费和保证金以后就卷款跑路。因此在选择商场时最好选择在本地商场中有良好口碑的商场。

分析不同的位置

商场一般有几层，不同的品牌会开在不同的楼层，在商场选址时要考虑店铺的定位，根据定位选择位置。不同的位置租金也是不同的，在选址时还要综合比较租金成本。

图 4-4 商场选择要考虑的要点

2. 商场选址分析

在商场开店首先要对商场有比较清晰的了解，商场店址的好坏直接关系到商场经营的成功率。为了更好地对商场进行选择，需要对商场选址进行分析，在分析时要从以下几方面入手。

■ 人口密度的分析

商场一般是区域内的消费中心，商场要有足够的购买力才能保证商家的盈利。区域内消费群体的多少关系到区域内是否有足够的购买力，人口密集的地区，消费需求自然要多些。

人口密度大，商场能够满足消费者需求，同时人们到商场购物也省时省力，那么商场内经营活动的开展也将顺利很多。

■ 交通条件分析

商场附近的交通便利程度也是消费者是否会来购物的一个重要条件，商场附近是否有公交站牌，是否有停车场等都会影响商场经营效率。在考察商场时同时要考察商场的可到达率。

在交通方便，特别是有大型交通枢纽地段的商场，不仅方便来往的人购物，也方便附近的居民购物，把店铺开在这样的商场才会有利可图。

■ 商场特色分析

不同的商场都有其特色，有些商场只经营服装类，有些商场主要经营生活用品，在选择商场时要考虑商场的类型是否适合店铺。

对于综合类的商场要考虑区域内的人口的职业分布、年龄等。这些因素会影响消费结构，要选择消费结构与所开店相契合的商场。

■ 商场内部分析

对商场整体环境进行分析以后，还需要分析商场内部的环境。包括竞争对手状况、商场内的基础设施及商场进场成本等。这些因素都会影响店址的选择。

对商场内部条件进行分析既要分析时有利的因素也要分析不利因素，在对分析结果进行综合评价后，如果有利可图则可以选择该商场。

3. 四步搞定商场选址

商场店址选得好，店铺可以长期受益。在进行商场选址时主要有四大步骤，如图 4-5 所示。

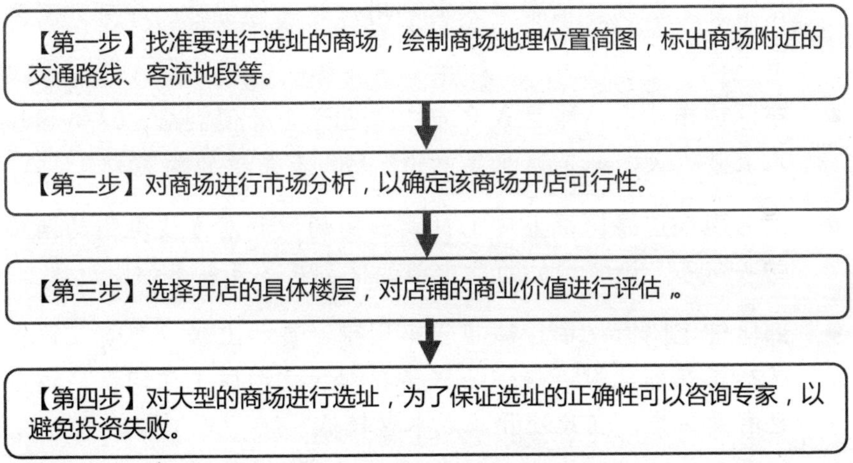

【第一步】找准要进行选址的商场，绘制商场地理位置简图，标出商场附近的交通路线、客流地段等。

↓

【第二步】对商场进行市场分析，以确定该商场开店可行性。

↓

【第三步】选择开店的具体楼层，对店铺的商业价值进行评估 。

↓

【第四步】对大型的商场进行选址，为了保证选址的正确性可以咨询专家，以避免投资失败。

图 4-5 商场选址的步骤

05
常见店铺的选址方法

在生活中有些店铺是比较常见的，这些店铺是许多开店者首先考虑的店铺类型。这些店铺开在大街小巷，与我们的生活息息相关，下面我们就一起来看看常见的店铺选址应该怎样选。

1. 便利店选址方法

便利店在生活中是很常见的，虽然店铺普遍不大，但是商品种类丰富、应有尽有，以满足消费者的便利性为第一宗旨，赢得了许多消费者的喜爱，便利店选址可掌握以下方法。

- **选在入口处**：便利店可以开在小区、学校、地铁、娱乐场所及公交站的入口处。选在入口处既能很好地被消费者发现又能方便消费者购物，消费者只需利用短暂的停留时间即可购买到自己需要的商品。
- **市区或市中心**：市区或者市中心也适合开便利店，这类区域的人流量很大，也是商业集中的区域，有足够的购买力。
- **商业街或边缘区商业中心**：商业街的便利店方便逛街的消费者购买商品，边缘区的商业中心的便利店多开在车站附近。
- **郊区住宅附近**：由于城市停车困难，再加上房价昂贵，许多人选择了在郊区附近居住，这样在郊区就形成了住宅区，该区域也有购买力，在此处开店成本也较低。

2. 水果店选址方法

水果店、水果摊在生活中是很常见的，每家每户都需要水果。经营一家水果店，店址的选择同样不可忽略，那么水果店开在什么地方比较合适呢？一般来说，主要包括以下的地点。

- **菜市场**：菜市场一般距离附近的小区都比较近，很多人在买菜的时候都会顺便买点水果回去。
- **医院附近**：在医院的附近许多探望病人的家属都会购买水果慰问病人。
- **超市商铺**：选择在超市商铺销售水果也是不错的，在超市购物的消费者都会顺带买点水果回家。

- **社区商铺**：在社区开水果店，客源相对稳定。并且离居住地较近，也方便附近的居民购买。

3. 饮品店选址方法

饮品店也是近几年大多数开店的创业者选择较多的店铺类型，饮品店的铺面一般不会太大，在选址时可以使用以下方法。

- **学校附近**：学校附近对饮品的需求量是很大的，在不同的季节都有学生购买饮品。
- **人流量大的街道**：在人流量大的街道，不管是休闲娱乐的人还是路过的人都有购买饮品的需求。
- **聚集区**：车站、公园、写字楼、商场附近及大型单位附近都可以纳入饮品店的选址范围。
- **商业活动频繁的地区**：在商业活动频繁的地区开家饮品店，营业收入也会不错，因为在这些区域逛街购物和固定上班的人都很多。

4. 利用有限资金选址的方法

对创业者来说，有时可能会遇到资金不足无法租用超过创业资金的店址。在这种情况下，只要策略得当同样可以选择到合适的店址。下面就来看看有哪些可用的策略，如图 4-6 所示。

居住区

选择居住区位的店址，在自己居住的地区可以运用现有的人际关系来经营店铺，在这种情况下，即使店铺位置不是很好也一样有顾客。

图 4-6　利用有限资金选址的方法

铺面分割

采用铺面分割的方法，与其他创业者共同租用一间较大的铺面，这样会比租用单间铺面的价格更便宜。

利用网络资源

使用网络渠道，了解网络上店铺的租售信息，有时可以找到经济实惠的店铺。比如，赶集网、58 同城等分类信息网站。

图 4-6　利用有限资金选址的方法（续）

除了以上方法外，多走进街头寻找店铺，也会发现更实惠的店铺。店铺选址需要开店者投入大量的精力和时间，开店者不应该惧怕选址的辛苦，因为只要店址选择正确了，后期的回报也将会是丰厚的。

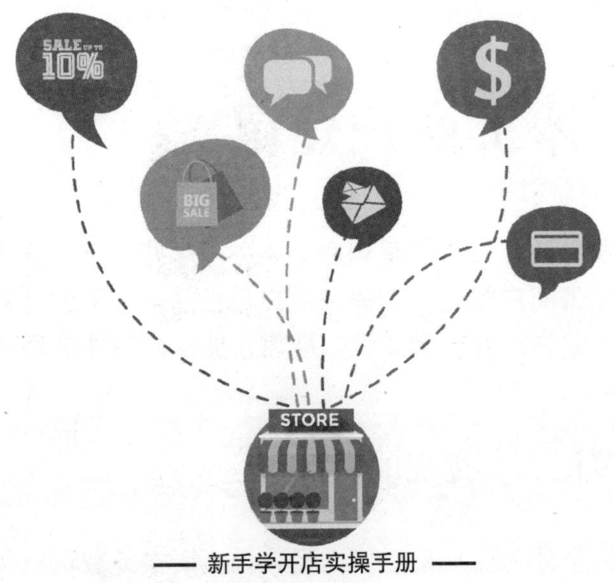

第五章
让店铺“合法化”

店铺想要合法经营还需要办理相关执照，没有被有关部门认可的店铺，开店以后也会被勒令关闭。相关执照的办理是需要在店铺还未开业前就要办理，这样才能使店铺可以顺利开业和经营。下面我们就一起来看看开店需要办理哪些执照，以及应该如何进行操作。

01
办理个体工商户登记

很多创业者开店都不清楚到底需要办理哪些手续，开店首先需要办理的便是个体工商户登记。个体工商户是指从事工商业经营的自然人或家庭，个体工商户需要核准登记，取得营业执照后才能经营。

1. 办理登记需要提交的文件

申请成为个体工商户，需要向经营场所所在地登记机关申请注册登记，在申请登记时需要经营者提供以下相应的资料文件。

- 申请人签署的《个体工商户设立登记申请书》。
- 申请人身份证明文件复印件（核对原件）。
- 经营场所证明。自有经营场所应提交房管部门出具的产权证明文件复印件（核对原件）。租用经营场所的，应提交租赁合同原件及房管部门的产品证明文件复印件（核对原件）。
- 国家法律、法规规定提交的其他文件。法律、行政法规规定须报经有关部门审批的业务的有关批准文件。
- 香港、澳门永久性居民中的中国公民设立个体工商户的，应该填写《个体工商户（港澳居民）设立登记申请书》）。
- 外地人员办理个体工商户登记，还应该提交《暂住证》复印件。
- 本人不能办理的，可以委托他人办理。委托机构办理应该提交加盖代理机构公章的工商代理机构营业执照复印件、《指派函》、《委托书》、代理人员资格证明及身份证明。委托个人办理的应该提交《个体工商户申请登记委托书》和代理人身份证明文件复印件（核对原件）。

2. 如何办理个体工商户登记

办理个体工商户登记都是在经营所在地工商行政管理机关申请登记，具体的办理程序有三大步骤，如图 5-1 所示。

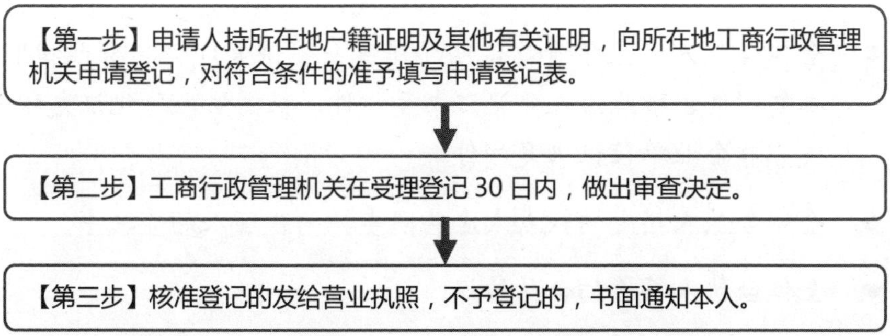

【第一步】申请人持所在地户籍证明及其他有关证明，向所在地工商行政管理机关申请登记，对符合条件的准予填写申请登记表。

↓

【第二步】工商行政管理机关在受理登记 30 日内，做出审查决定。

↓

【第三步】核准登记的发给营业执照，不予登记的，书面通知本人。

图 5-1　办理登记的程序

对国家规定经营者需要具备特定条件或需要经行业主管部门批准的，应在申请登记时提交有关批准文件。

3. 办理其他登记的要求

如果开店者不属于个体工商户，而属于合伙企业或者个人独资企业，那么就需要申请合伙企业和个人独资企业登记，这两者的申请登记要求是不同的。

■ 合伙企业

要申请合伙企业登记，首先需满足合伙企业的要求，设立合伙企业需要具备以下条件。

- 有两个以上的合伙人，并且都是依法承担无限责任者。
- 有书面合伙协议。
- 有各合伙人实际缴付的出资。
- 有合伙企业的名称。

- 有经营场所和从事合伙经营的必要条件。

满足合伙企业的要求后便可以申请合伙企业登记了，需要以下登记提交的材料。

- 《合伙企业登记（备案）申请书》。
- 全体合伙人的主体资格证明（居民身份证复印件、营业执照副本复印件、事业法人登记证书复印件、社团法人登记证复印件、民办非企业单位证书复印件）。
- 全体合伙人指定的代表或者共同委托的代理人的委托书。
- 全体合伙人签署的合伙协议。
- 全体合伙人签署的对各合伙人缴付出资的确认书。
- 主要经营场所证明（合伙企业主要经营场所只能有一个，并且应当在其企业登记机关登记管辖区域内）。
- 全体合伙人签署的委托执行事务合伙人的委托书；执行事务合伙人是法人或其他组织的，还应当提交其委派代表的委托书和身份证明复印件。
- 以非货币形式出资的，提交全体合伙人签署的协商作价确认书，或经全体合伙人委托的法定评估机构出具的评估作价证明。
- 从事法律、行政法规或者国务院决定规定在登记前须经批准的经营项目，须提交有关批准文件。
- 法律、行政法规规定设立特殊的普通合伙企业需要提交合伙人的职业资格证明的，提交相应的证明。
- 登记机关规定提交的其他文件。

■ 个人独资企业

申请个人独资企业登记需满足设立个人独资企业的条件，具体要求有五点，如图 5-2 所示。

1. 投资人为一个自然人。
2. 有合法的企业名称。
3. 有投资人申报的出资。
4. 有固定的生产经营场所和必要的生产经营条件。
5. 有必要的从业人员。

图 5-2　设立个人独资企业的条件

个人独资企业在申请登记时需要提交以下的材料。

- 投资人签署的《个人独资企业登记（备案）申请书》。
- 投资人身份证明。
- 投资人委托代理人的，应该提交投资人的委托书和代理人的身份证明或资格证明。
- 企业住所证明。
- 法律、行政法规规定必须报经有关部门审批的业务的有关批准文件。
- 登记机关规定提交的其他文件。

02 开店需要办理哪些执照

前面我们已经知道了店铺要合法经营就需要办理登记，办理登记也就是办理执照的过程。下面我们一起来看看与营业执照相关的最新政策，以及除了营业执照外，经营者还需要办理哪些其他相关的执照。

1. 营业执照

营业执照是企业或组织合法经营权的凭证，《营业执照》的登记事项为：名称、地址、负责人、资金数额、经济成分、经营范围、经营方式、从业人数及经营期限等。

营业执照有正本和副本两种形式，两者都有法律效力。为适应“三证合一、一照一码”营业执照要求，目前新版营业执照已经开始广泛应用。新版营业执照与旧版不同之处有以下几点。

- 新版营业执照为竖版，旧版的为横版。
- 新版营业执照上印有二维码，通过扫描二维码可以查询到登记信息。
- 新版营业执照无须到工商所年检，只需在网上申报即可。
- 执照上不显示注册资本和实收资本，只能通过网站查询。并且经营范围可以只写主要类别。
- 可以一址多照，即允许有投资关系的企业登记在同一个地址。

为积极推行全国统一标准规范的电子营业执照，工商总局还在河北、上海、江苏、福建、山东、河南、湖北、广东和贵州九省市开展了电子营业执照试点，未来办理营业执照将会越来越方便。

2. 税务登记证

税务登记证，是从事生产、经营的纳税人向生产、经营地或者纳税义务发生地的主管税务机关申报办理税务登记时，所颁发的登记凭证。

税务登记证的主要内容有纳税人名称、法定代表人或负责人、税务登记代码、登记类型、生产经营地址、核算方式、生产经营范围（主营、兼营）及发证日期等。个体工商户申报办理税务登记同样需要提交以下相应的资料。

- 《税务登记表（适用个体经营）》（实行国税局、地税局联合办理税务登记证的，应提供两份）。
- 工商营业执照或其他核准执业证件原件及复印件。
- 个人业主居民身份证、护照或其他证明身份的合法证件原件及复印件。
- 个体加油站及已办理组织机构代码证的个体工商户应提供组织机构代码证书副本原件及复印件。

3. 卫生许可证

卫生许可证是单位和个人从事食品生产及餐饮店的经营活动时，经卫生行政部门审查批准后，发给的有注册备案的许可证号的凭证。

从卫生许可证的含义上可以看出，如果开店的类型与食品生产和餐饮有关，那么就需要办理卫生许可证。不同地方办理可能会有相应的差别，下面以成都市卫生许可证办理为例，办理卫生许可证需要提交以下资料。

- 《卫生许可证申请书》一式两份。
- 营业场所和卫生设施平面布局图（需电脑制作并做文字说明）。
- 卫生管理制度（卫生管理组织机构、岗位责任制，公共用品、用具清洗、消毒、保洁制度，从业人员健康体检和卫生知识培训制度，应急预案等，使用集中空调的还应有集中空调通风系统卫生管理制度）。
- 工商营业执照复印件或《企业名称预先核准通知书》、《个体工商户字号名称预先核准通知书》等复印件。
- 具有法定资质的卫生技术服务机构出具的公共场所卫生指标检测或评价合格报告，使用集中空调通风系统的，还应当提供集中空调通风系统卫生检测或者评价报告。

- 组织机构代码证或法定代表人（负责人）身份证明的复印件。
- 经营场所合法使用证明。

03 不同手续的办理

了解办理不同的执照需要哪些文件以后，相关执照的办理还需要到有关部门进行，那么这些手续都是由哪些部门办理呢？接下来就一起来看看如何到相关部门办理开店所需的执照。

1. 办理营业执照

办理营业执照可以到工商行政管理机关办理，目前许多工商行政机关也提供了网上注册登记的服务，通过其官方网站便可以直接办理，大大节省了办理的时间。下面我们以成都市工商行政管理局为例看看如何进行网上注册登记。

Step01 进入成都市工商行政管理局官方网站（http://www.cdgs.gov.cn/），在首页“网上办事”栏中单击“网上注册登记”超链接。

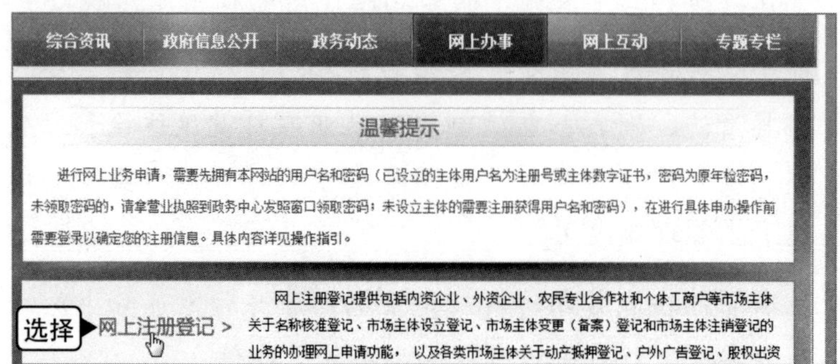

Step02 在打开的页面中单击“新用户注册”超链接。进入阅读注册协议页面后单击“同意”按钮。

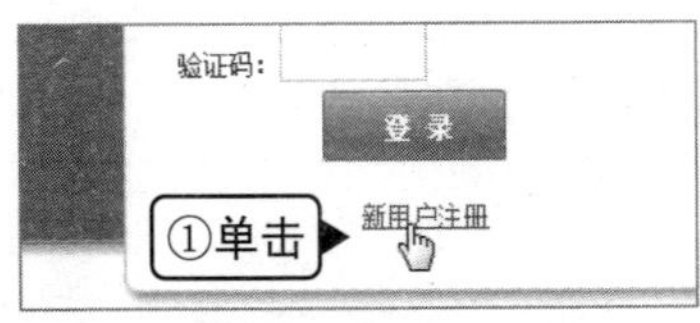

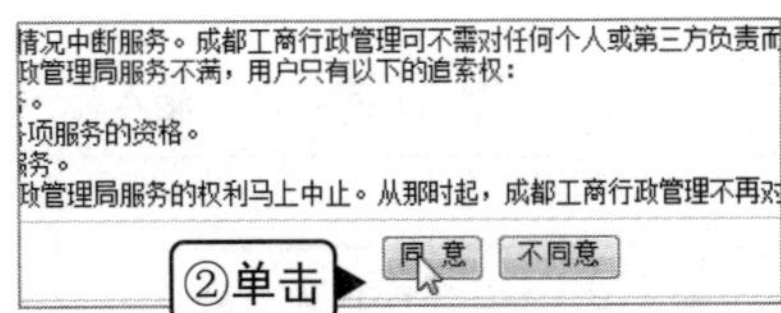

Step03 进入填写用户基本资料页面，填写用户昵称、用户账号、用户密码及密码提示问题等，再单击"下一步"按钮。

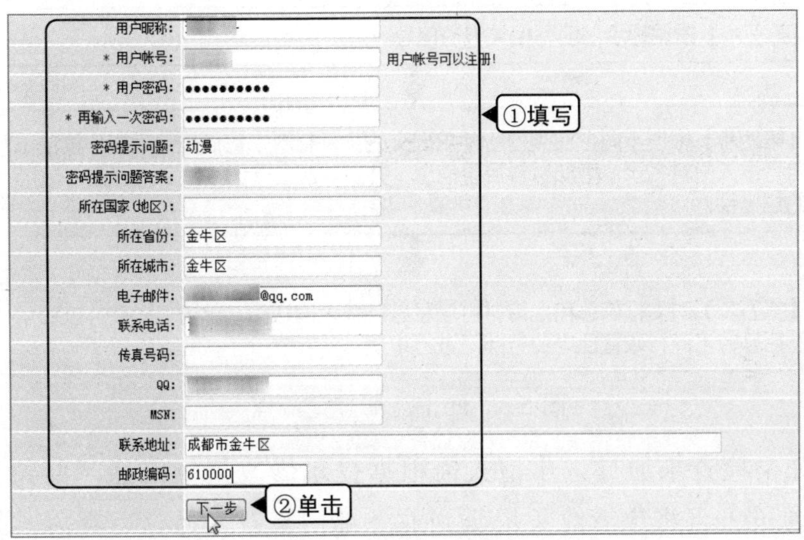

Step04 进入填写详细资料页面，填写真实姓名和证件号等，再单击"提交"按钮。

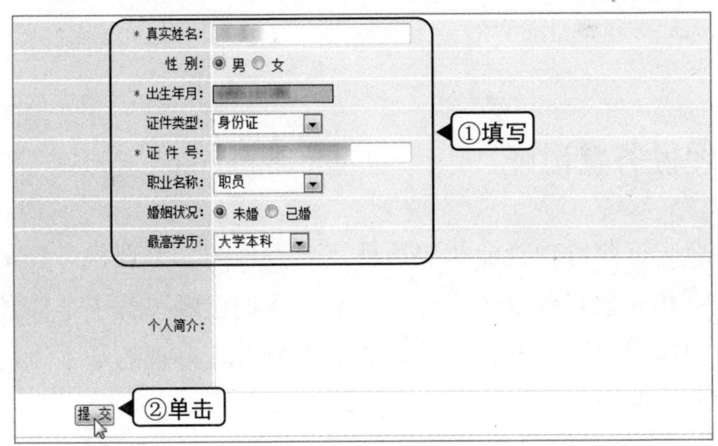

通过上述步骤后便完成了账号的注册，账号注册成功后，可以按照以下步骤进行网上注册登记，如图 5-3 所示。

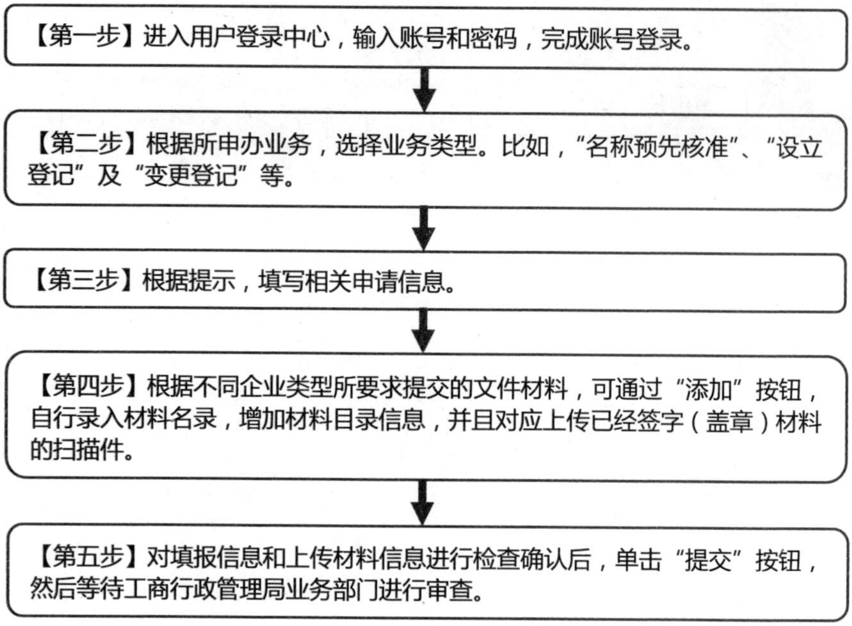

【第一步】进入用户登录中心，输入账号和密码，完成账号登录。

↓

【第二步】根据所申办业务，选择业务类型。比如，"名称预先核准"、"设立登记"及"变更登记"等。

↓

【第三步】根据提示，填写相关申请信息。

↓

【第四步】根据不同企业类型所要求提交的文件材料，可通过"添加"按钮，自行录入材料名录，增加材料目录信息，并且对应上传已经签字（盖章）材料的扫描件。

↓

【第五步】对填报信息和上传材料信息进行检查确认后，单击"提交"按钮，然后等待工商行政管理局业务部门进行审查。

图 5-3　网上注册登记流程

如果检查未通过，申请人需根据提示修改填报信息，直到业务检查通过方可将申请业务提交到业务部门审查。通过审查后，打印系统生成的文书及其他材料，并到现场提交规定的纸质材料。纸质材料被审查同意后，便可领取核准通知书、纸质营业执照和电子营业执照。

2. 办理税务登记证

税务登记证是办理营业执照后就需要办理的，办理税务登记证需要申请人带上相关资料到税务局办理，前面我们已经了解了个体经营纳税人设立登记需要提交的资料，下面我们来看看其办理的基本流程是怎样的，如图 5-4 所示。

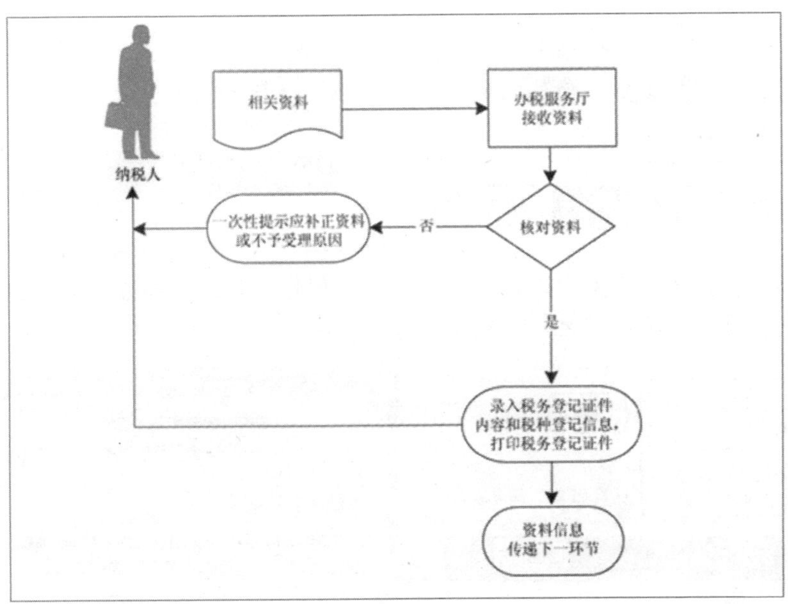

图 5-4　个体经营纳税人设立登记流程

目前，许多地区也可以在网上办理税务登记，下面我们以成都市为例看看如何进行网上办理。

Step01 进入成都市国家税务局官方网站（http://www.sc-n-tax.gov.cn/），在打开的页面中单击“网上申报”超链接。

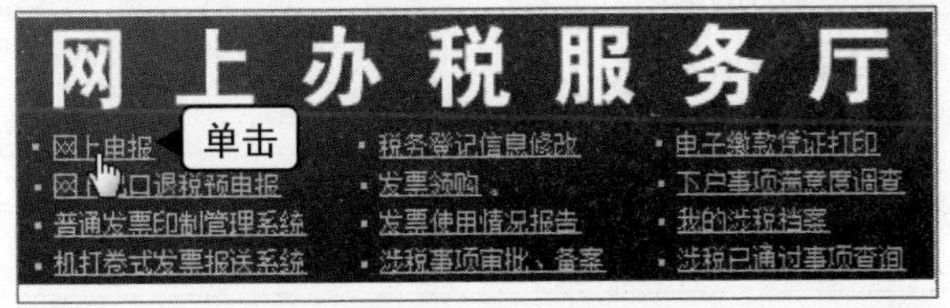

Step02 在打开的页面中单击“注册”超链接。进入账户设置页面，输入用户名和验证码，再单击“立即注册”按钮。

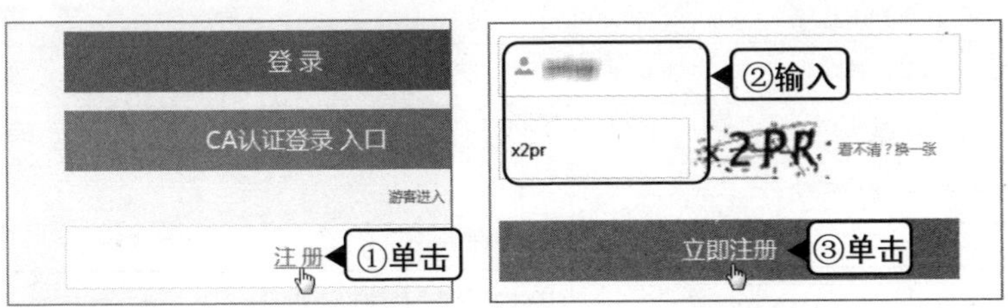

Step03 进入密码设置页面，输入密码后，单击“完成”按钮。在打开的页面中单击“登录系统”按钮。

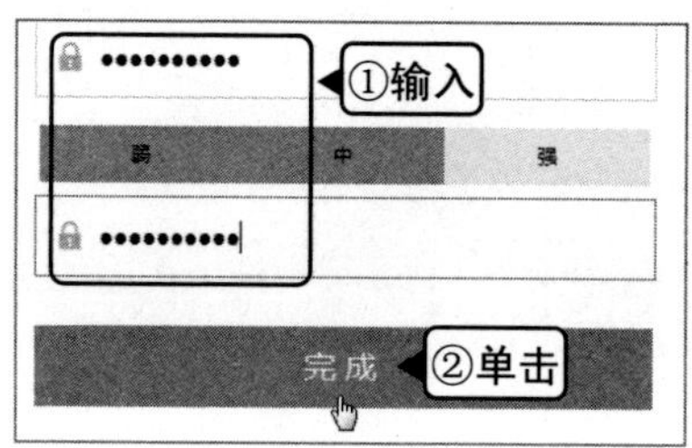

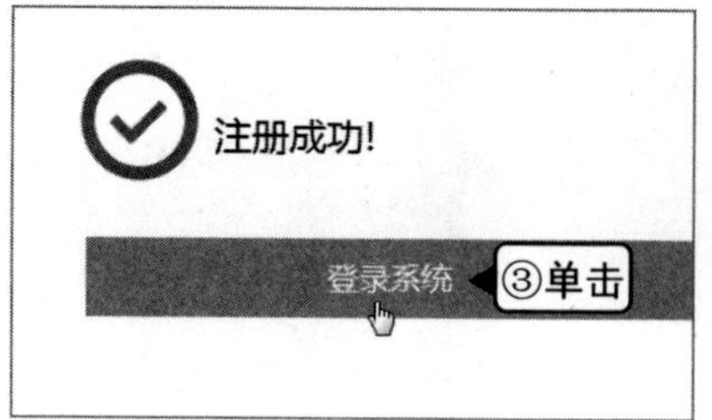

Step04 在打开的页面中输入用户名、密码和验证码，再单击“登录”按钮。在打开的页面中单击“×”按钮。

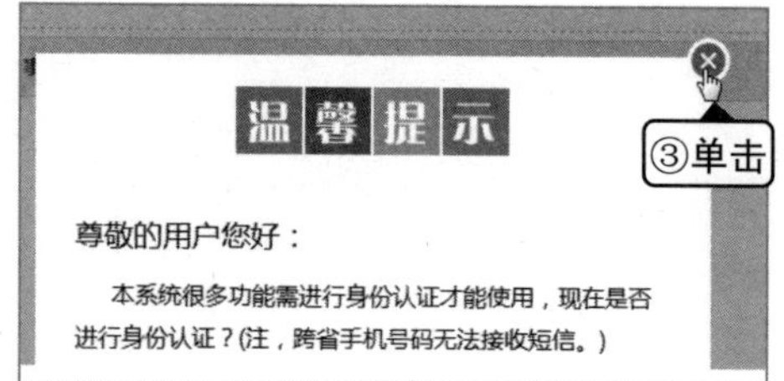

Step05 在页面左侧“业务办理”/“税务登记申请”下拉菜单中选择“个体经营登记”命令。在打开的页面中选择“市级税务机关”和“县级税务机关”选项后单击“下一步”按钮。

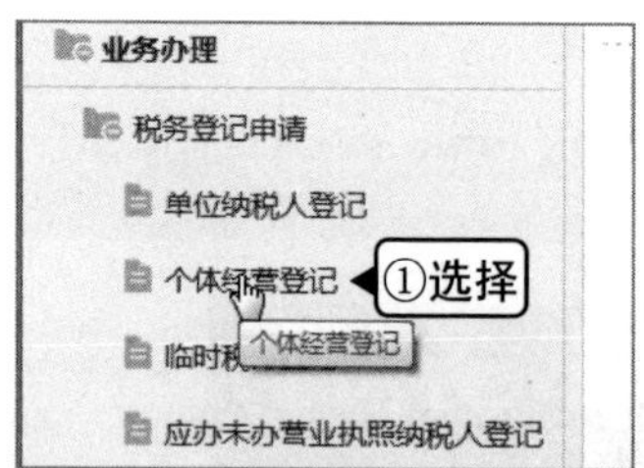

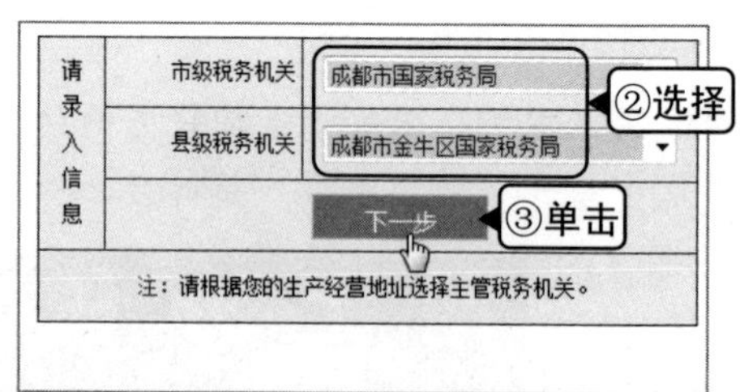

Step06 在打开的页面中填写税务登记表，在页面下面单击“下一步”按钮。

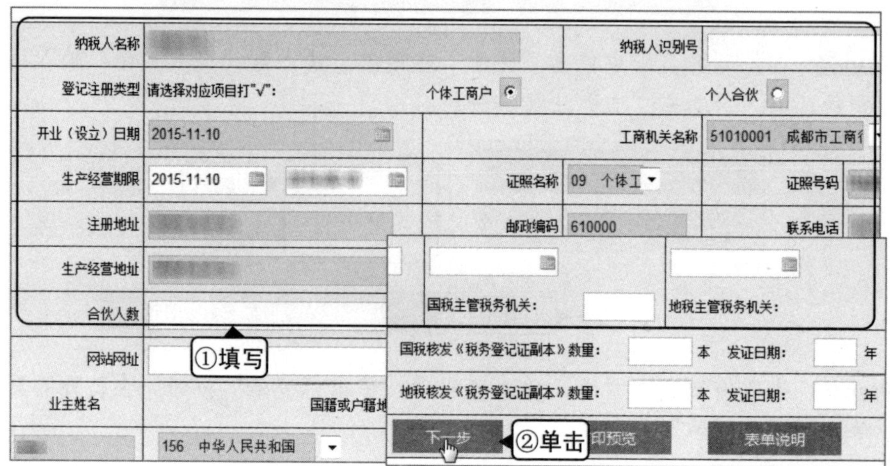

提交登记表后需要等待税务服务厅进行审核，审核成功后税务服务厅将录入税务登记证件内容和税种登记信息，完成录入后，申请人即可领取税务登记证了。

3. 办理卫生许可证

办理卫生许可证需要到经营所在地的卫生局办理，我们以成都市卫生许可证办理为例，了解其基本的办理流程，具体内容如图 5-5 所示。

【第一步】申请人持申请材料向市政务服务中心市卫生局窗口提交申请，由窗口工作人员进行初审，对申请材料不齐全、不符合法定要求的于 5 个工作日内一次性告知申请人应当补正的全部材料，补正后受理。

↓

【第二步】市卫生局根据申请材料和现场审查意见进行审查，并做出是否批准的决定。对符合规定的予以许可；不予许可的，书面说明理由。

图 5-5 卫生许可证办理流程

在资料审查过程中如果现场审查不能做出决定的，经本级卫生行政部门负责人批准后，可能会延长 10 个工作日再告知申请人。

4. 办理企业名称预先核准

如果在办理营业执照的过程中，申请办理的是公司，那么还需要办理企业名称预先核准。在办理时需要提交以下资料。

- 全体投资人签署的《企业名称预先核准申请书》。
- 全体投资人签署的《指定代表或者共同委托代理人的证明》及指定代表或者共同委托代理人的身份证件复印件，同时应标明指定代表或者共同委托代理人的权限和委托期限。

办理企业名称预先核准，需要到省政府政务服务中心省工商局窗口办理，具体的办理流程如图 5-6 所示。

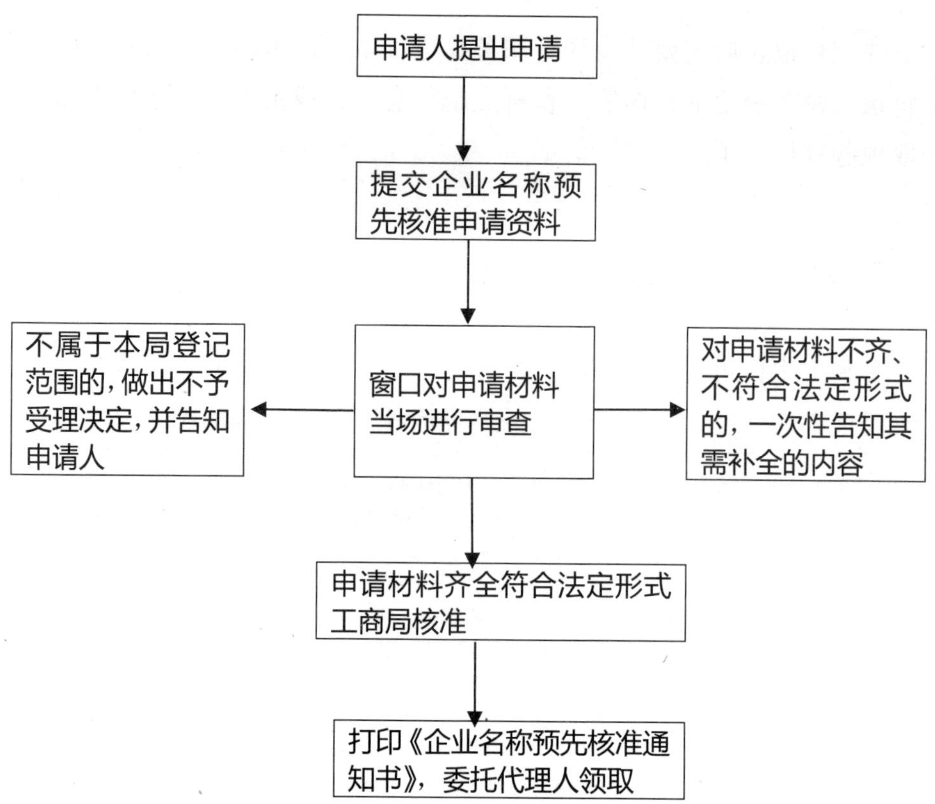

图 5-6　办理企业名称预先核准流程

由于不同地区的办证机关的官方网站页面不同，在网上申办时会有相应差别，但是基本流程是一致的。如果当地机关没有网上申办入口，那么就需要亲自到服务窗口进行办理。

第六章

店铺的取名和装修

我们在街头逛街的时候，会被一些让人眼前一亮的店铺名字所吸引而进入店铺。进入店铺以后，如果店铺的装修给人以舒适的感觉，就会让我们忍不住想要购物。由此可见，店铺的名字和装修对店铺经营是多么的重要。

01 如何为店铺取名

好的店名往往会给人留下深刻的印象，具有创意的店名也能吸引更多消费者的进入，使得店铺的入店率增加。下面我们就一起来看看如何为店铺取一个好听又朗朗上口的名字。

1. 店名的作用

好的店名就是店铺的“金字招牌”，消费者进入某家店铺前首先看到的便是店铺的名称，店名之所以重要那是因为它具有以下作用。

- 店铺的名称就是店铺的形象，从店铺的名称上入店者便明白卖家的店铺是什么类型的，是何种格调的。
- 店名是店铺经营项目的标识，当消费者要购买某一商品时看到店名便明白在该店铺能否找到自己需要的商品。
- 店名能够树立店铺的品牌价值，好的店名能够传达店铺的经营理念，随着店铺的持久经营，店铺的知名度会逐渐扩大，从而形成品牌价值。
- 好的店铺能够起到营销的作用，随着消费者的口口相传，能够让更多的人了解到店铺。

2. 店铺取名的原则

店名是店铺的广告牌，好的店铺往往能够深入人心。在给店铺取名时可以遵循一定的原则，在原则的指导下掌握一定的取名方法，从而为自己的店铺取一个吸引人的名字。店铺取名可以遵循以下原则。

■ 与店铺定位相符合

店名要与店铺的经营项目相符，突出店铺的个性特征。比如，廖记棒棒鸡、周黑鸭及胖妈米线等都能很好地表现出店铺的经营项目，体现店铺的特色。

店名通常情况下都不会太长，与店铺的定位相符也可以是指与店铺的文化定位相符，比如，同仁堂的店名就表现了同仁堂同心同德，仁术仁风的管理信念。

■ 便于传播

店名应该简洁并且朗朗上口，太过复杂并且不易记忆的名字，不会给人留下深刻的印象。为了便于店名的传播，店名一般都不会太长，通常在2～4个字，同时也不会取发音太难或者生僻字。

选用生僻字作为店名的也有很多，比如，有家店名就叫作“犇犇犇”，这样的店名虽然会让人感到很新奇，但是顾客也会因为不会念这个字或者害怕念错这个字而拒绝进行宣传。

■ 有辨识度

店名应该有独特的个性，不要与其他店名产生混淆。比如，常见的周六福、周大福、周生生等店名，会让消费者分不清楚各自的品牌。有可能想要到周六福店铺里买珠宝的消费者，却因为看错店名而走进了周大福的店铺。

在取店名时不要为了借用他人的名气就去山寨，比如，取好利莱这样的店名与好利来的店名相符。让人误以为是同样的店铺，这样的店名不会产生品牌价值，也不会给顾客留下良好的形象。

■ 店名要可用

在为店铺取名时还要注意保证取的店铺名是可用的，有些好的店名已经被注册了，但是如果不清楚而使用了，有可能会造成侵权。因此在想好店名以后不妨上网查询一下店名是否可用。

3. 选择合适的取名方法

每一个开店者都希望能为自己的店铺取一个好听的名字，而很多开店者却不清楚如何为自己的店铺取名，下面我们就一起来看看店铺取名有以下方法。

- **雅语取名法**：雅语取名法是指通过使用雅字来为店铺取名，这类字包括阁、斋、园、居等。比如，秋霞阁、文书斋、沁香园、六必居等店名。
- **姓名取名法**：姓名取名法是使用自己的姓氏来取名，比如，常见的韩包子、楚家刀、钟水饺等，便是使用姓氏再加上店铺所经营项目的项目来取名的。
- **吉祥语取名法**：万家和、三喜酒店及悦来酒家这样的店名便是使用了吉祥用语来取名。通过寓意美好的词汇，不仅能给自己的店铺带来祝福，同时也让顾客消费得安心。
- **新颖取名法**：新颖的店铺名让人一听感觉别出心裁，比如，狗不理、人民大食堂、反时针及锅司令等。这样的店名就给人新颖独特的印象。
- **地名取名法**：地名取名法也是比较常见的一种取名方法，比如，锦江宾馆、金牛大饭店、宜宾燃面及简阳羊肉汤这样的店名。地名取名法的特点便是突出了地方特色，通常情况下，使用地名的地区特产也闻名于世。
- **谐音取名法**：借用谐音双关的手法来为店铺取名，赋予了店铺不同的含义。比如，一位上海姓郁的老板为自己的店铺取名为“郁良心”，这与上海话“有良心”谐音，使得店铺给顾客以信任感。

除了上述几种取名方法外，店铺取名的方法还有自夸取名法、专用字取名法及叠字取名法等。

4. 实用的店铺取名技巧

店名主要是为了展现店铺的经营商品和文化特征，不管店铺大小，取好店名都是很重要的。掌握一些店铺取名的技巧，能够为店名锦上添花，也让店铺生意财源广进，如图 6-1 所示。

使用修辞语

使用比喻、用典、借代及夸张等修辞语，让店名更具有吸引力。常见的使用修辞的店名有绝味鸭脖、大风炊、美食汇等。

从消费者角度出发

取店名可以从消费者的角度出发，让消费者感受到店铺能够满足其需求。比如百帮服务、便民超市、好又多超市等。

借用光环

借用名人、名山或者名作等来为自己的店铺取名，也可以吸引到不少的顾客。比如三顾冒菜、咸亨饭店等。

把握目标市场

从目标市场的角度出发取名，可以直接击中目标顾客，满足目标客户的需求。在美国旧金山华人区，有家餐厅名为乡音阁，赢得了长年漂居海外的华人的喜爱，因为其很好地满足了华人找同乡聚一聚的需求。

把握当地特色

在不同的地方开店还要了解当地的风俗特色，比如四川地区的人喜爱吃辣，有的餐饮店就以辣为主题，取名为奔跑的辣椒。

图 6-1　取名技巧

5. 避免错误的取名方法

店名一旦选择好了以后，就会伴随整个店铺的经营过程。如果店铺名称换了，顾客就会认为该店铺是不是转手了，或者认为店铺倒闭了。店名的更换通常情况下会对店铺造成不好的影响，除非店铺最初起的名字便不好。店名使用的越久，就会被更多的人熟知，因此在为店铺起名时应该反复斟酌，尽量避免起名错误。下面我们就来看看常见的错误取名的方法，以便在为自己店铺取名时不犯类似的错误。

- **用不吉利的字**：店名中含有不吉利的字是取名的大忌，不吉利的字会给他人心理带来负面影响。
- **用多音字**：店名中最好不要包含多音字，会给他人发音造成困扰，容易产生歧义。
- **寓意过深**：寓意过深的店名会让他人看不懂，缺乏可读性。所以在取有寓意的店名时，切记不可太过深奥，让人摸不着头脑。
- **创造新词**：有些店主为了让店名好记忆，就人为地创造一些新词，特别是使用英文组合成新词，这样的词语同样会使他人看不懂。

02
店铺外部的装修

对顾客来说，第一眼吸引他们注意力的便是店铺的门面。整洁、雅观或者富有创意的店门更能吸引顾客驻足。

1. 门面牌设计要考虑的因素

门面牌是店铺的户外广告，它起着引导消费者进店的作用，门面牌是否能够吸引消费者，影响着店铺的经营效率。作为店铺的脸，门面牌的设计要考虑以下几个因素。

■ 颜色

门面牌的颜色不同会给消费者带来不同的感受，红色给人带来激情，绿色带来清新，粉色带来温暖。店铺门面牌的颜色要与店铺的经营项目相符合，同时也要从众多的广告中脱颖而出。颜色的搭配也不要过于复杂，保持在三原色内，突出主题即可，切忌颜色搭配太过花哨。

■ **大小**

门面牌的大小及招牌上字体的大小要合理搭配，字体的多少及形状如何都会给店门带来不一样的气场。字体在招牌中起着突出和显示店名的作用，因此字体的颜色应与招牌底色相区别。

字号不宜过大，不要填满整个招牌，而应留有一定的空隙。就如我们写字一样，如果把田字格都填满就会显得不好看。字体形状不可太多复杂和花哨，要做到让消费者很好地识别字体。

■ **位置**

招牌的摆放方式一般有三种，分别为平行、垂直和纵横放置。平行放置是指把招牌放在店铺正上方的平行位置。垂直放置是指把招牌垂直放于店铺的侧面。纵横放置是指正面和侧面都放置有招牌。

招牌的放置方向要与商品的摆放方式和顾客来的方向一致，比如，在十字路口的店铺为使不同方向的行人都能看到招牌便可采用纵横放置的方式。

■ **灯光**

在夜间没有灯光衬托的招牌是不会被他人发现的，灯光的搭配要与经营项目相衬。比如，KTV 的灯光设计常采用舒心明亮、大气的风格。给人带来生机和活力。而咖啡馆的灯光常采用浪漫昏暗的灯光，以暖色调为主。

■ **材质**

招牌材质的不同所变现出的店铺气质也不同，有木雕刻，玻璃钢材质，铝塑板、喷绘布及亚力克等。招牌的材质首先要考虑安全性和材质是否可靠。

保证了安全性后再考虑外观是否美观，在选择上可以对比不同材质的价格，选择性价比更高的，同时也可以参考同行的选择情况。最重要的一定要结合自己的经营范围和风格来选择。

2. 门面牌的制作

门面招牌的设计可以找专业的广告公司为其设计并制作，目前制作广告招牌的公司非常多，为了找到正规的广告制作公司。我们可以考虑以下因素，如图 6-2 所示。

了解规模

通常情况下规模更大的公司更值得信任，也更可靠。但大公司中也有因为广告牌制作所涉项目不大，而敷衍了事的公司，在这种情况下不妨选择能够真诚合作的小公司。

了解案例

了解广告公司是否有制作过同行广告牌的案例，因为这样的公司在制作类似的广告牌时会更有经验，同时也可以了解是否有做过具有创意的成功案例。

实地考察

在与广告公司建立合作关系前可以进行实地考察，以确定该公司是否有正规的办公地点。

图 6-2 选择广告公司要考虑的因素

如果开店者想要节省设计费用或者有设计方面的专业知识，也可以自己设计广告牌。自己设计通常会使用 Adobe illustrator、CorelDraw 及 Adobe Photoshop 等软件。

运用图形软件制作好设计方案，再把方案交给制作公司，让他们设计广告的尺寸和材料，通过这种方式可以节省一部分广告设计费。使用图形软件设计广告牌需要制作者有足够的耐心，这样才能保证做出来的方案是适合的。

3. 创意门店吸引客户进入

有创意的店门会让过往行人产生兴趣，给自己的门店加上一点创意色彩，会让门外的顾客产生进店一探究竟的想法。

刚开始我们的脑海中可能没有太多的创意点子，但是可以通过查看他人的门店装修方式来寻找灵感。我们也可以在一些装修公司网站上或者论坛、社区网站上寻找灵感。下面我们来看看如果通过堆糖网站来查看有创意的门店装修设计。

Step01 进入堆糖官方网站（http://www.duitang.com），在首页搜索框中输入“门店装修”，再单击“搜索”按钮。

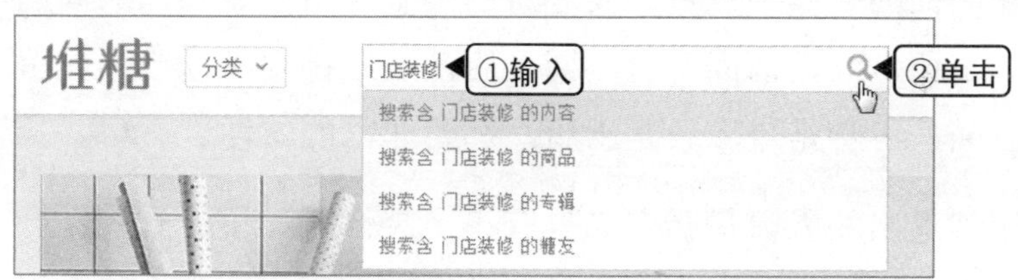

Step02 在打开的页面中便可以看到很多有创意的门店装修图片。单击其图片超链接还可以查看到更清晰的图片。

03 店铺内部的装修

店铺的门面能吸引他人的驻足，店铺的内部则能让消费者有良好的购物体验。在注重店铺门面装修的同时也要注意店铺内部的装修，而店铺内部的装修需要开店者把握更多的细节。

1. 出入要方便

在店铺的装修中，首先要注意的一个环节便是出入的问题。不管店铺的大小还是经营商品有何不同，店铺装修都要考虑给顾客留下足够的体验空间，不管是进店还是出店，都要非常的方便。

店铺进出的人流量会有大也有小，装修时如果没有考虑到人流量的问题，入口设计得不够合理，导致顾客出入不便，那么就会因此而流失掉一部分顾客。

把店门安置在中间还是侧面要根据人流的多少和方向来决定，通常情况下大型商店的店门安置在店铺中间，而小型的商店的店门则多位于店铺的左侧或者右侧，这样能增加店铺内的使用面积，让顾客能够自由地流通。

2. 布置店铺内部照明

店铺的灯光对店铺来说是很重要的，顾客一般不愿意进入看起来比较阴暗的店铺购买商品。对服装店、珠宝店等来说，还要求有橱窗卖场的展示，这就更需要灯光照明了。店铺内部的灯光设计要满足以下的条件。

- 店门口主要通道的灯光要足够明亮，让顾客在店门前时即可一览店内的商品，营造一种明亮、积极的店铺形象。

- 封闭型的橱窗在设计灯光时可以设计两组灯光，一组灯光用于白天，另一组用于夜晚，这是因为两者的照明要求是不同的。白天的灯光和日光亮度比需在 3:1 左右，否则会产生反光的效果。夜晚则要增强照明，以便很好地展现出陈列商品。
- 开放式橱窗与店铺的内部环境是融为一体的，橱窗内的灯光要比店铺内部的明亮，才能有效区分出展品和店铺内陈列的商品。
- 店铺内的普通照明可采用水平光线，而货架上陈列的商品则可以使用射灯或者其他垂直的光线，增加商品的亮度。

另外，对于一些有颜色的商品还要考虑到不同灯光照射在上面会产生色差的情况。比如，翡翠和黄金饰品对灯光的要求便不同，黄金饰品可以采用冷光杯进行照明，翡翠则可以采用日光杯进行照明。

店内的照明光线不可太过明亮，否则会使人产生视觉疲劳。考虑到局部照明和整体照明的协调，光源不可使用太多，以避免产生凌乱之感，特别是小型商店会无法突出主次。

以服装店为例，通常情况下普通服装店内的一般照明的照度为 500Lux 比较合适，而店内重点陈列品的照明则多为 2 000Lux，橱窗内的照明则多为 5 000Lux。

3. 重视店铺通风设计

为营造良好的购物环境，保持店内空气的清新也很重要，特别是对火锅店、水果店等会产生气味的店铺来说，更要设计好店铺内的通风。店铺的通风可以分为自然通风和机械通风两种。

小型的且不会产生其他异味的店铺可采用自然通风，以节省费用。而对通风有要求的店铺则需要采用机械通风的方式，在店铺装修时就要安装紫外线灯光杀菌设施和空气调节设备。

在夏季不应让前来消费的顾客产生闷热之感，而应是凉爽的。而冬季则不能过于寒冷，应该是温暖而不燥热的。在设计店铺通风时要考虑到店铺的大小，大型店铺通常需要安装中央空调，中小型的店铺安装分立式空调即可。

对餐饮行业的店铺来说，还要加强厨房通风的建设。厨房排风量的大小要根据厨房的大小和炉灶的多少来确定。另外通风设备的噪声不可以过大，不然会影响前来就餐顾客的心情。

4. 如何进行橱窗设计

橱窗是展示店铺商品的窗口，也是店铺展示新产品的重要渠道。橱窗就如店铺的外衣，要能够吸引顾客的目光，其设计应与店铺的特点相结合。在设计橱窗时可以从以下的几点进行考虑，如图 6-3 所示。

高度适中

橱窗不可过高或者过低，要在顾客的视野之内，通常情况下与人的身高相当。如果是小型商品一般离地面 100cm 左右，比如，珠宝店内的黄金饰品。而对于大型的商品则不会增加高度，比如，服装店的模特便是直接放在地上。

表现主题

橱窗内陈列商品的主题应是一致的，同时也要与店铺内的商品协调，混搭风会给人以“什锦粥”的感觉。对于会随着季节而改变的商品,要与季节相融合，在节假日的时候主题可以与节日相匹配。

保持清洁

橱窗应保持清洁，经常打扫。布满灰层的橱窗不会给过路的人留下好印象，更别提引起顾客的购买兴趣了。

从顾客角度出发

玩具店的橱窗内的商品一般色彩鲜艳、反差较大。而服装店的橱窗中的商品则有可能是有个性的、时髦的或者温馨的。风格的不同与店铺所面对的目标顾客有关，在设计橱窗时也要考虑消费者的审美观。

图 6-3　橱窗设计要点

另外，橱窗内的商品不应该一成不变，而要适当地更换。以服装店为例，当服装店上新品时，为了增加新品的销售量就需要更换橱窗，把新品放进橱窗中。切忌把断码缺货的产品摆上橱窗，因为这样是不会增加销售量的。

5. 店铺装潢要把握的要点

店铺装潢是整个开店过程中比较重要的环节，在装潢中还需要把握以下的几个要点。

■ **把握预算**

在装修店铺前就要考虑好此次装修所花费的费用，装修花费了太多的费用，那么会影响店铺后期其他费用的使用，因此事先就预算好装修所花的费用是很重要的。

为了有效地控制装修费用，可以制定装修清单，用表格的形式将其表现出来。如表 6-1 所示为某店面装修清单。

表 6-1 某店面装修清单

所用材料	所需费用	备注
钢化玻璃门	5 000 元	
灯箱广告	1 000 元	
高级石膏板直线造型天花	85 元/m²	大约需要 20 m²，共计 1 700 元
石膏板造型墙	120 元/m²	大约需要 80 m²，共计 9 600 元
吊顶	1 200 元	
门锁安装	200 元	
精铺实木地板	65 元/m²	大约需要 20 m²，共计 1 300 元
墙面装饰设计	200 元	
安装费用	500 元	
人工费用	5 000 元	
总计	25 700 元	

自己购买材料后，再请工人进行装修是比较省钱的装修方式。在编写装修清单前就要先了解清楚，店铺装修都需要哪些材料，再去各大市场了解不同材料的价格，这样来计算装修预算费用就会显得比较合理。

■ 把握整体设计

店铺的整体设计关系到装修的最终效果，在设计时就要考虑产品特点和店铺想要表达的整体风格。装修风格可以是简约型，也可以是精美型的。

对整体风格进行设计时可以通过考虑目标消费者的年龄及性别来决定。比如，针对年轻一族的女装店铺的装修风格可以以时尚潮流为主，而以休闲服饰为主的店铺，可以装修为简约风格。

■ 装修后的处理

店铺装修后会有涂料气味的残留，这时应该加强通风，让气味尽快地散去，同时可以在店铺中放点活性炭、吊兰及芦荟等植物吸收室内污染气体。如果长时间都有气味残留，就要考虑涂料是否有问题。在购买涂料时最好不要为了便宜而购买不达标的涂料。

04 商品陈列和布局

商品的摆放是否符合消费者的购买习惯，是否能够很好地展示商品，这在很大程度上决定了销售效率的高低。在超市购物时，正在折价出售的商品常常放置在过道的中间，并且在视线最容易到达的地方。超市这种商品陈列的方式，使得这类商品得到更多消费者的关注，从而增加了销售量。

1. 物品摆放位置的规划

店铺装修完成后，便可以摆放店铺内所需要的物品了，比如，收银台、货架等。这些物品放置在不同的位置，会影响顾客的购物体验，下面我们就来看看不同的物品应该放在哪里。

■ 收银台

大多数店铺内都有收银台，收银台是消费者购物结账的地方，因此不能放在影响顾客购物的地方，通常情况下应放在出门口角落的方向。对一些小店来说，出门口可能没有位置摆放收银台，那么也可以将其放置在店铺里面的角落。

可以把收银台放置在店铺的吸引区、主推区及配套区这 3 个区域中的其中一个区域。收银台不管放置在哪个位置，都要注意不能影响商品的陈列。

■ 堆头柜

许多玩具店、彩妆店等都会有堆头柜。如果是街边的店铺，堆头柜就要放在人流来的方向，起到吸引客流的作用。在商场中的店铺也可以把堆头柜放在店铺的中间，增加热销的氛围。

■ 货架

当店铺内商品较多的时候就需要货架来陈列商品，通常情况下为了顾客选择商品方便，陈列货架高度为 85cm～165cm 之间。货架的摆放要遵循最大化地利用空间的原则。但是也不能过于密集而占据了顾客购物的通道。

通常情况下，靠墙的一面放置单排货架，中间的位置放置双排货架。货架的摆放方式决定了顾客的流向，因此货架的摆放就要形成通道网，让顾客通过这个通道一一浏览商品。

2. 如何进行商品陈列

一个店铺内经营的商品一般不会只有一种，面对种类繁多的商品，让其摆放的位置都需要有规划。合理的商品摆放能够起到刺激销售、节约空间和美化购物环境的作用。商品陈列的类型主要有以下几种。

- **纵向陈列**：纵向陈列是指把商品从上往下的排列。
- **水平陈列**：水平陈列是指把同类型的商品放在一个水平位置上。
- **廉价陈列**：在商场购物时常常看见的花车便是廉价陈列的一种方式。
- **高档陈列**：在专柜购买商品时，商店会用豪华的货架和灯光处理的方法来使商品看上去很高档，这种陈列方式便是高档陈列。
- **样品陈列**：服装店通常会使用模特衣架来展现服装上身的效果，这种陈列方式就是样品陈列。
- **活动式陈列**：活动式陈列是指这种陈列是可以活动的，比如，服装店营业员穿的本服装店的服装，便是活动式陈列，这种方式生动形象地展现了商品效果。

了解了商品陈列的几种类型后，那么在为自己店铺陈列商品时又应该如何做呢？简单来说，在陈列时要遵循以下的原则。

- **安全性**：不管使用哪种商品陈列的类型，首先要保证陈列的安全性，保证商品不易掉落，如果商品掉下来砸到了顾客或者放置不稳定被顾客不小心碰掉了，这样都会造成不好的影响。
- **易挑选**：商品的陈列方式应该方便顾客挑选，通常情况下，人的视线最容易看到眼睛向下 20°左右的商品。在店铺内购物时视角通常为 60°，放置太低或者太高的商品都不太容易被发现。要把店铺主推的商品放在顾客视线最容易发现的地方。
- **易取放**：商品既要方便取也要方便放回，因为顾客在购买商品时往往会仔细查看商品后再决定是否购买，如果没有购买，商品就会被放回原位。

- **让人感觉良好**：商品陈列应该让人感觉良好，不要把有污迹或者已经过了保质期的商品放在货架上，这样会给顾客留下不好的印象。通常情况下，商品不被直接放在地上，同时保持货架的清洁，就能给顾客留下良好的感觉。
- **考虑成本**：为了获得更多的收益，在商品陈列时可以把高收益的商品与畅销的商品搭配销售，同时还要防止商品过多的损耗。

3. 商品陈列的技巧

我们在超市购物时常常会在结账的时候顺手买点口香糖、电池等商品，超市利用这一区域陈列了生活常用的小商品，使得这些商品的销量大大提升。这个生活中的例子告诉我们，商品陈列得当是可以很好的增加销售收入的。下面我们就来学习一些商品陈列的技巧，如图 6-4 所示。

左右结合

顾客在店铺内浏览商品时，会习惯性的先看左侧的商品后再看看右侧的商品。在商品陈列时可以把引人注目的商品陈列在左侧，在右侧陈列常见的商品。

陈列数量

货架上每一格至少陈列三种商品以保证商品品种，在单位面积上，平均每㎡要达到 11~12 个品种。当商品缺货时，可以用销量较好的商品来补充。这样可以让店铺看起来不至于太空，陈列时要充分利用黄金位置，以此增加高收益的商品销量。

相对固定，定期变动

从消费者的角度来说，如果是再次光顾的话，一般有目的性的前往自己感兴趣的陈列区。如果陈列区的商品类型变换了，会增加顾客寻找商品的时间。因此可以把同一类型的商品放在一个固定的区域，随着商品的更新再适当调整商品位置。这样既能方便顾客购物，又不会让商品显得陈旧呆板。

图 6-4　商品陈列的技巧

05 把握店铺装修细节

店铺的装潢不能草草了事，需要开店者引起足够的重视。在店铺的装修中把握细节是很重要的，对材料的选择、布线工程和设备的安装都要把关好。

1. 不同位置材料的选择

店面装修需要的材料主要有墙面材料、地面材料及天花板材料。面对种类繁多的装修材料，很多人不知如何选择，下面我们就来看看不同的材料的特点，以帮助我们选择适合自己店铺的材料。

■ 墙面材料

墙面材料使用较多的是壁纸和涂料，使用壁纸装修的优势在于壁纸的颜色丰富、图案美观，但是价格较贵。涂料有低档水溶性涂料和乳胶漆，涂料的种类很多，价格不等，在装修资金有限的情况下可以选择中低端的涂料。

除此之外，墙面装修还可以选择釉面砖、饰面石材、玻璃、墙饰面板、木质壁材及刷浆类材料等。其中，木质壁材有合成板、纤维板及木板，许多服装店、皮具店等使用较多。

■ 地面材料

地面材料主要有地毯、瓷砖、木地板、塑料地板、石材这五种。店铺装修采用的地毯多是化纤地毯，其装饰性强、保温和吸音性良好。地毯的缺点在于清洗不方便，且易虫蛀霉变，价格也较贵。

瓷砖是大多数店铺使用的一种地面材料，它的优点在于质地坚实、耐磨、耐酸、耐热、耐碱、不渗水及易清洗，同时装修性也较强，价格也比较实惠。瓷砖种类较多，在选择时可选性价比较高的。

木地板以木质材料为主，能保温、弹性适当、纹质优美，在店门装修中使用不是很多，通常只要比较高档的店铺才会使用。店面装修使用的木地板主要有柚木、柞木、楸木、水曲柳及桦木等材质。

塑料地板有一定的弹性、清洗容易，施工起来也比较方便，由于价格较低，从而成为很多店铺选择的地面材料。

大理石、花岗岩、砂岩及石板等都属于石材，装修中使用较多的是大理石和花岗岩，它们的装饰效果较好，但是价格较贵。

■ **天花板材料**

天花板材料有 PVC、纸面石膏板、装饰石膏板、塑料扣板及木质顶棚等。石膏板有平板也有凸凹板，与灯具相配合能够起到很强的装饰作用，是店铺装修中应用最广泛的一种材料。

木质顶棚有木板和胶合板，它的材质轻盈，比较适合于中小型商店的天棚装饰。PVC 材料具有保温防潮、防虫蛀又防火的特点。

2. 布线工程注意事项

布线工程安装是否得当，不仅会影响到店铺的美观，而且一旦有布置得当就会容易引发火灾，所以在布线施工时要注意以下几点。

- 导线在安装的过程中要进行防火处理，照明灯的引入线与电源线连接处容易发生线路故障，要加强防护。
- 布线方式应与店铺的使用性质相符合，比如，电线插座的安装数量要满足实际的使用需求，插座的间距也要恰当。
- 暗线铺设时必须配管，电源线配线时，所用导线截面积应满足用电设备的最大输出功率。
- 在装修施工布线过程中要严格把关，进行跟踪检查以避免装修人员偷工减料。

- 布线施工对店面的安全非常重要，最好找专业的公司进行安装。

3. 设备安装要安全可靠

店铺装修中还会涉及空调、收银台、货架、洗水池及监控等的安装。这些设备摆放的位置应该在店面设计时就考虑到位，在装修时要留出摆放的空间。

小型店铺通常安装的是家用空调，而大型店铺则安装的是中央空调。中央空调移机比较困难，因此在装修时要在空调的下方留下活动的检修口，以便空调维修的进行。

监控设备的安装要选择恰当的位置，不要让摄像机被周围环境所影响，保证最好的成像效果。通常情况下，摄像机的高度不会低于 2.5m。其他设备在安装时要检查螺丝是否有松动、零件是否有缺失等。安装完成以后最好进行全面的检查，以免出现安全隐患。

06 省事的装修方法

如果自己购买材料再请装修工人装修店铺，那么就需要个人严格把关装修的每一步，耗费大量的时间和精力。如果没有太多时间关注装修的过程，那么请装修公司为其装修是最省事的装修方法。

1. 选择装修公司装修的好处

装修是一个系统工程，从材料选购到设备的安装都是一件劳心的事情，选择装修公司装修不仅能够省心还有以下的好处，如图 6-5 所示。

更专业

装修公司有专业的设计人员和施工人员，能够根据客户的需求设计出合适的装修方案，也能保证装修的质量。

更有保障

装修公司是以公司的名义与客户合作，通常不会自己砸自己的招牌。会很认真地对待每一单业务，即使出现了问题也能很好地解决，使得店铺装修更有保障。

报价明确

正规的装修公司在为客户报价时都会有详细的报价单，上面会写明装修用材、单价及人工工资等各项费用构成。

提供售后服务

许多装修公司在装修完成后的一定时期内都会为客户提供售后服务，只要是由于装修而产生的问题，都会负责解决。

图 6-5 选择装修公司的好处

2. 选择优质的装修公司

市面上的装修公司很多，并不是所有的装修公司都是优质的公司，在选择装修公司时需要学会辨别，主要需要考察以下几个方面。

- **考察资质**：正规的装修公司都有装饰工程施工的资格，要检查装修公司是否有营业执照、税务登记证、办公地点及是否能够提供合格的票据。
- **考察设计师水平**：在与装修公司的设计师接洽时主要看设计师的装修经验，看其设计案例中有没有与店铺装修要求类似的案例。
- **考察合同内容**：在签订装修合同时要注意合同是否完善，有没有写明装修具体的完成时间、装饰材料的品牌。对于装修出现问题的解决方式及保修期条款等都要明确。

- **多对比**：如果只与一家装修公司接洽可能看不出来优劣，可以对比不同的装修公司，看其专业水平及报价如何。

3. 如何进行工程验收

请装修公司为其装修，装修完成后的验收是比较重要的环节。为了保障后期不会出现不必要的麻烦，验收可以从以下几个方面入手。

- **墙面的验收**：墙面的验收主要检查墙面是否有气泡、刮痕、毛刺和色差。
- **地板的验收**：检查地板是否平整、图案是否完整、拼缝是否匀直及油漆色泽是否一致。
- **木工的验收**：检查水平方向和垂直方向的构造是否平直、转角处是否为 90°，柜门是否能正常开关等。
- **电工的验收**：检查店铺是否能正常通电，开关是否有效、明线的铺设是否整齐、美观等。
- **其他杂项的验收**：检查门窗、供水管有无渗漏，检查地面防水及网络线路是否正常等。

在具体的检查中可以根据合同项目逐一检查工程是否已经全部完工，再检查其质量是否过关。

—— 新手学开店实操手册 ——

第七章
店铺不能有店无货

明天店铺就要开业了，但售卖的商品还未准备齐全肯定是不行的，勉强开业后，前来购买商品的消费者发现货品不全后，很容易对店铺产生不良的印象。本章我们就一起来学习如何解决店铺进货的问题。

01 采购货物前的准备

为自己的店铺采购货物并不是满大街的乱逛，随便选择，而是有计划地进行，尽量为自己的店铺挑选到物美价廉的货物。

1. 明确进货人的职责

采购是保证店铺正常经营的必要条件，采购到物美价廉的货物还能减少成本，所以进货人在采购中扮演着重要的角色。采购是一项重要的工作，进货人需明确以下自己的岗位职责。

- 负责店铺采购任务的达成，通过数据分析，调整库存周转状况，降低缺货率并保证合理库存。
- 根据消费者的购买习惯引进新产品和淘汰更换旧商品。
- 负责采购合同的签订并跟踪供应商交货。
- 处理采购异常、交货异常状况。
- 制作、编写各类采购指标的统计报表。
- 负责建立供应商数据库，包括供应商的报价情况、产品种类等。
- 负责采购物的询比议价，使用必要的采购技巧降低采购成本。
- 积极协调解决采购物在生产使用和客户服务过程中所产生的质量问题。
- 定期进行市场调研，开拓新的采购渠道。

2. 掌握五个要点

采购人员需根据店铺的经营状况和消费者的需求来采购适销对路的商品，还需要与供应商保持密切联系，以保证及时供货。为了实现店铺的销售目标，采购人员还需掌握五个要点，如图 7-1 所示。

以销定进

在店铺的经营过程中，并不是进什么商品便可以卖出什么商品，所以要根据市场需求来进货。采用以销定进的方法，卖出什么就进什么，即根据销售情况来决定进什么。

勤快进销

对零售店铺来说，资金周转有限。为了扩大商品的品种就需要减少每种商品的数量，坚持小批量、短周期、多品种进货原则，能有效提高店铺的经营效率。

广开门路

商品的供应商不一定只选择一家，也可以选择多家，扩大进货的渠道。适当购进新产品，但是新产品的购进不宜太多，需要被顾客认可后再批量购进。

不进不合格商品

不进假冒伪劣、没有生产许可证、生产厂家和生产日期的“三无产品”。如果购进的商品与样品有差别就应该坚决退货。

签订合同

在和供应商确定合作关系后，为了保证双方的权益，需要签订采购合同，在签订采购合同时要保证合同的有效性和合法性。

图 7-1 采购人员要掌握的五个要点

3. 进货的基本原则

采购到合适的货物并不是一件容易的事情，看着只是简单地与供应商沟通，其实中间的过程只有体会过的人才知道并不是那么简单，掌握以下采购的基本原则能够帮助我们更好地采购货物。

- **数量适当**：采购货物的数量要适当，虽然有时采购的数量越多价格会越便宜，但是如果货品的需求量并没有那么多，就会造成积压。对于有保质期的商品来说一旦在保质期内还未被卖出，就会直接造成损失。
- **价格适中**：在不同的供应商处拿货，其价格可能会不同，进货人可以采取多渠道询价的方式，比较不同商家的价格后选择价格更低的。除此之外，供应商报出的价格常常会比能够卖出的价格要高，这时还应该和供应商议价，商定出双方都能接受的价格。
- **保证质量**：在采购货物时不能一味地追求低价，还应该考虑商品的质量。价格低品质差的商品，消费者购买以后经常退货也会增加成本，采购货物时可考虑目标消费者对品质要求的高低。
- **时间恰当**：市场竞争是很激励的，采购计划的制订一定要准确。太早的采购货物会造成商品积压。如果商品销售较好却没有及时进货也可能造成缺货。在采购的时候要把握好时间，做到既能保证销售顺畅又不会有太多库存。
- **地点合适**：商品的供应地点离店铺越远，运输成本就会越高。在采购货物时要考虑到运输成本，综合比较不同的供应商，选择总成本最低的。

4. 数量不要多也不要少

通过大量采购来降低进货成本并不适用于所有的店铺，比如，水果店大量采购可能会引起销售不畅，导致水果腐烂，反而增加了成本。在确定采购数量时许多采购人员都不能很好地进行把控。我们可采用以下几个方法来确定采购的数量。

- **按有效期采购**：对一些有有效期的商品，在采购时为了确保质量，可以根据有效期来选择采购数量，采购商品总量的可消耗期限不能超过储存的有效期。这种方式适合于水果店、蔬菜店及其他餐饮店等。

- **根据营业额采购：**通过预估营业额来确定商品采购的数量，这种方法适合于所有类型的小店。
- **根据供货期长短采购：**商品从采购到达店铺是需要时间的，在采购商品时要考虑到下一次商品到货的时间，根据供货的时间来确定所需采购的商品量。这种方法适合于时尚类商品行业。
- **根据季节采购：**随着季节的变化，消费者对商品的需求是不同的，有些季节对商品的需求量会较大，这时采购的数量就会增加。这种方法适用于礼品店、生鲜店及饮品店等。
- **根据促销采购：**在店铺开展促销活动的时候，商品销量会提高，在即将开展促销之前就需要预测所需商品的数量，以此来配合促销活动。这种方法适合所有类型的店铺。

5. 进货的基本流程

店铺采购人员在进行采购的过程中，需要做很多的工作，具体的流程如图 7-2 所示。

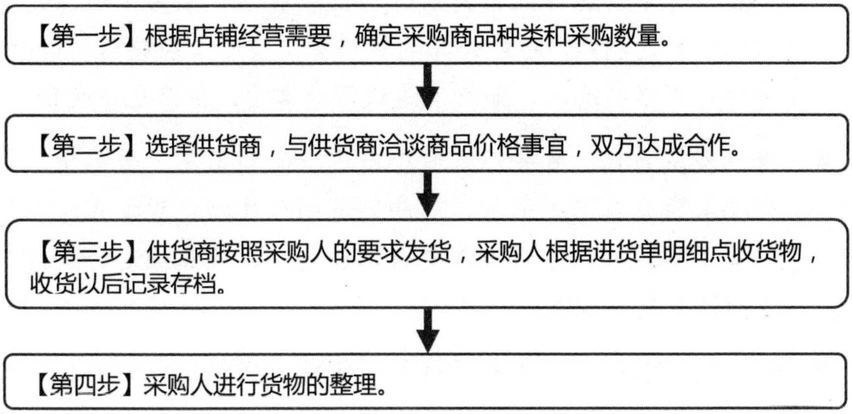

【第一步】根据店铺经营需要，确定采购商品种类和采购数量。

↓

【第二步】选择供货商，与供货商洽谈商品价格事宜，双方达成合作。

↓

【第三步】供货商按照采购人的要求发货，采购人根据进货单明细点收货物，收货以后记录存档。

↓

【第四步】采购人进行货物的整理。

图 7-2 进货的流程

02
不同渠道如何进货

商品进货的渠道是多样的，在选择进货渠道时可以多渠道进货，也可以只选择一个渠道进货，下面我们就来看看有哪些进货渠道。

1. 在厂家订购货物

在厂家进货会比通过其他渠道拿货价格更便宜，厂家的货源充足，若能够和厂家建立长久的合作关系，会节省店铺的进货成本。但是在厂家进货一般都有最低的起订量，很多零售商家的进货需求达不到这个量。

当零售商想通过厂家进货来节省成本，而数量达不到最低的起订量时，可以采用合伙进货单的方式，即和需要同样货物的商家共同进货。除此之外，一些小型的厂家也会提供小额批发，因此商家可以与小型厂家建立长期的合作关系。在厂家进货也有诸多不便，在洽谈进货事项时要注意以下几点。

- **询问厂家所进商品的价格：**如果价格与其他经销商或者代理商一致，那不妨选择经销商或代理商。有些厂家为了使经销商获得比较好的利润，对外公开的价格会比实际给经销商的价格高。另外有代理的地区，如果不是代理商拿货，价格也不会便宜。
- **询问发货方式：**有些厂家对小额进货的商家不是很热情，甚至会要求商家自己去拿货，有些则不明确告知发货方式，等到商家给了货款后，才明白需要自己提货。因此在确定合作前就要了解清楚发货方式。
- **询问售后服务：**并不是所有的厂家都会提供良好的售后服务，在与厂家洽谈时要了解货品出现问题后的退换货物问题，以免厂家以已经发货为由，不提供换货服务。

2. 在批发商处进货

批发商也是一个进货渠道，批发商处的货源也比较稳定。各个地区都有相应的批发商，并且批发量一般都集中在某一区域，进货时可以做到货比几家。

在批发商处进货，一般都是到大型的批发市场选货，这时就需要了解批发市场在哪里，查好具体路线后有计划地进行挑选，以免走错路，或者到了批发市场后不知该批发哪些商品。

查找批发市场的地理位置可以使用地图工具寻找，下面我们以百度地图为例看看如果查找当地的批发商。

Step01 进入百度地图官方网站（http://map.baidu.com/），在首页输入“批发市场”，再单击“百度一下”按钮。

Step02 在搜索结果栏中便可以查看到当地的批发市场，单击感兴趣的批发市场的名称超链接，即可查看其在地图上的具体位置，比如，单击“五块石干杂批发市场”超链接。

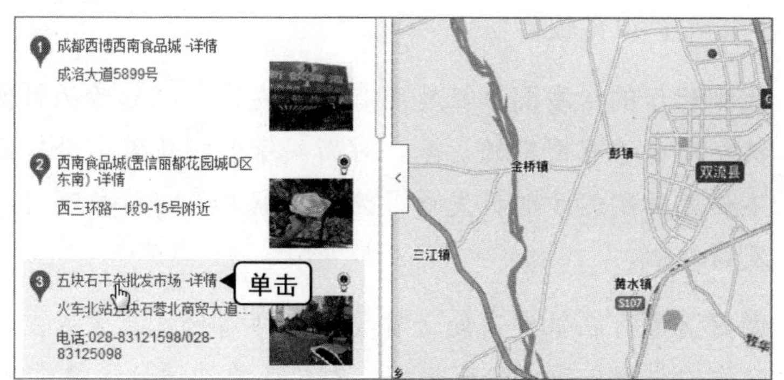

Step03 在打开页面的右侧可以看到该批发市场的具体位置，输入起点后选择交通工具，还可以查询具体路线，比如，输入“天府广场”，再单击“公交”按钮。在页面左侧便可以看到公交路线。

批发市场的批发商是很多的，在与一家批发商洽谈以后不要急于拿货，而应该多比较几家，最好拿个本子记上不同批发商给出的价格，以及批发商的店铺名。这样才便于在逛了一圈批发市场后，能够快速地找到性价比更高，服务也更好的批发商。

批发市场商品种类丰富，人也较多。在批发商市场进货需要会“淘”，为了更好地进到需要的货物，还需要掌握一些以下进货的技巧。

- **扮演好角色**：在批发商处进货时，个人的言语和行动都要给批发商是大客户的感觉，而不要让批发商认为自己只是小买家，否则批发商在喊价时会抬高价格。问价时以“怎么批？”，“怎么拿？”，“最低价为多少？”为主。

- **带足够的钱**：有些批发商处没有 POS 机，因此在去批发市场时最好带上足够的现金，在逛批发市场的时候要注意保管好自己的财务，以免被偷窃。

- **找刚起步的批发商**：批发商有大批发商和刚起步的批发商，大批发商由于有固定的买家，对新买家的报价常常会较高。这时不妨选择刚起步的批发商，为了争取客户，价格有时会比大批发商处低。

- **做好沟通**：在批发商处进货要事先协商好发货方式，由于商品在运输过程中难免会有损坏，因此还要沟通好退换货物方式。

3. 代理商进货

代理商是为企业代销商品的商家，所代理货物的所有权属于厂家，而不是商家。代理商分为总代理、区域代理、一般代理商和独家代理商。如果能够成为某区域的代理商也是不错的选择，这样既可以代理商品又可以经销商品。

直接在代理商处拿货时，要注意商品的价格，代理商的价格会比厂家贵，但是也不是不可议价的。在议价时也可以使用一些方法，如图 7-3 所示。

虚张声势

在议价时可以采取虚张声势的方法，指出其他代理商的价格更低，并配合即将离开店铺的动作，造成不买他家货的心理压力。这种方法只能少用，在不了解其他商家的价格时最好不要轻易使用，使用该方法后也不要留时间给商家辨别说法的真伪，而应该直接进入让商家降价的环节。

指出劣势

任何一种商品都不是完美无缺的，在议价时如果同类商品有优于该商品的地方，可以提出同类商品的优点，而指出该商品的劣势。

给出最低价

在有自己的心理价位的时候，可以根据商家的报价给出自己的心理价位。如果商家不能接受这个价格再还价。

压迫降价

这种方法适合于竞争比较激烈的情况下，采取“不干拉倒”的方式来威胁商家，从而使商家降低价格。

图 7-3 议价技巧

4. 网上进货

随着互联网的普及，在网上进货也成为不可缺少的进货渠道。网上进货有优点也有缺点，优点主要有以下几点。

- **限制较少**：在网上进货没有时间和空间的限制，采购员不必等到商家营业的时候才可以选货和进货，而可以利用自己闲暇的时候在网上进货。
- **选择多样**：网上的商品种类繁多，款式多样，通常情况下都可以在网上进到自己需要的商品。并且采购员还可以自由地比较不同商家的价格，也可以轻松地找到小额批发商，很好地减轻库存的压力。
- **款式新颖**：网上的商品款式通常都比较新，可以紧跟潮流。
- **节省费用**：网上进货可以节省去批发市场或者厂家进货的路费，也可以节省来往的时间成本。

虽然网上进货有上述的几项优点，但是同时也存在缺点，网上进货有以下的缺点。

- 网上供货商很多，如果无法识别卖家是否正规，就有可能被骗子卖家所欺骗。
- 网上的进货只能看图片和描述，不能看到实实在在的商品。有时可能会出现图片与实物不符的情况。并且很多时候商家都使用相同的图片，无法区别其中的质量。
- 网上进货一般都需要买家承担运费。
- 网上进货需要等待供货商发货，如果供货商发货较慢或者物流太慢就会造成供货不足。

虽然网上进货也存在缺点，但是不得不说它确实使得我们进货更加方便。阿里巴巴是一个网上进货的渠道，它上面的商品种类丰富，现已覆盖原材料、工业品、服装及家居等。在平台上面可以很方便地寻找到供货商。

若在阿里巴巴上进货，首先要成为阿里巴巴平台会员，也就是注册平台账号。阿里巴巴平台账号分为两种，一种是个人账号注册，另一种是企业账号注册。企业账号适用于拥有企业营业执照的企业注册，企业账号可以创建企业旺铺、发布企业供求信息和升级企业诚信通，下面来看看如何注册企业账号。

Step01 进入阿里巴巴官方网站（http://www.1688.com/），在首页单击“免费注册”超链接。在打开的页面中输入电子邮箱并完成验证，再单击“下一步”按钮。

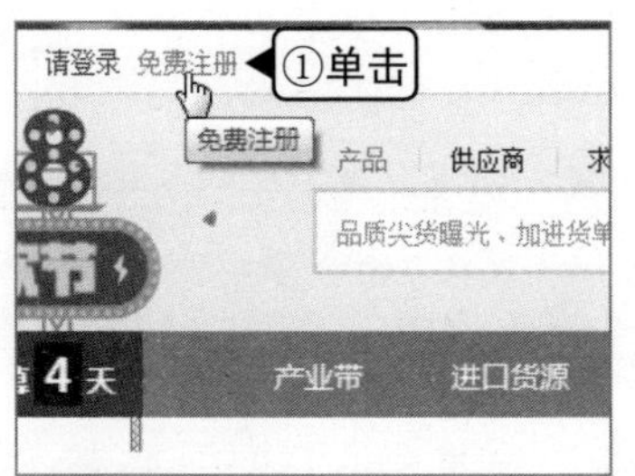

Step02 在打开的页面中单击“请查收邮件”按钮。进入邮箱登录页面后输入账号和密码，再单击“登录”按钮。

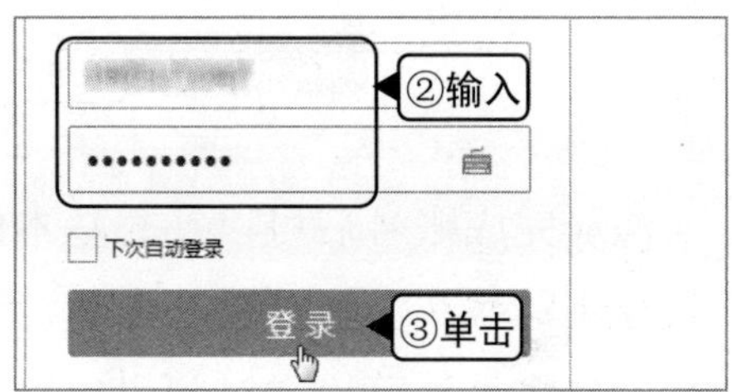

Step03 进入邮箱后单击“收件箱”超链接，在打开的页面中单击邮件超链接。

Step04 在打开的页面中单击链接，再单击“继续访问”按钮。

Step05 在打开的页面中输入登录密码和基本信息，包括手机号码、联系人姓名及企业名称等，单击“确认”按钮。进入验证手机验证页面，输入验证码，再单击“确认”按钮即可。

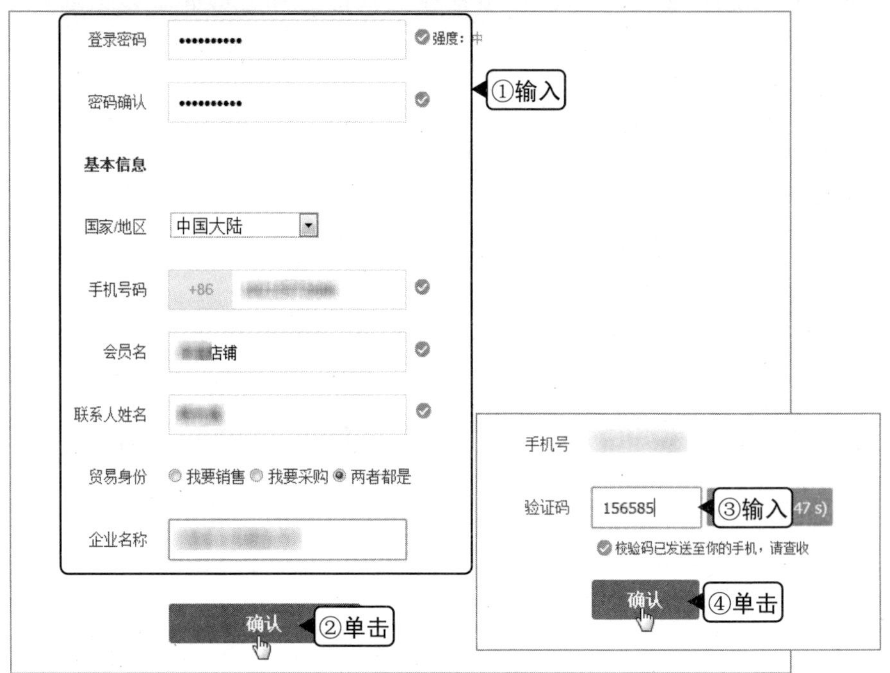

注册完成账号后可以补充基本信息，让账号信息更加完善，也可以直接使用账号在平台上选择商品，除了阿里巴巴平台的账号可以登录外，使用淘宝账号也可以登录阿里巴巴。下面我们来看看如何在阿里巴巴上进货。

Step01 进入阿里巴巴平台个人账号后，在首页输入要采购的货物，比如，输入“儿童玩具”，再单击“搜索”按钮。

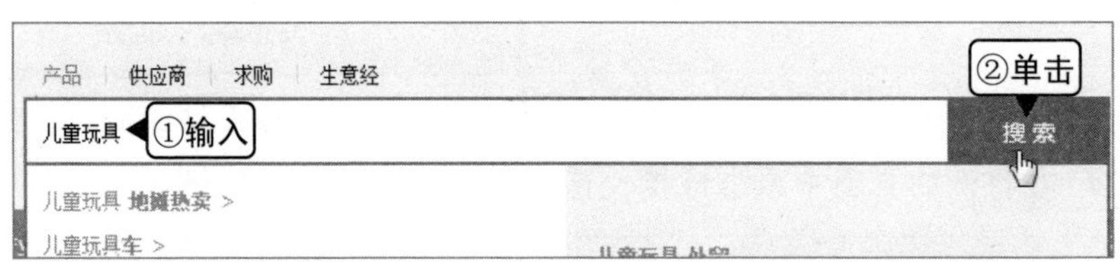

Step02 在打开的页面可以看到不同的儿童玩具，选择要购买的商品，比如，单击“热卖地摊货源 闪光儿童益智玩具 音乐跳跳球 发光跳舞球 批发13”超链接。

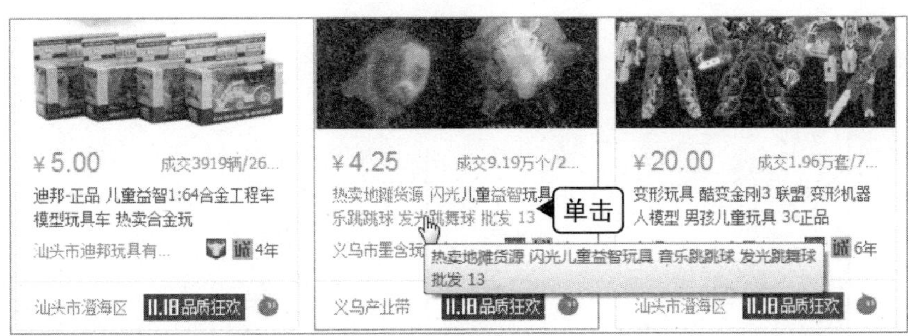

Step03 在打开的页面中输入“购买数量”，然后单击“立即订购”按钮。在打开的页面中单击“提交订单”按钮，最后完成支付即可。

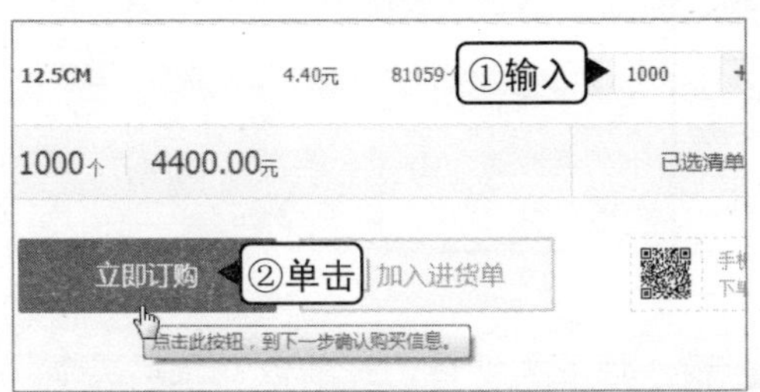

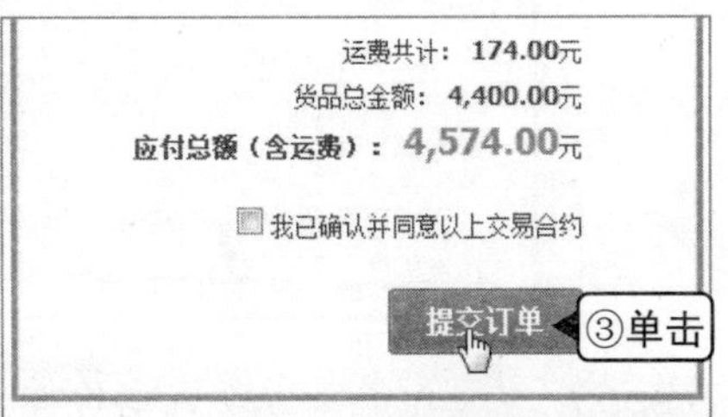

阿里巴巴还提供了采购商城，它是阿里巴巴旗下自营的工业品采购超市。面向国内生产制造企业，提供涵盖五金工具、劳保防护、电工电气、机械部件、行政办公、物流包装、LED 照明、精细化学和公用设施等产品。

采购商城提供正品保障、如期发货、发票及 7 天无理由退货的服务，它适合于 LED 照明、鞋革及包装等行业。

在店铺对商品的需求不是很急的时候，可以通过发布询价单的方式让商家通过该询价单给买家报价，从而达成交易。下面我们来看看如何发布询价单。

Step01 进入阿里巴巴个人账户后，在首页单击“发布询价单”超链接。

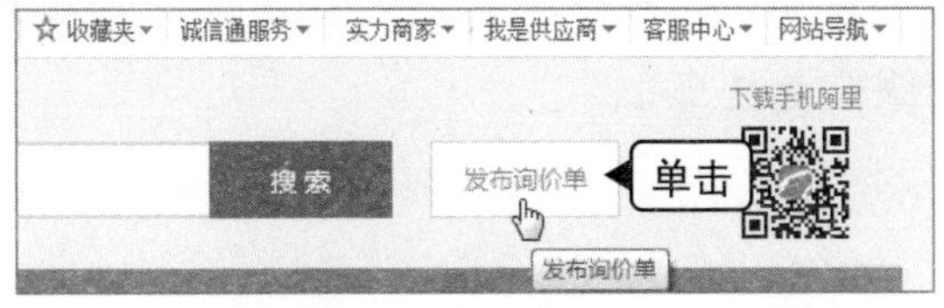

Step02 在打开的页面中填写标题、询价产品和采购要求。

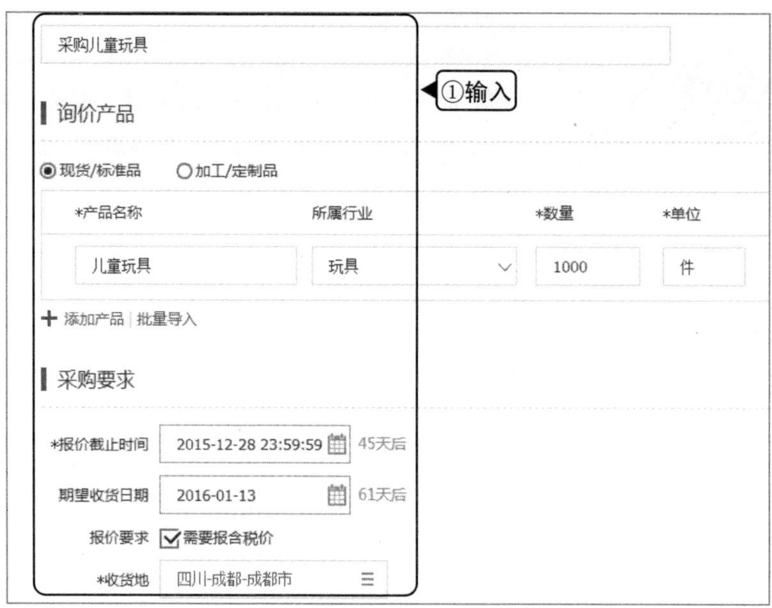

Step03 在页面最下方设置询价方式，输入姓名和电话，再单击“确定发布”按钮。

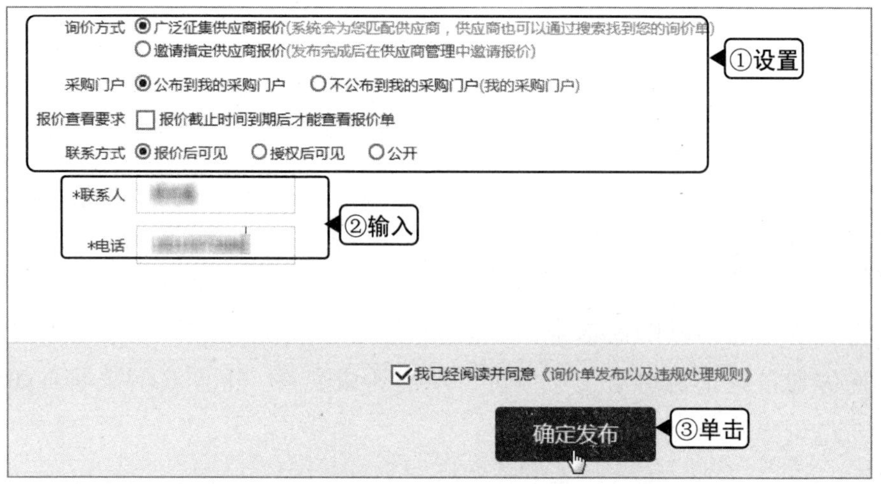

在阿里巴巴上发布询价单，一天之内的发布数量限定为 50 条，其中非实名认证用户限定为 3 条。

03
采购货物的技巧

每一位采购员都希望采购到物美价廉的商品，在采购的商品存在货物滞销的风险时，掌握一些采购的技巧可以有效地避免采购的风险。

1. 找到物美价廉的货源

前面我们已经了解了不同的进货渠道，不管通过哪种方式进货，寻找到物美价廉的货源才是最重要的。那么如何才能找到物美价廉的商品呢？这就需要采购员做到以下几点。

- **关注市场**：市场是随时变化的，有时商家为了增加商品的销售量会推出折扣优惠，在这个时候进行采购就能享受到比平时更优惠的价格。由于不知道商家什么时候才会有活动，作为采购人员就需要密切关注市场，及时了解市场变动。
- **关注国外商品**：国外的许多产品在换季或者节日的时候折扣力度会非常大，如果有国外的亲戚朋友，不妨委托其帮忙购买。这些商品除去运费成本以后，再拿到国内来销售仍然有不错的利润。
- **买入清仓产品**：有些商家由于库存积压会对某一部分商品进行清仓处理，而清仓处理的商品价格往往会比较便宜。由于地域的不同，这些产品也可能获得较好的销量。但是买入这类商品要注意看其是否有市场，并要对其销量进行分析。
- **发掘潜力商品**：有些冷门的商品尚未成为热销的商品，在这时购买价格会比较便宜，等到消费者发现其用途以后，便会成为热销商品，从而让商家取得不错的销售收入。这需要采购人员试着去发现一些目前比较冷门但是有发展潜力的商品。

2. 如何控制进货成本

采购到物美价廉的商品是控制成本的一种方法，除此之外，还有其他有效的方法可以帮助我们控制采购成本，如图 7-4 所示。

了解价格构成

在采购商品时要了解商品的价格构成，在与一家供应商议价时要清楚其他供应商的报价，做到知己知彼，为谈判做好准备。

建立供应商档案

建立供应商的档案，内容包括供应商名称、付款条件、交货期限及产品质量等，并对供应商进行定期评级，以选择出最优供应商。

合理选择付款条件

有时现金付款会得到供应商更多的优惠，当银行利率较低，店铺资金充裕时，可以采取现金付款的方式。如果是进口的商品，则可以根据汇率走势来选择付款的币种，从而降低成本。

建立长期合作

与某家供应商建立长期的合作关系，能够更及时地收到采购货物，同时商品质量也能得到保证。并且有时还能得到供应商额外的优惠，因为供应商也希望有固定的长期合作者。

图 7-4 控制进货成本的方法

04 不可忽视的商品验收

收到供应商发的商品以后，还需要对商品进行验收，以检查收到的商品是否存在质量的问题。及时发现有问题的商品才能确保供应商能及时进行退换货物处理。

1. 为什么要进行商品验收

商品验收是指在商品销售之前对商品的外观和数量等进行检查，也验证其是否符合订货合同规定。进行商品验收，对店铺经营来说有以下重要的作用。

- **为商品使用提供依据**：商品在生产和运输的过程中难免会存在质量的问题，验收可以很好保证商品的质量。
- **为问题商品提供退换货和索赔的依据**：如果商品没有进行验收，等到需要使用或者售卖的时候才发现质量存在问题，这时供应商可以以商家保管不当或者已过退货有效期为由而拒绝退换货物或索赔。
- **减少经济损失**：对不合格的商品在验收入库后很容易造成商品积压，如果没有发现实际收到的商品数量与订货合同规定的数量不符，就会造成经济损失。

2. 明确验收人员的职责

验收工作需要有计划、严格、准确地进行，其中处于关键位置的便是验收人员，验收人员需明确自己的职责，以确保验收工作有效地进行，以下是具体岗位要求。

- 严格按照验收要求进行商品的验收。
- 确保收货数量、品种及规格等信息的准确。
- 指导并帮助供应商卸货，与供应商保持良好的合作关系。
- 协助库存盘点人员做好库存盘点工作。
- 保管好收货单据，对单据进行整理并存档。
- 对存在问题商品的情况，应与供应商取得联系，有效地完成退换货物。

3. 商品验收要把握三个环节

商品验收需要经历验收准备、核对凭证和实物检验三个环节，这三个环节需要验收人员严格把关，下面我们就来看看这三个环节需要做哪些工作。

■ 验收准备

商品到货以后会收到到货通知，这时验收人员就需要进行验收了。如果没有做好验收准备会造成验收工作无法正常进行，因此验收前需要做好准备工作，以下是验收准备时在供应商发出发货通知以后就需要准备好的。

- **人员准备**：商品在卸货过程中需要有搬运人员，如果是需要质量检验的商品，还需要有质量验收的技术人员或用料单位的专业技术人员。
- **资料准备**：准备好订货合同，以及待验物品的有关文件等，同时要清楚商品的数量和质量标准。
- **量具准备**：需要计量的商品还应准备称重器、量具等。
- **货位准备**：商品到货以后如果没有地方存放是不行的，因此还需提前准备好验收入库时存放的货位。
- **设备准备**：在对大批量的或者重量较重的商品进行验收时，需要准备装卸搬运机械。

■ 核对凭证

在验收商品入库时，需要对相关的凭证进行核对，以确保验收的正确性和准备性，所需核对的凭证如图 7-5 所示。

1 核对入库通知单和订货合同，这是商品入库的依据。

2 核对供应商提供的发货单等，以确保供应商已按要求发货。

3 核对承运单位提供的运输单，货物在运输中有问题时，可以此作为追责依据。

图 7-5　商品验收需要核对的凭证

在核对的过程中应重点核对入库通知单、订货合同和发货单据三者是否相符，如相符才能进行实物检验。

■ 实物检验

实物检验是通过相关凭证对商品的数量和质量进行检验的过程，由于商品的计量单位不同，因此在进行数量检验时也要以不同计量单位为依据。实物检验的主要检验方式有以下三种。

- **计件**：计件的商品进行验收时，要逐一清点商品的数量，有包装的商品要看包装是否有损坏。
- **计重**：在验收计重的商品时，要按照称重的要求对商品进行称重，如果订货合同有规定需要按照理论换算重量计量的，则应该按合同规定办理。
- **计体积**：很多时候对石材、木材等商品，是按照体积计量的，按照体积验收的商品应填写磅码单。

一般情况下商品数量的检验需要全部称重并确定数量无误后再验收，但是有些商品并不能全部检验，而只能采用抽样检验。采用抽样检验的商品需要按照要求办理。

质量检验是实物检验非常重要的一部分，质量检验需要检查商品的外观尺寸、精度等是否达到商品的质量要求。对有保质期的商品而言，主要检查是否已过保质期、是否发生霉变、是否存在蛀虫等。

对商品的质量进行检验以后，可以填写检验记录单，并按照要求把商品放置在货位上。

4. 遇到问题如何处理

在商品验收中如果发现存在问题，这时就需要及时处理，要明确问题的责任方，再按照相关程序进行办理，通常情况下有以下几种情况。

- 如果是由承运商造成的商品数量或者质量问题，这时应向承运商索要货运记录凭证，并向承运部门索赔。
- 到货以后商品数量或质量与订货合同不符时，原则上应该拒收，并与供应商联系。经协商可暂做收货处理的，可暂时收货并做好标记，同时要求供应商及时补发或者换货物。
- 需要核对的凭证未齐全时应将货物放置于待处理区，等到凭证齐全后再验收。
- 发货单与订货合同不符时要与供应商联系，然后根据供应商提出的解决办法进行处理。
- 当供应商错发商品时，要把合格商品和错发商品区分开，将错发情况向供应商说明。

在验收过程中只要存在问题都可以与供应商或者承运单位协商处理，根据不同的问题选择不同的处理办法。

—— 新手学开店实操手册 ——

第八章

开业大吉前的最后准备

店铺即将开业是一件让人欣喜的事情，这证明前期筹资、选址及货物采购等工作已经基本完成。这时还需要做最后的准备工作，以确保店铺能够按时开业，并且开业后能够顺畅地经营下去。

01 合理为商品定价

价格在店铺的经营中起着关键的作用，如果商品价格太高，那么会造成有价无市，如果价格太低，那么会导致店铺没有太多利润。合理的定价才能保证商品能够被很好地销售并获得利润。

1. 什么影响了价格

在为商品定价时首先要明白是什么影响了价格，影响商品定价的因素有内部原因也有外部原因，总结起来有以下几点。

- **商品成本**：商品成本是影响产品定价的一个重要因素，当商品的成本较高时定价也会相对较高。对同一种商品而言，如果商品的采购成本高于同行，在定价相同的情况下，利润就会低于同行。
- **供求关系**：商品定价除了受成本的影响之外，还会受到供求影响，当供大于求时商品的价格会下降，而供小于求时商品价格会上涨。
- **竞争因素**：根据市场的竞争程度可以把市场分为完全竞争、不完全竞争和垄断等形式。在完全竞争的市场中，买家和卖家都不能影响产品价格；在不完全竞争市场中，少数买家或卖家会影响价格；在垄断市场中，价格由垄断商决定。
- **其他因素**：其他因素包括政府干预、消费者的心理和预期及产品形象等。政府有时会因为维护经济秩序等对价格进行干预，消费者心理对价格的影响表现在商品涨价时会减少购买，以及会通过价格判定商品价值。

2. 选择合适的定价方法

了解了影响商品价格的因素后，要让自己店铺内商品的定价合理还要掌握一定的定价方法。

■ 成本导向定价法

成本导向法是以产品的成本为主要依据来定价，是一种使用较多的定价方法。成本导向定价法是在成本的基础上加上预期的目标利润，可以用以下的公式表示。

单位商品价格=单位商品成本×（1+目标利润率）

使用成本导向法为商品定价能够很好地保证店铺的目标利润，并且计算方便，但是目标利润可能与实际市场不符合，因为该方法并未考虑市场需求的变动及竞争因素导致的价格变动。因此这种方法更适合于在市场稳定时使用。

■ 盈亏定价法

盈亏平衡定价也叫作保本定价法，是指在销售量一定的情况下，商品的定价要达到一定的水平才能保证盈亏相抵。这种方法需要找到盈亏平衡点，即既定的销售量。这种定价法可以用以下公式表示。

盈亏平衡点销售量=固定成本/（单位商品价格-单位变动成本）

保本价格=固定成本/盈亏平衡销售量+单位变动成本

运用这种方法计算出来的价格是保本价格，为了实现利润还需要在保本价格的基础上加上预期的利润。

■ 随行就市定价法

随行就市定价法是指在竞争激烈的情况下，按照同行的定价来确定商品的价格，这种定价方法适合于完全竞争市场和垄断市场。生活中常用的基本商品可以用这种定价方法，比如，蔬菜、大米及油等。如果提高了商品的价格，就会因此而失去顾客。

■ 差别定价法

虽然产品的功能相同，但是由于不同产品在消费者心中的形象不同，其价格也会有所区别。根据产品的形象不同采取高于同行或者低于同行的定价方法，便是差别定价法。

这种定价方法也比较常见，比如，同种同质的产品，大品牌的价格常常会更高。如果产品有自身的特点和品牌形象，便可以采用这种方式。

■ 需求导向定价法

需求导向定价法指根据消费者对产品价值的主观评判来制定价格。这种定价方法要找到产品的价值所在，比如，一瓶饮料在超市售价两元，在火锅店可能售价 5 元。火锅店的价格之所以要贵些，是因为消费者的需求不同，饮料所带给消费者的价值也不同。

3. 学会运用定价技巧

在前面我们已经了解了不同的定价方式，在定价时可以根据不同的情况选用不同的定价方法。在商品定价中还有一些定价技巧值得借鉴和学习，下面我们就来看看常见的定价技巧。

■ 尾数定价

很多消费者在购买商品时都喜欢商品价格尾数吉利的数字，在超市购物或者网上购物时这种定价技巧很常见，如图 8-1 所示为某商品网上定价价格。

图 8-1 某商品网上定价价格

从上图我们可以看出该商品的价格尾数多为数字 9 或者数字 8，这样的价格会给消费者心理暗示，让消费者感觉既便宜又吉利。比如，把价格定为 999.9 元或者 19.9 元等。

■ 整数定价

整数会给买家以高端大气的感觉，这种定价技巧适合于买家对价格不敏感的商品。这种定价技巧在生活中也很常见，下面我们来看一个生活中的例子。

一个水果店老板把同一种水果放在了店铺的不同位置，对这种水果采取了不同的定价，其中一个价格为 10 元 3 斤，另一个位置的价格为 3 元一斤。结果从销售情况看来，10 元 3 斤的水果反而更畅销。

这种定价技巧通过商品的数量把价格凑成整数，是一种很实用的价格营销方法。对一些高档商品也常采用这种定价技巧，可以给顾客“一分钱一分货”的印象，从而树立商品形象。

■ 差别定价

对不同的买家采用不同的价格，这种方法适合于所有的商品。可以根据数量差别、买家差别、时间差别及商品差别定价，以下是具体的含义。

- **数量差别**：数量差别是指购买的数量不同价格便不同，通俗来讲便是买的越多价格越低。
- **买家差别**：买家差别是指不同的买家价格不同，常见的有店铺会员卡，当消费者购买的商品达到一定的金额时便可以办理店铺会员卡，从而享受折扣优惠。如果购买的金额越多，则享受的折旧力度也就越大。
- **时间差别**：在不同的季节，商品价格不同，在淡季的时候可以适当降低商品价格，以促进商品销售。
- **商品差别**：同样的因商品款式不同或者颜色不同，而使得价格也不同，这便是商品差别定价技巧，比如，在购买手机时，外壳的颜色不同价格也会有差别。

■ **明码标价**

许多消费者在购买商品时并不喜欢讨价还价，明码标价能够让消费者更信赖商品质量，避免讲价的过程，也提高了顾客购买商品的效率，这种定价方法的缺点在于缺乏灵活性。

02 门店员工的招聘

店铺在开业前还需要配备足够的员工，负责商品的销售及顾客付款的收银。店铺的经营业绩如何，在很大程度上都与员工的素质和工作能力有关，招聘到优秀的员工对店铺来说是很重要的。

1. 招聘员工的流程

员工的招聘不能马虎，一个完整的员工招聘过程要经过以下的流程，如图 8-2 所示。

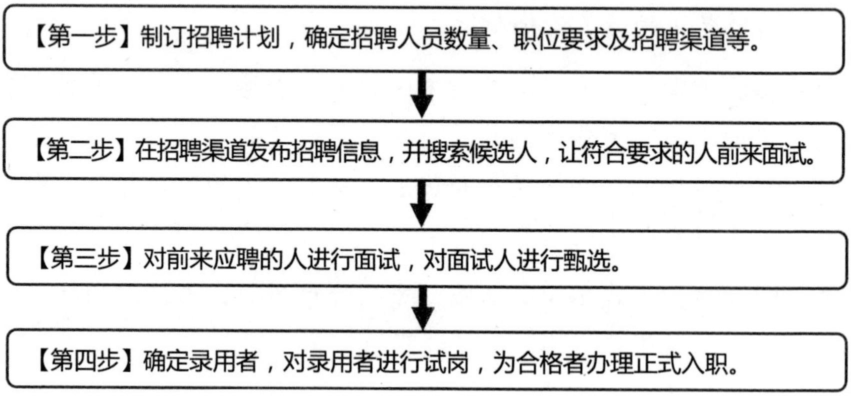

【第一步】制订招聘计划，确定招聘人员数量、职位要求及招聘渠道等。

↓

【第二步】在招聘渠道发布招聘信息，并搜索候选人，让符合要求的人前来面试。

↓

【第三步】对前来应聘的人进行面试，对面试人进行甄选。

↓

【第四步】确定录用者，对录用者进行试岗，为合格者办理正式入职。

图 8-2 员工招聘的流程

2. 员工招聘的方法

在人才紧缺的情况下，要招聘到员工并不是一件容易的事情。为了尽快地招聘到优秀员工，可以选择多种渠道招聘。员工招聘的渠道主要有以下几种。

- **广告招聘**：广告招聘是指通过打广告的方式进行招聘，可以在报纸、杂志、电视或者以张贴招聘信息的方式发布招聘信息。
- **人才市场**：在许多地区都有人才招聘市场，在人才招聘市场可以进行现场招聘，也可以在其招聘栏发布招聘信息。
- **校园招聘**：各大学校都会举行不同的招聘会，商家可以通过参加招聘会的方式去校园招聘。
- **网上招聘**：网上招聘是指通过招聘网站或者其他渠道发布招聘信息进行招聘，这种招聘方式比较便捷。
- **介绍招聘**：通过他人介绍的方式来招聘员工成功率通常较高，介绍人一般都会介绍符合岗位要求的员工来应聘。
- **猎头招聘**：在招聘职位要求较高的员工时，可以找猎头公司帮助招聘。

3. 如何在网上完成招聘

与传统的招聘相比，网络招聘的成本更低，不受招聘时间和空间的限制，可以足不出户就完成招聘。在网上发布招聘信息以后会收到应聘者投递的简历，对简历进行筛选后再安排应聘者面试，从而招聘到符合要求的员工。

在招聘网站上招聘是大多数企业选择的网上招聘渠道，招聘网站拥有集中的人才资源，大多数求职者都会在招聘网站浏览招聘信息，不同的招聘网站有不同的特点，常见的招聘网站如下。

- **前程无忧**：是国内集多种媒介资源优势的专业人力资源服务机构。提供包括招聘猎头、培训测评和人事外包在内的全方位专业人力资源服务，网站地址为 http://www.51job.com/。
- **智联招聘**：是中国领先的职业发展平台，通过与搜索引擎、联盟、社交网络等合作，全方位、多渠道锁定最广泛求职人群。确保专业、迅速、准确地为企业找到合适的人才，网站地址为 http://www.zhaopin.com/。
- **58 同城招聘**：是中文分类信息网站，为用户提供“本地、免费、真实、高效”的生活服务。用户可以在平台上快速发布招聘信息，网站地址为 http://www.58.com/job/。
- **中华英才网**：是国内最早成立的专业招聘网站之一，面向雇主提供线上招聘服务及定制化的招聘解决方案。网站地址为 http://www.chinahr.com/。
- **猎聘网**：是专业的中高端人才职业发展平台，为企业和求职者之间架起沟通的桥梁，以加速企业招聘进程，提升企业核心竞争力。网站地址为 http://www.liepin.com/。

除了上述的招聘网站外，常见的招聘网站还有应届生求职网、赶集网招聘、中国人才热线等。在招聘网站上发布招聘信息是很方便的，下面我们就一起来看看如何在 58 同城上发布招聘信息。

Step01 进入58同城招聘官方网站，在首页单击“发布招聘”按钮。在打开的页面中单击“没有账号，免费注册”超链接。

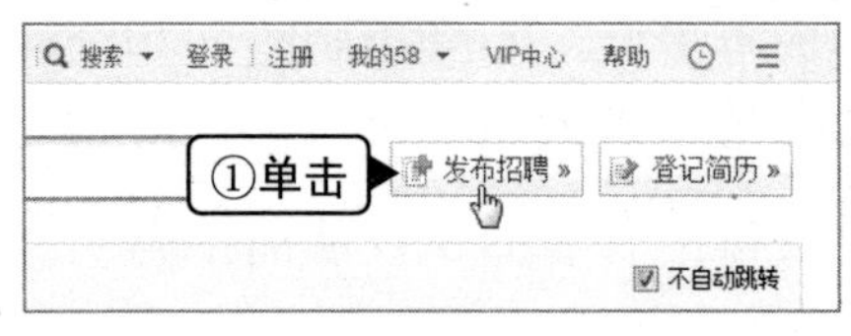

Step02 在打开的页面中输入用户名、邮箱和密码，再单击“注册”按钮。

Step03 在打开的页面中填写公司名称、公司别称及公司性质等。

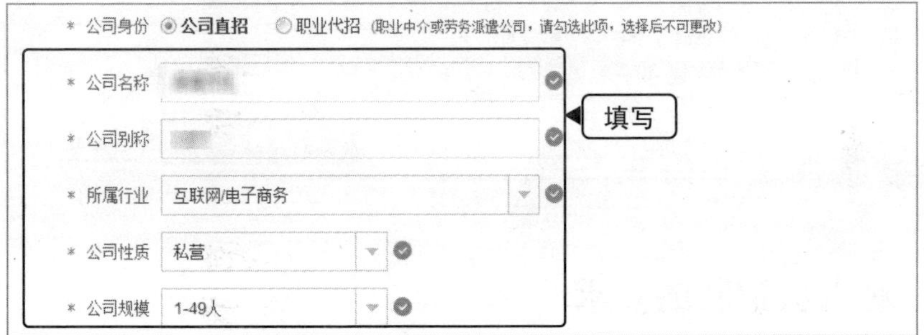

Step04 在页面下方填写联系人、招聘电话、公司地址及详细地址，再单击“下一步”按钮。

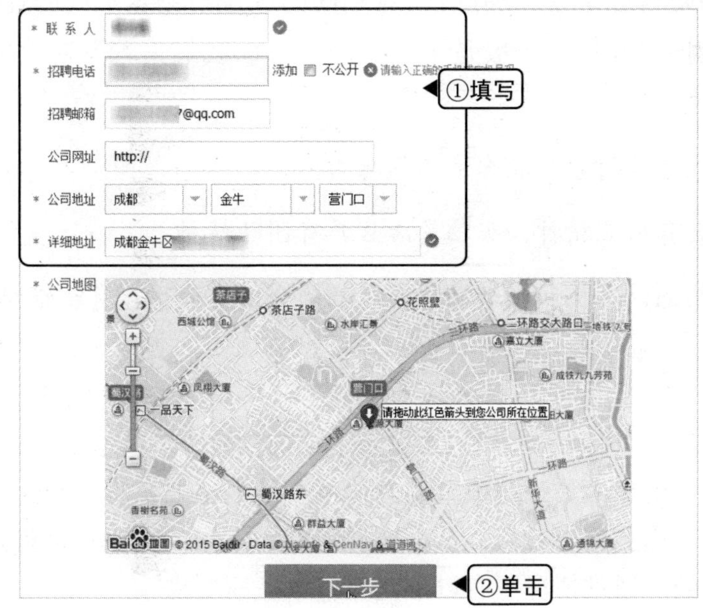

Step05 在打开的页面中填写职位名称、职位类别、招聘人数及任职要求等，在页面最下方单击“确认并发布”按钮。

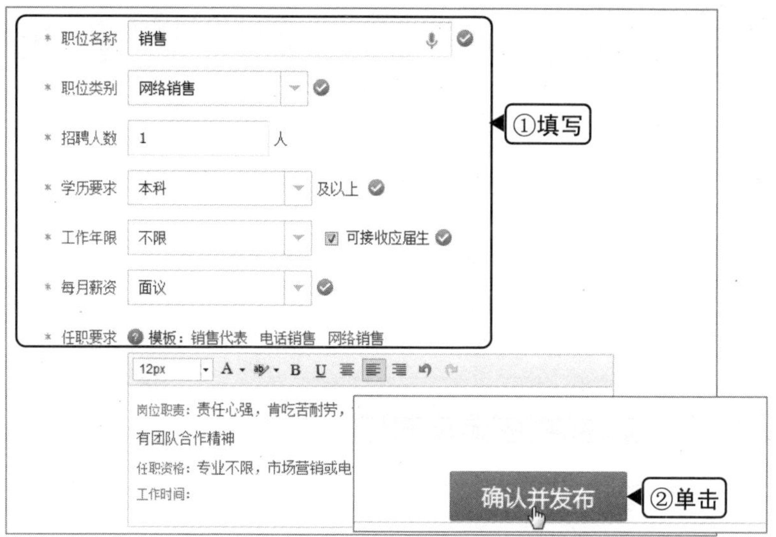

4. 对人员招聘的要求

在发布简历时填写任职要求是很重要的，当应聘人员在投递简历时才会知晓自己是否能够胜任。对不同的职位要制定不同的任职要求，在实体店铺中收银员一般是不可少的，下面我们来看看对收银员的任职要求。

- 能吃苦耐劳，能承受工作压力。
- 具有敬业精神、头脑灵活且具有团队精神。
- 熟练计算机和刷卡操作，能准确分辨真假币，有收银经验优先。
- 较好的沟通及应变能力，做事认真、责任心强。
- 具有一定防损意识，能较好地处理突发事件。

店铺中销售人员也是很重要的角色，他们主要负责商品的营销，使得店铺能够达到销售目标，从而实现盈利。不同的行业对销售人员的要求是不同的，通常情况下有以下几点基本任职要求。

- 具有较强的沟通能力及服务意识，能吃苦耐劳。
- 年龄 18～35 岁，身体健康。
- 责任心强，有冲劲，抗压能力强。
- 有快速学习的能力和团队合作的精神。
- 有从事营销工作的愿望，具有相关门店工作经验优先。

对一些有技术要求的销售岗位，在填写任职要求时还需填写上具体的要求。比如，电脑销售人员还需懂得一定的计算机方面的知识。

5. 新店如何安排员工

店铺开业前就需要安排好员工的到岗人数，如果员工太多会造成人员浪费，如果太少则可能降低店铺的服务水平，会流失掉一部分顾客，因此恰当的员工配备才能提高店铺的经营效率。

员工配备的方法有以下几种，我们可以使用不同的方法来合理安排员工的人数。

- **按面积：** 通常情况下，营业面积在 8 000 ㎡以上的大卖场，每 60 ㎡安排一个人。营业面积在 3 000～8 000 ㎡之间的，每 50 ㎡安排一个人。营业面积在 200～3 000 ㎡，每 30～40 ㎡安排一个人。营业面积在 200 ㎡以下的，每 10～20 ㎡安排一个人。
- **按工作量：** 根据每个员工的工作量来配备员工，通常情况下，可以 5m 的货架一个人，或者 150 件商品安排一个人。平均每台收银机应安排 1～3 人，每 8m 的排面，销售人员的人数不要超过 4 人。
- **按岗位比例：** 根据岗位的测算比例来配备员工，通常情况下，管理人员的数量占全部员工的 20%左右，收银员占全部员工的 20%左右，销售人员占 50%左右。

- **按销售业绩**：根据店铺的销售业绩配备员工数量，比如，20 000元的销售业绩配备 3 个员工，当销售业绩增加 15 000 元时，增加一个员工。

03 制定店面管理制度

店面无论大小都需要管理，它是由一个团队共同经营的，单靠一个人的努力是无法达到营业目标的，合理的管理制度能够激发员工工作的热情，为店铺创造业绩。

1. 如何制定员工管理制度

不同职位的员工有各自的岗位职责，员工需要明确自己的岗位职责才能清楚在自己的岗位上应该做什么。门店的员工一般包括店长、导购和收银员，下面我们来看看某店铺对员工的职责要求。

某店铺员工职责要求

【店长】

(1) 带领团队完成店铺的销售任务。

(2) 负责员工的培训，并进行指导与监督，以提高员工的销售技能。

(3) 负责店铺的人事、行政及排班等工作。

(4) 负责店铺新品上架、推广及商品陈列等工作。

(5) 做好营销数据分析，根据分析结果制定有效的营销手段。

(6) 负责员工的考核工作，对各岗位员工的甄选、任用有建议权。

【导购】

（1）了解顾客的需求并达成销售，配合店长完成销售目标。

（2）完成商品的验收、陈列摆放、补货、退货及防损等日常营业工作。

（3）负责区域的卫生清洁工作。

（4）做好顾客的售前、售中和售后服务。

【收银员】

（1）做好店铺收费结算工作。

（2）制作、打印和核对收银相关凭证。

（3）为顾客办理会员卡，并详细登记顾客信息。

（4）汇总收据、发票，编制相关报表。

（5）妥善保管收银设备。

明确了店铺员工的岗位职责要求后还可以制定店面行为规范、店面卫生管理、店员管理要求、员工出差及报销管理制度。下面我们同样来看看某店面的管理制度，以此为我们制定店铺管理制度提供参考。

【店面行为规范】

（1）顾客进店后，应该主动接待。

（2）根据顾客的需求向顾客介绍商品，为顾客提供良好的服务。

（3）不要在店铺前台或者展示柜上放置无关物件，比如，杯子等。

（4）严禁在店面大声喧哗，做与工作无关的事情。

（5）不得擅自离岗、空岗。

（6）当顾客离开店铺时，应该礼貌道别。

【店员管理要求】

（1）遵守工作规范，做到不迟到、不早退，有特殊情况需要调班的，要提前告知店长批准。

（2）学习产品知识和销售技能，提高个人工作能力。

（3）按照要求陈列商品，做到便于顾客选购。

（4）每月进行销售统计并盘点库存，制订下月销售计划。

【店面卫生管理】

（1）每天对店铺展示台、地面、墙面及陈列商品区等需要清洁的地方进行清洁。

（2）使用过的清洁用品应该放置妥当，不可以随意乱扔。

（3）店内垃圾应该及时清倒。

（4）公共区域做到无垃圾、杂物、污迹及水迹等。

【员工出差及报销管理】

（1）员工出差应提交《出差申请表》。

（2）差旅费、住宿费等的报销，需要提供凭证票据。原始凭证必须真实，不得有涂抹痕迹。

（3）出差员工需在返回公司一个星期内提供原始凭证并填写报销单，交予会计审核，审核无误并经相关负责人签字后，可到出纳处领取现金。

（4）逾期办理及经审核后凭证无效的不予报销。

2. 如何制定员工薪酬制度

员工的薪酬制度会影响员工的工作积极性及长久性，如果员工在努力工作后却没有得到相应的回报，那么也会离职。员工更换过于频繁会对店铺经营造成不利的影响，制定合理的薪酬管理制度是留住员工的关键。

对于不同岗位的员工，其薪酬设计应该是不同的，首先应该制定的是基本薪酬，如表 8-1 所示为某门店员工基本薪酬内容。

表 8-1 某门店员工基本薪酬内容

职位	底薪工资	餐补	全勤奖	绩效工资	合计
店长	3 000 元/月	100 元/月	50 元/月	100 元/月	3 250 元/月
导购员	2 000 元/月	100 元/月	50 元/月	100 元/月	2 250 元/月
收银员	2 000 元/月	100 元/月	50 元/月	100 元/月	2 250 元/月
实习员工	1 500 元/月	无	无	无	1 500 元/月
备注	未完成基本销售目标不发放绩效工资，缺勤或请假不发放全勤奖，并扣除当天餐补				

从上表可以看出员工基本薪资由底薪、餐补、全勤奖和绩效工资构成，在指定具体工资金额时可以按照当地的工资水平制定。为了让员工积极地完成销售目标并努力增加销售额，还应该制定销售奖励和提成制度。

销售提成制度应在完成基本销售目标的基础上给予一定的提成，在设立了奖励制度后还应该制定相应的负激励制度，以督促员工。如表 8-2 所示为某店面销售提成奖惩制度。

表 8-2 某店面销售提成奖惩制度

达成率 职位	80%↓（含）	80%～110%	100%～110%	110%～120%	120%↑
店长	无	0.5%	1.0%	1.5%	2.0%
导购员	无	0.4%	0.8%	1.3%	1.8%
收银员	无	0.3%	0.5%	1.0%	1.5%
实习员工	无	0.1%	0.3%	0.8%	1.3%
说明	1.提成在完成基本销售目标（50 000 元）的基础上发放				
	2.连续 3 个月超过 100%指标，额外奖励店长 500 元，其他员工 300 元，以及门店活动经费 200 元				
	3.连续 3 个月未完成 80%的销售指标，扣除店长基本工资 500 元，导购员 300 元，其他员工 200 元				

另外，员工工资的核算及发放方式也应该统一。对员工离职、新进员工等还应该制定不同的薪酬制度，下面我们来看看某店铺在其他情况下的薪酬制度。

【薪酬核算及发放】

(1) 店长应于每月10日提交《员工考勤表》、《新员工考核表》、《店铺销售完成率表》与财务部进行核算确认。

(2) 财务部核算以后每月15日发放工资（工资统一打卡）。

【新进员工薪资说明】

(1) 试岗前3天自动离职不计算工资。

(2) 由店铺辞退的员工按照实际考勤天数给予工资。

【离职员工薪资说明】

(1) 自离职日起停薪，工资核算按照实际考勤天数计算，离职当月不计算销售提成。

(2) 连续旷工3天的员工视为自动离职，不计算任何薪资。

(3) 由店铺辞退的员工按照实际考勤天数给予工资。

由于不同店铺的管理制度与业绩考核标准不同，在具体制定员工薪资时还应该从店铺实际情况出发，制定适合店铺经营的薪酬制度。

3. 如何制定劳动合同

劳动合同是劳动者与用人单位之间确立劳动关系，明确双方权利和义务的协议。订立劳动合同应该遵循合法原则、协商一致原则、合同主体地位平等原则及等价有偿原则。

劳动合同一般包括两方面的内容，一方面是必备的条款，另一方面是协商约定的内容，其中必备条款有以下几条。

- **合同期限**：合同期限是指合同的有效期，通常有一年、两年、四年不等。有的劳动合同没有具体时间的约定，而是约定合同终止的条件，满足终止条件合同即失效。

- **工作内容**：工作内容应与员工的具体岗位相符合，可以包括工作要求和工作质量等。
- **劳动保护**：劳动保护的内容可以包括工作时间、休假时间安排及特殊情况下的加班制度等。
- **劳动报酬**：劳动报酬可以是员工薪资的发放方式、以及加班加点工资、补贴和保险等。
- **劳动纪律**：可以以用人单位的规章制度来进行约定，对规章制度进行简要说明，也可以印制成册作为合同附件。
- **合同终止条件**：主要需要说明在何种情况下双方可以解除劳动关系。
- **法律责任**：主要说明合同生效的条件，违反合同的解决方式以及承担的赔偿责任。

协商约定的内容可以根据用人单位的具体要求来约定，可以包括发生劳动争议的处理、员工离职的约定、竞业限制协议及保密协议的签订等内容。下面我们来看看某门店导购员劳动合同的具体内容，以帮助我们更好地理解合同的条款。

某门店导购员劳动合同内容

甲方（用人单位）：

乙方（受聘人）：

依据有关法律、法规及规章的规定，甲乙双方遵循合法、公正、平等自愿、协商一致、诚实信用的原则，签订本合同。

第一条 合同期限

合同有效期：自___年___月___日至___年___月___日止。

第二条 工作内容

（一）乙方同意根据甲方工作需要，安排其在___岗位工作。甲方根据工作需要，以及乙方工作能力表现可调整乙方工作岗位，并重新签订劳动合同。

（二）乙方按照门店销售要求完成销售目标，并定期进行库存盘点。

（三）乙方按照门店管理要求进行商品的陈列和管理。

（四）乙方根据店内需要完成其他工作。

第三条劳动报酬

（一）劳动报酬构成为：基础工资+全勤奖+提成+绩效工资，具体核算方式见工资管理方案。

（二）甲方依法安排乙方加班的，应该按照法律、法规规定支付加班工资或者安排补休。

(三)甲乙双方按照国家及地方有关社会保险方面规定，参加社会保险，按时缴纳社会保险费。由乙方缴纳的部分，由甲方从乙方的工资中代扣代缴。

第四条 劳动纪律

（一）乙方应遵守员工守则，遵守店铺管理规定。

（二）乙方如若违反店铺规章制度可给予必要惩罚，规章制度具体内容见店铺管理手册。

第五条 合同终止条件

（一）经双方协商一致，可以解除劳动合同。

（二）乙方有下列情况之一的，甲方可以解除合同：

1.严重违反店铺规章制度的；

2.工作态度怠慢，没有工作积极性，故意不完成工作内容；

3.做出损害店铺利益的行为。

（三）甲方有下列情况之一的，乙方可以解除合同：

1.甲方未按照合同约定支付乙方薪资报酬；

2.甲方侵犯乙方合法权益。

第六条 法律责任

（一）劳动合同一经订立，即具有法律效力，双方应当依法履行劳动合同。

（二）甲方违反本合同给乙方造成损害的，应依法给予乙方赔偿。

（三）乙方违反本合同给甲方造成损害的，应依法给予甲方赔偿。

（四）本合同一式两份，双方各执一份，经甲乙双方签字后生效。

劳动合同内容的下方是甲乙双方签字的地方，需要甲乙双方签字盖章后合同才能生效，并且还需要在最下方写明订立合同的时间。

04 开业典礼的筹备

店铺在开业的当天还需进行开业典礼以增强门店的知名度，同时也可以吸引周边的顾客前来购物。开业典礼的准备工作是很重要的，它关系到店铺是否能够正常开业，下面我们就来看看进行开业典礼前需要做哪些工作。

1. 开业时间的选定

并不是每一天都适合店铺开业，那么到底哪一天才适合店铺开业呢？在选择开业时间时可以掌握以下几点。

■ 根据经营内容选择

店铺的经营项目不同，销售的淡旺季也不同。以服装店为例，其不同月份的销售情况如表 8-3 所示。

表 8-3 服装店不同月份销售情况

月份	销售情况
1 月	冬装的销售旺季。在元旦节及周末时销量最高，并且冬装价高，利润也更高

续表

月份	销售情况
2 月	冬装销量最鼎盛的时期。在春节前后、节假日及周末销量最高
3 月	冬装换季的季节。这时冬装开始清仓，春装开始慢慢上市，属于旺季
4 月	此时是春装的销售季节，属于旺季，天气凉爽适合购物
5 月	此时是春装和夏装的交替季节，夏装热销的时候，春装开始清仓
6 月	此时是夏装的销售季节，天气炎热，属于淡季
7 月	此时是夏装的销售季节，天气炎热，是冬装滞销的季节
8 月	有少量秋装上市，夏装一般开始逐渐清仓，属于淡季
9 月	夏装和秋装过度的季节，秋装开始上市，夏装开始清仓
10 月	此时是秋装销售的最佳季节，配合节假日举行促销活动，通常能够取得很好的销量
11 月	秋装和冬装过度的季节，冬装开始上市，秋装开始清仓，属于一般旺季
12 月	冬装正式上市，是冬装销售疯狂旺季

从上表可以看出在 9 月底或者 10 月初的节假日，以及周末开业会取得更好的销售收入，因为在接下来的 11 月至次年 5 月都是销售的旺季，同时冬装的利润空间也更大。

■ 根据顾客生活习惯选择

在选择开业时间的时候要选择大多数顾客都有空闲时间的日期，这样顾客才有时间在开业的当天光顾店铺。比如，周末或者节假日的时候。同时也不要选择一天中太早或者太晚的时间点，这样的时间点大多数顾客不会在街上闲逛。通常情况下，一天中 9:00～10:00 比较恰当。

■ 根据风水选择

在开业之前可以通过查看皇历的方式来选择一个黄道吉日，在皇历上如果有写明宜开业，这样的日子在风水上来说便是比较适合开业的时间。除此之外，从风水上来说，数字也有特殊的含义。通常情况下不会选择在数字为 4 和 7 的日子选择开业，而更多数字为 9、8 或者 6 的日子开业。

在选择开业时间时也可以关注天气预报，选择一个天气晴朗的日子，这样外出的人会相对较多。

2. 做好准备工作

做好开业前的准备工作，才能在开业当天不至于手忙脚乱。开业前需要做以下准备工作。

- **广告宣传**：新店的知名度通常不会太高，进行广告宣传是很有必要的，因此还需要制定开业当天的广告宣传方案。
- **活动方案**：开业当天店铺需要进行怎样的促销活动以吸引顾客，是在开业前就需要计划好的。
- **应急方案**：在开业当天顾客很多，有可能会出现供货不足或者拥挤的状况，要提前制定应急方案。
- **人员安排**：在开业前需要提前对员工进行培训，员工配备数量也要足够，考虑到当天人流会很多，可适当增加人员数量。
- **氛围营造**：店铺要有开业的氛围，给顾客以优惠很多、礼品很多的气势，这样才能吸引来往顾客的关注。因此开业前就需要计划好如何营造开业当天的现场氛围。

3. 所需物料的采购

开业当天除了所需的商品要齐全外，开业庆典需要准备的物料也需提前采购。通常情况下，需要准备以下物品，如表 8-4 所示。

表 8-4　开业需要准备的物品

物品	备注
花篮	花篮是大多数店铺开业都会采购的物品，花篮的数量可以根据店铺门口面积的大小而定，如果店门口区域狭窄可以少准备几个
宣传单	宣传单需要开业当天分发给周边过往的人群，让更多的人了解店铺
POP 海报	海报也能起到宣传的作用，如果有多余的空间也可以张贴海报
开业礼品	可以根据活动方案选择合适的开业礼品
气球	气球的采购成本不高，可以使用气球来装扮店铺

续表

物品	备注
礼花	礼花通常都会使用到，通过放礼花来迎接店铺开业
音响灯光	音响灯光设备能够营造开业的热闹氛围，能够提高活动效果

店铺还可以根据自身情况采购其他开业所需的物品，比如，大型店铺开业还会进行剪彩，那么剪彩所需的剪刀、托盘等也要配备齐全。

4. 如何进行开业典礼

举办开业典礼可以请专业的庆典策划公司帮忙策划，也可以自行策划举行开业活动，举办开业庆典需要做好以下几方面的工作。

- **来宾邀约**：可以邀请他人来参加开业典礼，增加开业气势。邀约工作需提前进行，以便对方早做安排。
- **广告宣传**：开业典礼本身就是一种店铺宣传的方式，但是为了让更多的顾客来店购物，还可以提前进入及开展优惠活动等。
- **布置现场**：购买了开业所需的物品后，需要把物品放置在恰当的位置。所需使用的设备要提前进行调试，以确保不会出现故障，影响开业庆典的进行。
- **开业执行流程**：开业庆典的流程要计划好，不同时间段需进行的活动要依程序进行。

开业执行计划书可以用表格的形式进行撰写，明确不同时间段需要做的工作，下面我们来看看某店铺的开业执行流程表，如表 8-5 所示。

表 8-5 某店铺开业执行流程表

时间	说明
8:30	所有工作人员到位，包括迎宾、主持人等
8:30~9:30	调试现场音响设备，检查现场布置是否完成
9:30~10:00	对来宾进行接待
10:00~10:30	主持人主持开场，宣布开业典礼开始

续表

时间	说明
10:30~11:00	店铺领导致辞，来宾代表致辞
11:00~11:30	进行开业剪彩活动，剪彩结束后合照留影
11:30~12:00	主持人主持开场舞蹈，舞蹈结束后致结束词

明确了不同时间段需要做的工作后，才能使开业庆典有计划地进行。在具体制定流程表时可以更详细些，把庆典词及舞蹈节目的具体内容也写上。

05 新店开业前的宣传

前面我们已经知道了在开业前需要进行广告宣传，它的目的是扩大店铺知名度。下面我们就来看看开业前的广告宣传方式有哪几种。

1. 传单宣传

传单宣传是常用的也是比较有效的一种宣传方式，因为实体店面对的顾客大多都是附近的居民及来往的人流。传单宣传可以有针对地在固定的区域内进行宣传。进行传单宣传首先需要印制传单，传单的印制可以选择广告公司为其设计并印制。

在选择广告公司时要注意选择正规的广告公司，同时也要预算印制传单的费用，对比不同的公司选择性价比更高的广告公司。选择广告公司时要注意以下几点。

- **了解业务类型**：有些广告公司的业务类型很丰富，但是传单设计可能不是他们的强项，所以在选择时要选择业务优势是传单设计的公司。
- **了解案例**：了解广告公司是否有做过同行业的案例，这样的公司经验会更丰富。在查看广告公司提供的案例时要注意广告公司提供的是否是虚假案例。

- **了解制作进程**：与广告公司相关业务人员进行面对面的沟通，详细地了解业务流程，比如，传单从设计到印制需要多少时间。如果所用时间太长，有可能影响开业宣传进度。
- **了解费用**：了解广告公司的报价，看其报价是否在可发接受的范围内，如果报价比同行其他公司高，那么就需要了解其高于同行的原因，如是否在设计水平及传单质量上比同行优秀。

传单印制完成后，还需要找到派发传单的人员。在店铺还未开业前可以让已经应聘成功的员工派发传单，并发放工资。也可以请兼职人员或者专业的传单派发公司进行派发。

2. 户外广告宣传

户外广告也是店铺宣传的一种方式，随处可见的公交站牌广告，地铁内的广告牌都属于户外广告。户外广告的位置选择是很重要的，因为它决定了广告内容是否能被人看到，以及浏览广告的频率。在选择户外广告位置时要遵循以下的几点原则，如图 8-3 所示。

人流最大原则

广告宣传要被他人看到才能起到效果，人流量越大的地方，广告的影响范围也会越广。

视线最佳原则

广告牌的位置不能太高也不能太低，太低可能被其他物体遮住，太高需要抬头才能看到，广告牌的位置应该在视线最容易达到的地方。

空间最优原则

空间最优是指广告牌应该在最容易凸显的地方，在众多广告牌中要让顾客发现自己的广告牌是困难的。而如果在开阔的空间有广告牌的宣传，将会更容易被关注到。

图 8-3　户外广告位置选择原则

综合平衡原则

要找到同时满足人流最大、视线最佳及空间最优的广告位，这并不是一件容易的事情。在具体选择时可以平衡不同的原则，选择整体最佳的位置。

图 8-3　户外广告位置选择原则（续）

3.　杂志、报纸宣传

杂志、报纸一般都有固定的受众人群，并且覆盖也比较广泛。选择杂志、报纸宣传也能发挥很好的宣传效果。实体店的杂志和报纸宣传最好选择当地的杂志和报纸，比如，地铁报等。这样才能让当地的目标顾客了解到宣传信息从而前来购物。

在进行宣传时要选择当地发行量较大的杂志或者报纸，通过网上查询的方式可以了解某一地区内报纸的发行量情况。下面我们以梅花网为例看看如何查询报纸发行量。

Step01 进入梅花网官方网站（http://www.meihua.info/），在首页“资源”下拉菜单中选择“中国传媒库”命令。在打开的页面中单击“报纸媒体”超链接。

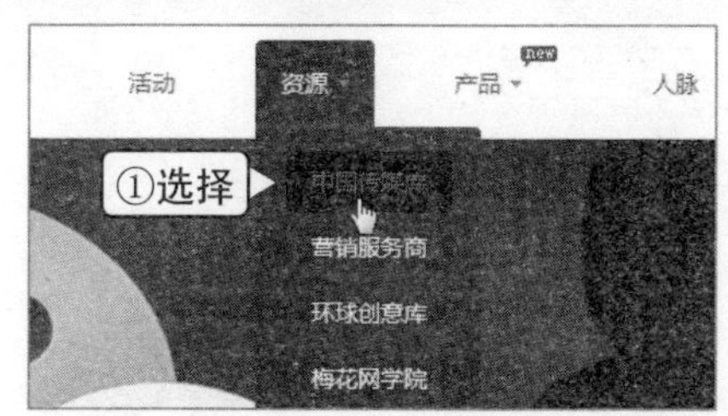

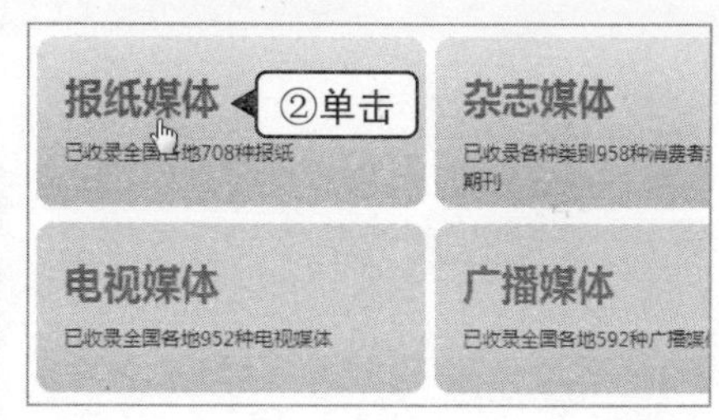

Step02 在打开的页面中选择要查看的地区，比如，单击“四川”超链接。

A 按照出版省份查询

全国性（191）	北京（45）	天津（6）	河北（22）
山西（17）	辽宁（16）	吉林（8）	黑龙江（12）
上海（32）	江苏（37）	浙江（40）	安徽（14）
福建（16）	江西（17）	山东（29）	河南（19）
湖北（20）	湖南（11）	广东（53）	海南（4）
重庆（9）	四川（15）	[illegible]	云南（9）
西藏（2）	[illegible]（12）	[illegible]	青海（3）
广西（14）	[illegible]	宁夏（5）	新疆（8）

单击　四川省

Step03 在打开的页面中即可查看到四川地区报纸媒体的发行量情况。

华西都市报 (WEST CHINA METROPOLIS DAILY) 四川省成都市 综合性日报/晨报/晚报/都市报	17.38万元 115.00万
成都商报 (CHENGDU BUSINESS DAILY) 四川省成都市 财经商业管理	18.88万元 63.00万
人力资源报 (REN LI ZI YUAN BAO) 四川省成都市 其他行业报	6.4万元 50.00万
四川日报 (SICHUAN DAILY) 四川省成都市 综合性日报/晨报/晚报/都市报	15万元 40.00万
天府早报 (TIAN FU ZAO BAO) 四川省成都市 综合性日报/晨报/晚报/都市报	5.2万元 30.00万
成都晚报 (CHENGDU EVENING POST) 四川省成都市 综合性日报/晨报/晚报/都市报	6.4万元 28.00万

查询杂志的发行量与报纸的发行量查询方式类似，选择好媒体以后便可以与其联系，并询问收费情况。

通常情况下，报纸或杂志都是按照版面的大小来收费的，并且发行量多的媒体，收费更贵。因此在选择媒体时，还要结合投入成本来综合选择。如果没有太多资金在发行量很大的媒体上进行广告宣传，不妨选择发行量较小的媒体。

第九章

互联网+实体店的推广方式

随着市场竞争的日益激烈，不懂营销的店铺很容易被淘汰。互联网的发展对实体店的发展产生了一定的冲击，但是从另一方面来说也给实体店带来了新机遇。那些被迫关张的传统实体店，之所以被打败，很大一部分原因是不懂得与时俱进。

01 二维码推广

大多数人对二维码已经不再陌生，二维码是移动互联网的入口，通过手机扫描二维码即可很轻松地查看存储在二维码中的信息。实体店将二维码运用到营销中，有效地推动了店铺的发展。

1. 二维码在实体店的运用

二维码是一种记录数据信息的载体，常见的二维码都是用黑白相间的小方格表示的。为了使二维码看上去更加美观，许多商家也把二维码制作成彩色的。二维码的商业应用很广泛，下面我们来看看在实体店中二维码有哪些应用。

■ 二维码购物

过去人们购物都需要亲自到实体店中购买，如今使用二维码扫一扫便可以购物，并且还可以送货上门，这大大节省了购物的时间。而许多实体店也利用了二维码购物这一功能，把自己商品的购物链接印制成二维码，通过传单的方式派发给消费者，有购买意向的消费者在家拿起传单扫码即可购物，支付以后再到实体店中提货。

在许多大城市的公交站牌上也有商品购物通道的二维码，下班以后可以在公交站牌选购自己想要购买的商品，而这些商品往往是生活中常用的，无须过多的商品介绍和解释，购买者都了解其功能。

■ 二维码支付

带太多的现金在身上并不太安全，有了银行卡后许多人购物便习惯使用银行卡支付，随着二维码支付的兴起，许多人购物连银行卡都不带了，直接使用手机扫码支付。

二维码的付款功能在许多实体店都得到了运用，这是因为二维码支付方便快捷，许多商家为了让更多的消费者使用二维码扫码支付，也推出了使用微信支付或者支付宝钱包支付，商品享折扣优惠的活动。

■ **二维码优惠券**

二维码优惠券是许多商家运用比较广泛的一种方式，消费者在消费时只需要向商家出示手机上的二维码优惠券便可以得到优惠。也有商家在自己的店铺中举行扫码活动，顾客扫描二维码以后即可以折扣价购买商品。

二维码优惠券节省了印制纸质优惠券的费用，同时消费者也不用担心遗失优惠券，只要优惠券没过有效期，就会一直被存储在手机中。

■ **二维码的其他运用**

除了上述的三种常见应用方式外，还有商家把自己的微信公众号、APP 链接制作成二维码，用户通过扫码后便可以直接进入。另外，把商品详细信息制作成二维码，也可以让用户通过二维码随时随地了解商品的信息。

2. 不同功能二维码的制作

二维码的制作比较简单，只要使用二维码生成器即可很方便生成。比较常用的二维码生成器有草料二维码生成器（http://cli.im/）、联图二维码生成器（http：//www.liantu.com/）等。下面我们来看看如何使用草料二维码生成器生成二维码。

Step01 进入草料二维码生成器官方网站，在首页选择要生成的二维码类型，比如，要把网页链接生成二维码，便可以选择“网址”选项。

Step02 在打开的页面中输入网站链接，再单击“生成二维码”按钮。在页面的右边便可以看到生成的二维码。

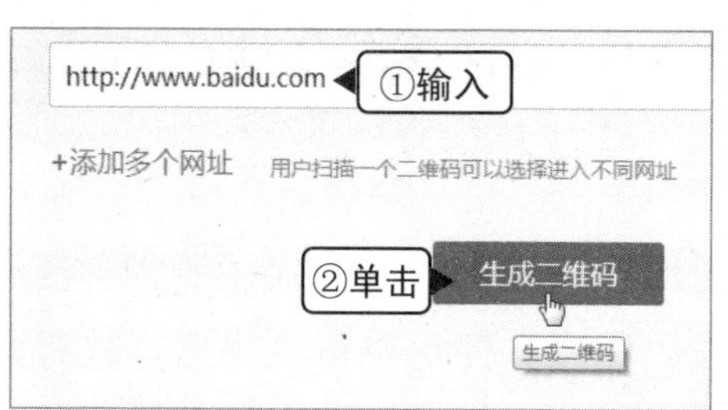

我们还可以制作自己店铺的二维码名片，让顾客快速了解到店铺的经营范围、店址及联系方式等。下面我们来看看如何使用草料二维码生成器制作二维码名片。

Step01 进入草料二维码生成器官方网站，在首页选择“名片”选项。在打开的页面中单击“立即使用”按钮。

Step02 进入名片创建页面，输入姓名、电话号码及其他基本信息，在页面最下方单击“生成二维码名片”按钮。

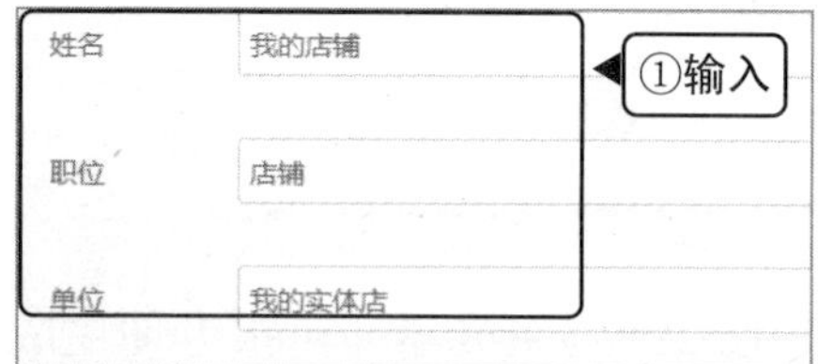

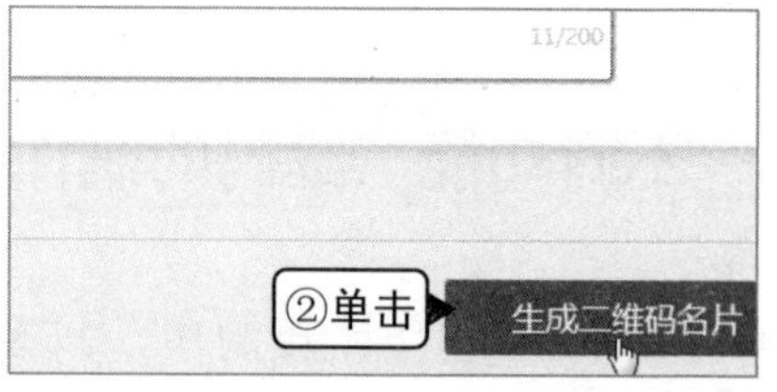

Step03 在打开的页面中单击“注册”按钮，再输入账号和密码，单击“注册”按钮。

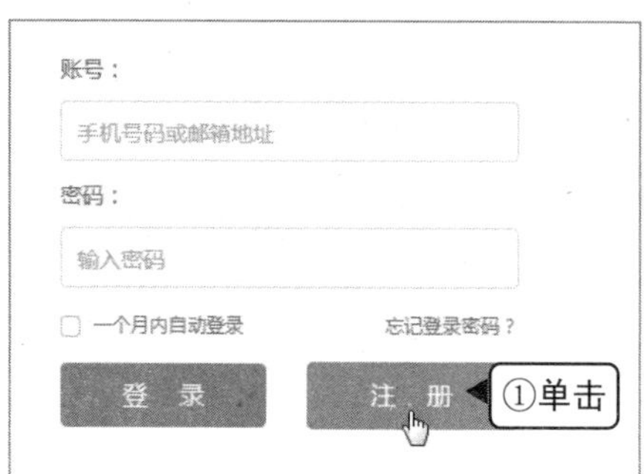

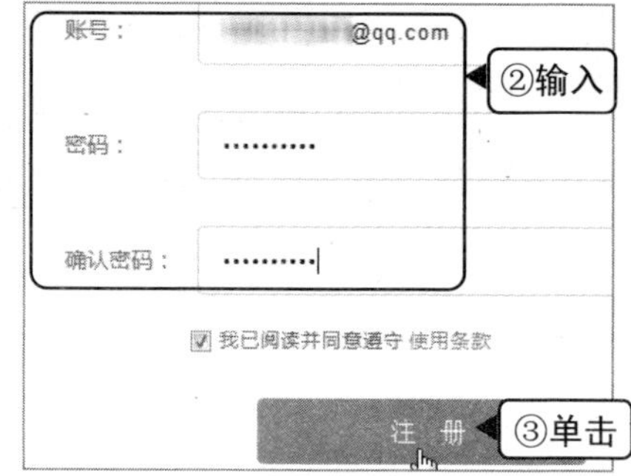

Step04 在打卡的页面中便可以看到生成的名片二维码，单击“下载”按钮还可以把二维码下载到电脑中。

使用二维码生成器还可以生成微信二维码、APP 下载页面二维码、微博二维码及电话二维码等，具体生成方式与网址和名片的生成方式一样，只要按照提示操作即可轻松生成。

3. 二维码的设计

为了让二维码更加美观，从而吸引更多的人扫码，我们可以对二维码进行美化。如果要把二维码印制在宣传画册上还需要进行二维码设计，让二维码与众不同。许多二维码生成器网站也提供了二维码美化器，下面我们来看看如何使用草料二维码美化器。

Step01 进入草料二维码美化器，在首页单击“点击输入二维码内容”超链接，输入制作内容，单击“确定”按钮。

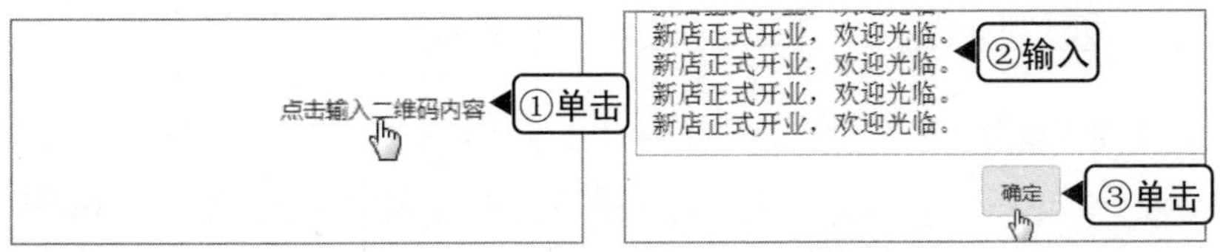

Step02 在页面右边设置前景色、背景色及旋转角度等。也可以选择模板把二维码嵌入模板中。设置完成后，在页面右边可以看到二维码美化后的效果。

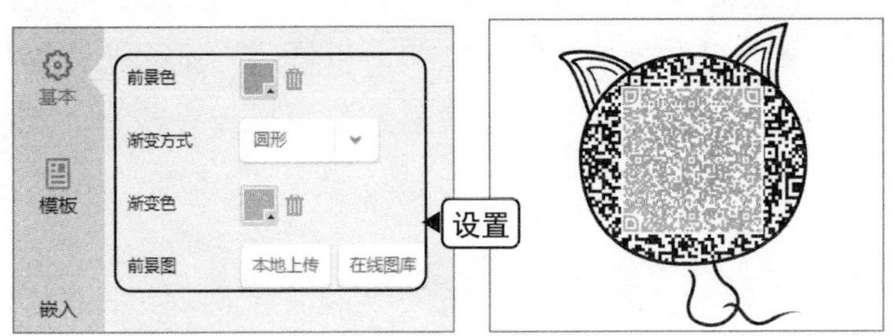

Step03 在页面中右上角单击“下载二维码”按钮可以把美化后的二维码下载到电脑中。

除了草料二维码美化工具外，Q 码二维码工具（http://www.qmacode.com/）也可以在线制作创意二维码，包括品牌码、海报码、动态码及主题码的创意制作。在具体制作时可以根据需要选择不同的制作工具，进行二维码美化后还需要进行扫码测试，以确保美化后的二维码能够正常使用。

4. 二维码营销如何做

如今，二维码已经被广泛运用到了宣传领域中，只要把二维码带到顾客身边就能起到营销作用。它既可以实现把店铺带到消费者面前，也能吸引消费者到自己的店铺中，一步步使营销成功。

■ 吸引力顾客扫码

二维码只有被扫描了以后才能读取其中的信息，而顾客一般不会主动扫码，这时我们就应该想尽办法让顾客扫码。

把二维码印制在适合宣传的地方可以提高用户的扫码率，比如，地铁、公交车、火车上等。在这些地方顾客有足够的时间关注二维码，通过扫码来打发旅途时光，这些宣传途径是最适合二维码出现的场地。

另外，还需要让二维码的表现形式吸引顾客的目光。把精心设计后的二维码与海报宣传内容相结合。比如，蛋糕店二维码的营销宣传，可以把二维码印制在蛋糕图片上，使得二维码更加有表现力，又能整合宣传产品本身。

举办二维码推广活动也能增加二维码的扫描率，比较常见的推广方式是在店门前进行二维码扫码送礼活动。当用户扫码后把印制有二维码的小礼品送给用户，便能让二维码很好地带到了用户身边。

■ **制作有价值的二维码**

二维码里存储的信息本身必须是对用户有用的，如果制作的是无效链接的二维码，当用户扫码后根本读取不出任何信息，这样的二维码无疑是无效的二维码。

在生成二维码时就要考虑好二维码里的内容是否能够起到店铺营销宣传的作用。通常情况下，适合生成二维码的有微信公众号、店铺官方商城 APP、店铺官方网站及商品购物链接等。

■ **增强互动性**

当顾客扫码后还需要增强与顾客的互动性才能留得住顾客，扫码只是第一步，当顾客通过二维码获知店铺信息并产生消费量时，二维码营销才算成功。

商家可以把二维码与营销活动相结合，比如，直接把二维码制作成优惠券，顾客扫码后可以使用优惠券享受优惠，也可以把营销活动的图文信息制作成二维码，让用户点击参与，并给予参与的用户一些实惠，这样既能增强活动的趣味性，又能起到营销作用。

02 微信和微博推广

每天都有数以万计的用户在微博和微信上浏览和发布信息，这也使得微博和微信成了许多商家营销宣传的一种渠道，“微”营销已经悄悄地来到了广大用户的身边。

1. 店铺公众号的建立

许多店铺都拥有自己的微信公众号，它分为服务号和订阅号两种，订阅号与服务号的区别主要在于两者提供的功能不同，如图 9-1 所示。

功能权限	普通订阅号	认证订阅号	普通服务号	认证服务号
消息直接显示在好友对话列表中			✓	✓
消息显示在"订阅号"文件夹中	✓	✓		
每天可以群发1条消息	✓	✓		
每个月可以群发4条消息			✓	✓
基本的消息接收/回复接口	✓	✓	✓	✓
聊天界面底部，自定义菜单	✓	✓	✓	✓
九大高级接口				✓
可申请开通微信支付				✓

图 9-1　服务号和订阅号的功能区别

在了解了服务号与订阅号的区别后可以根据需要选择要申请的公众号类型，下面我们以订阅号为例，看看如何申请微信订阅号。

Step01 进入微信公众平台官方网站（https://mp.weixin.qq.com/），在首页单击“立即注册”超链接。输入邮箱、密码和验证码，再单击“注册”按钮。

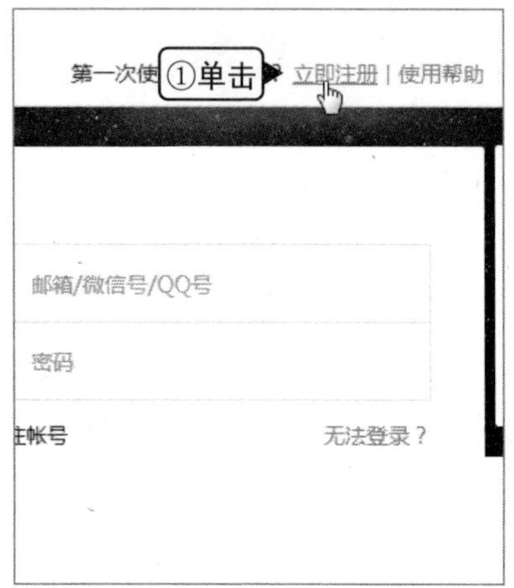

Step02 进入邮箱激活页面，单击“登录邮箱”按钮。在打开的页面中输入邮箱账号和密码，再单击“登录”按钮。

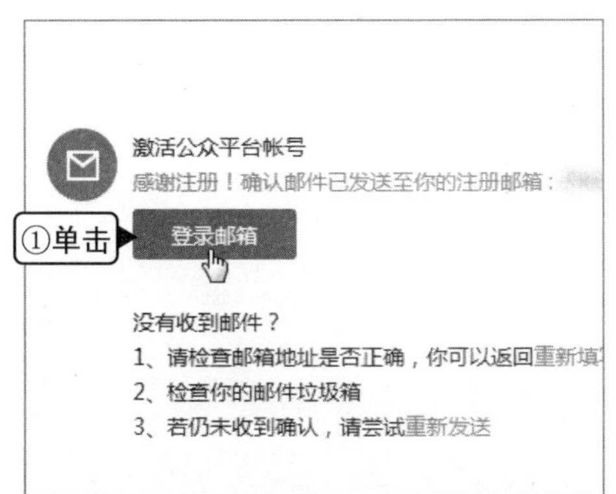

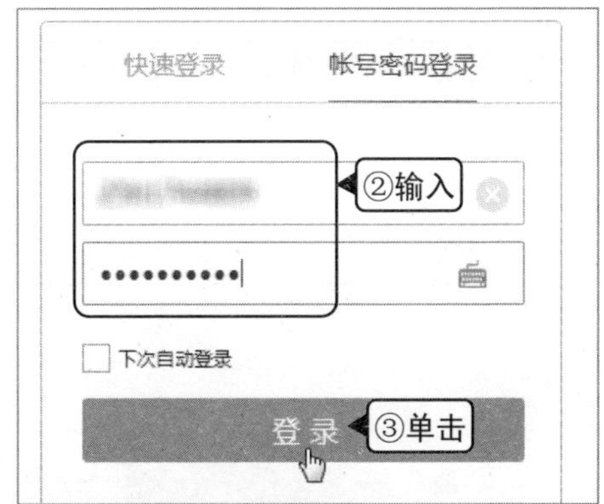

Step03 登录邮箱后单击“收件箱”超链接，再单击邮箱名称超链接。

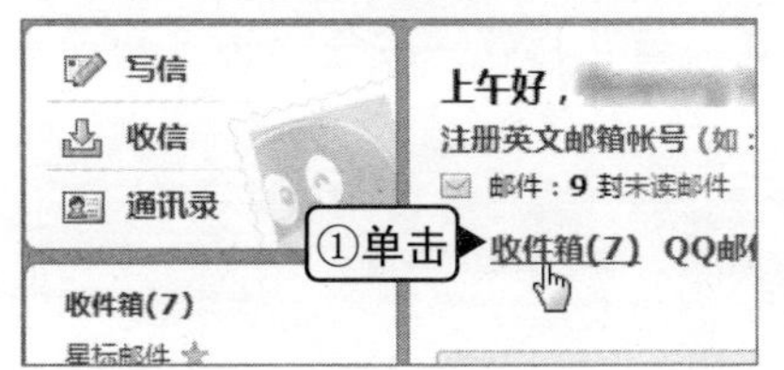

Step04 在打开的页面中单击激活链接，完成激活后，在新打开的页面中的“订阅号”栏中单击“选择并继续”超链接。

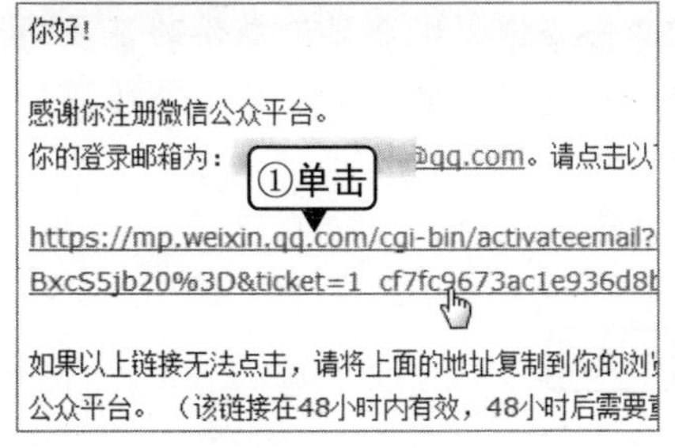

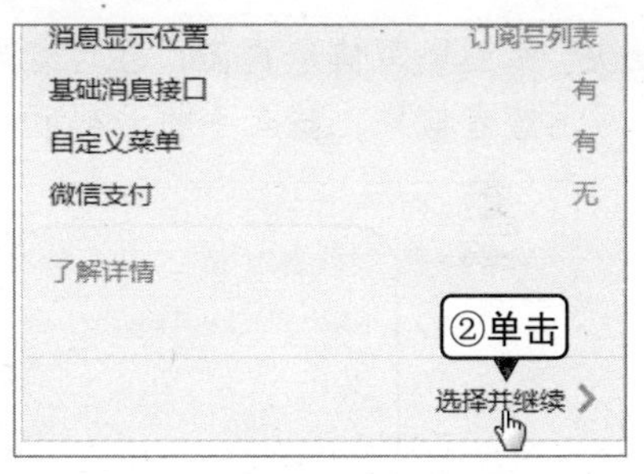

Step05 在打开的页面中单击“确定”按钮，进入选择主体类型页面，比如，单击“个人”超链接。

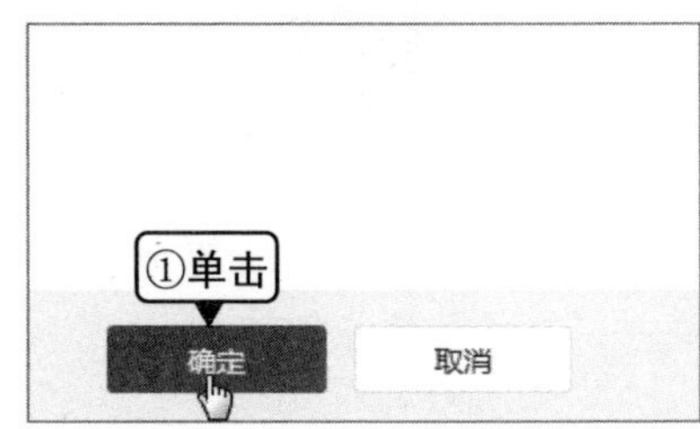

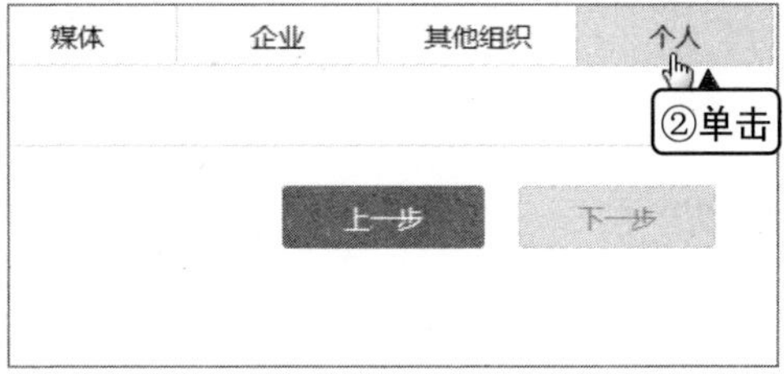

Step06 进入信息登记页面，输入身份证姓名和号码，并用手机绑定了运营者本人银行卡的微信扫描二维码。

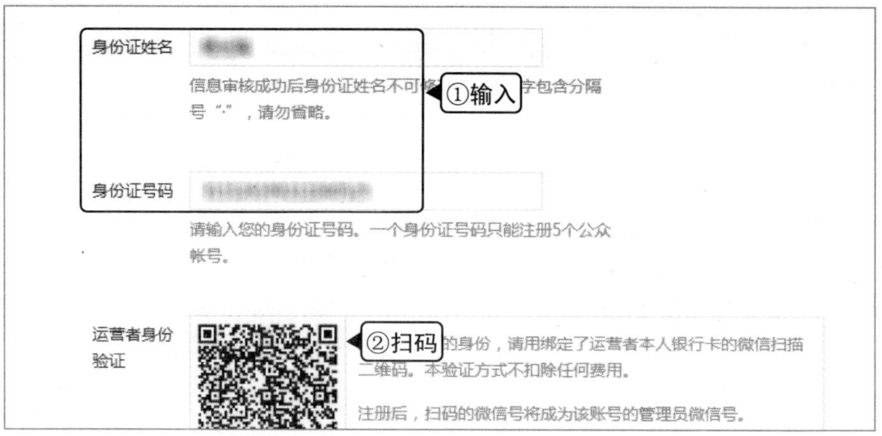

Step07 扫码成功后，在手机上点击“我确认并遵从协议”按钮，再点击“确定”按钮。

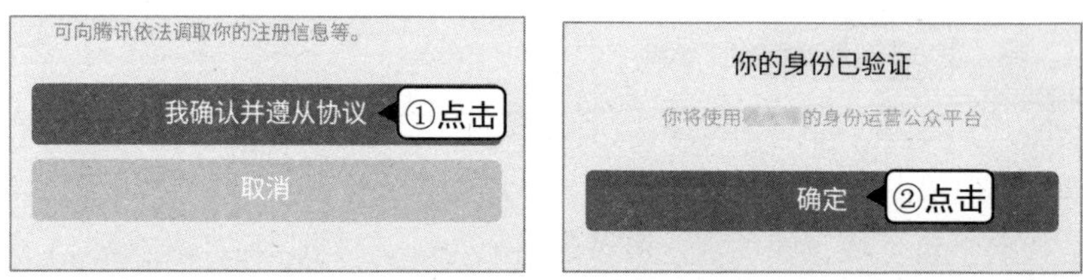

Step08 回到填写信息页面，在运营者身份验证栏中会显示身份验证成功，继续填写运营者信息，输入手机号码和短信验证码，再单击“继续”按钮。

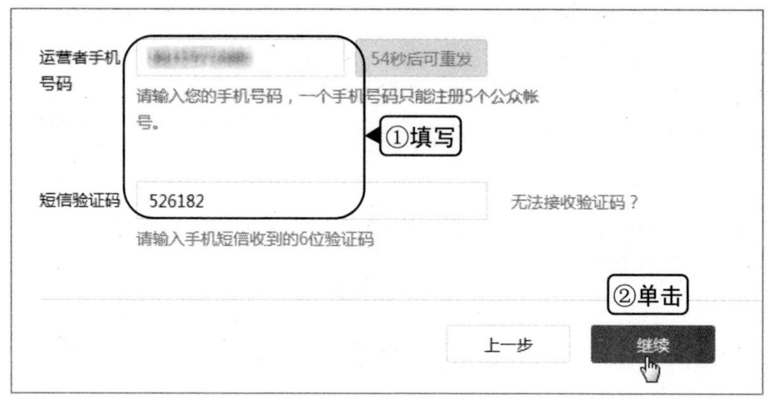

Step09 在打开的页面中单击“确定”按钮。进入公众账号信息填写页面，输入账号名称和功能介绍，选择运营地区，再单击“完成”按钮即可。

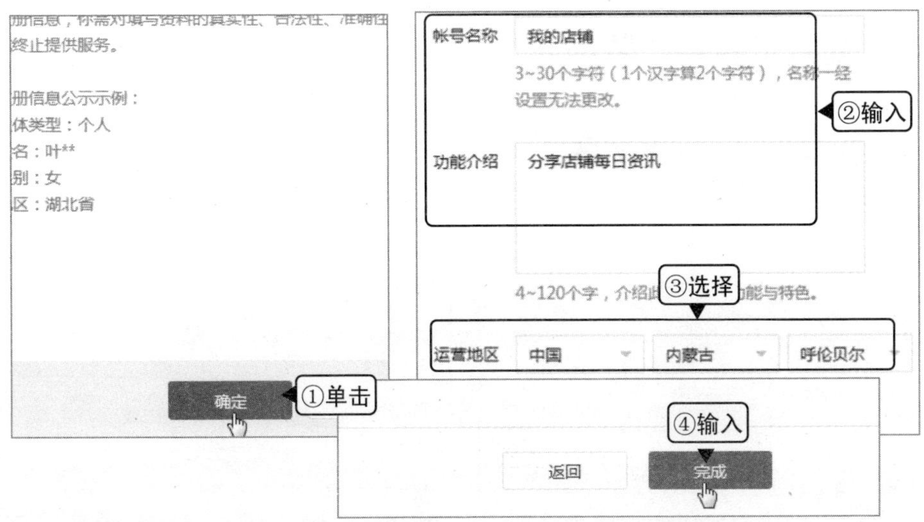

由于个人类型的公众号不支持微信认证，如果后期要为自己的公众号加V就需要申请企业或者组织类型的公众号。申请企业或者组织公众号需要提供以下资料才能申请，如表9-1所示。

表9-1　申请企业和组织类型公众号需要准备的资料

申请类型	所需资料
企业	企业名称全称、营业执照注册号、运营者身份证姓名、运营者身份证号码、运营者手机号码、已绑定银行卡的微信号、企业对公账户
其他组织	组织机构名称、组织机构代码、运营者身份证姓名、运营者身份证号码、运营者手机号码、已绑定银行卡的微信号和企业对公账户

有些个体经营者可能没有企业对公账户，这时可以选择人工验证，完成公众号的注册。人工验证是指利用人工来核查主题的真实性，需要服务审核费用300元。在人工验证的同时对注册公众号进行认证。店铺经营者可以根据需要选择申请企业账号还是个人账号。

在注册公众号时要注意，同一个手机号码和身份证只能登记5次信息。支持填写中国内地的手机号码（不包含港、澳、台地区），其他国家和地区的手机号码暂不支持。目前只支持填写中国内地的营业执照（不包含香港、澳门、台湾地区）进行信息登记，其他国家及地区暂未开放。

2. 公众号也要“装修”

当用户在关注店铺公众号页面时，首先看到的是公众号的名称和功能介绍、账号主体、客服电话等内容，如图 9-2 所示为公众号详细资料页面。

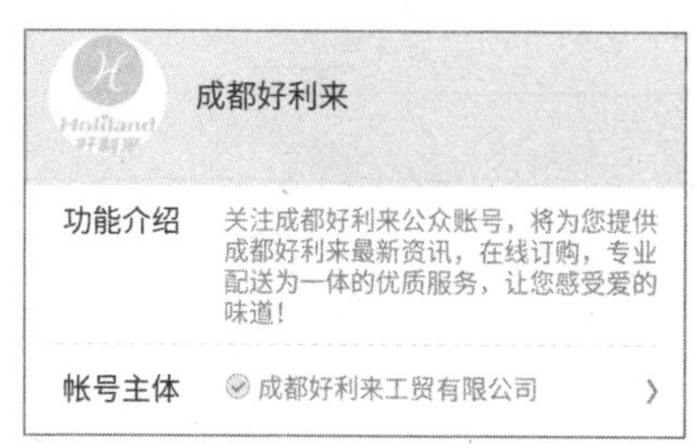

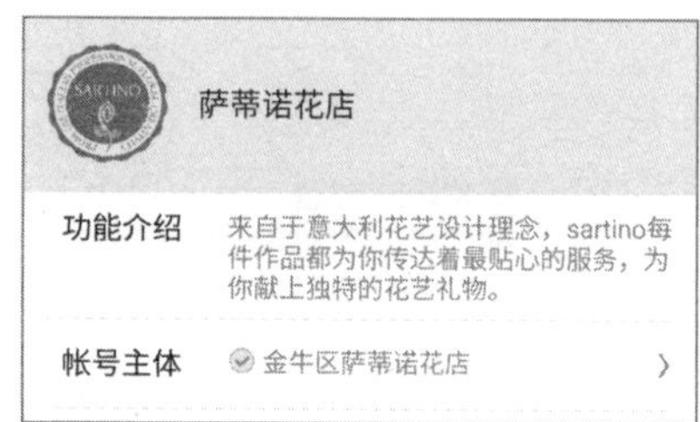

图 9-2 公众号详细资料页面

公众号的名称是用户找到该公众号的关键，功能介绍是用户了解店铺经营内容的一个途径，因此这两个资料的填写都不能马虎。

公众号名称不能和微信认证账号、微博认证账号的名称重复。在第一次注册时就要考虑好公众号名称，因为名称一经设置便无法更改。店铺公众号的名称可以直接使用店铺的名称，可以设置为与经营范围有关的名称。

公众号的功能介绍一个月可以修改 5 次，因此可以在注册公众号以后再进行修改。除此之外，公众号头像也是店铺的标识，它代表了店铺的一种形象。下面我们就一起来看看如何对公众号的功能介绍和头像进行“装修”。

Step01 进入微信公众平台（https://mp.weixin.qq.com/），在首页输入账号和密码，再单击“登录”按钮。在打开的页面中单击“公众号设置”超链接。

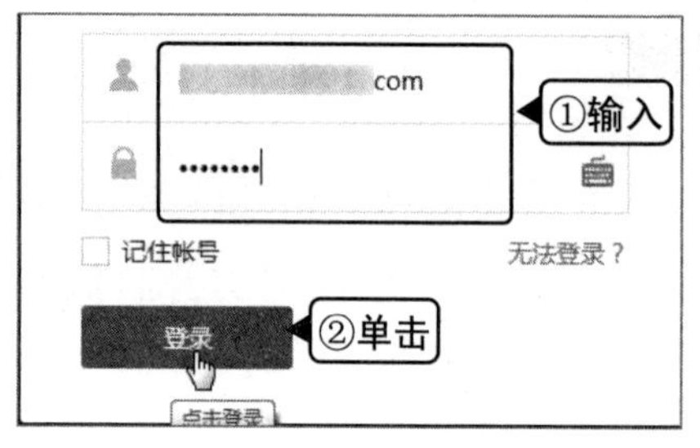

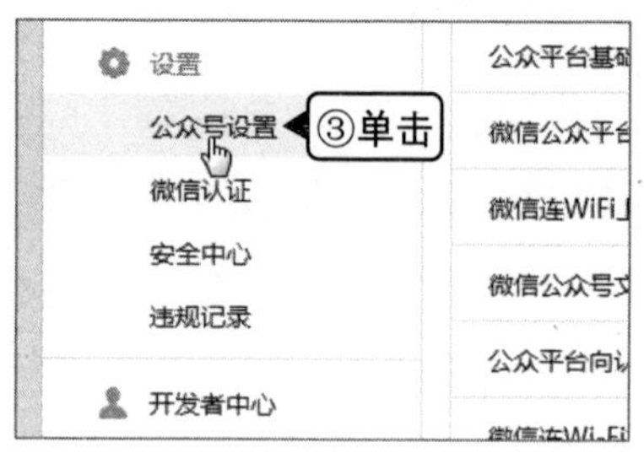

Step02 进入公众号设置页面，单击“修改头像”超链接。在打开的页面中单击“选择图片”超链接。

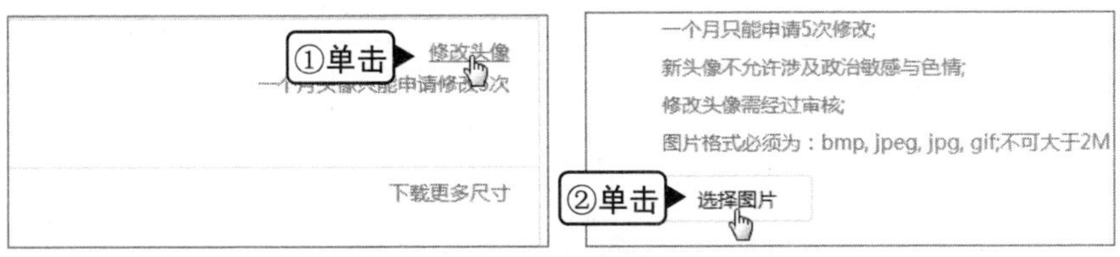

Step03 在电脑中选择要上传的图片，单击“打开”按钮。调整图片位置后单击“下一步”按钮。

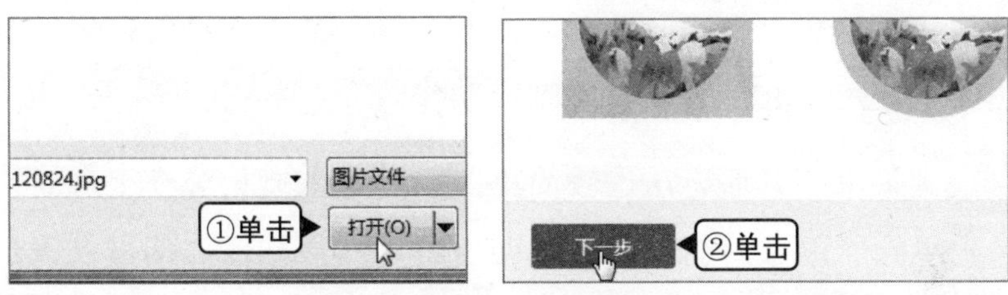

Step04 在打开的页面中单击“确定”按钮即可完成图片的修改，在新打开的页面“介绍”栏中单击“修改”超链接，。

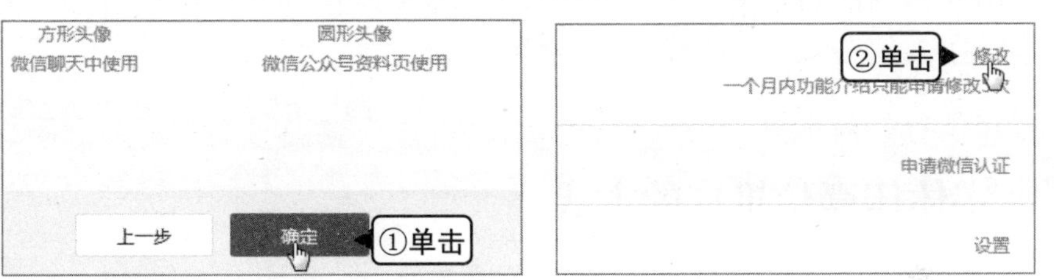

Step05 在打开的页面中输入功能介绍内容，再单击“下一步”按钮，进入确认修改页面后单击“确认”按钮即可完成功能介绍的修改。

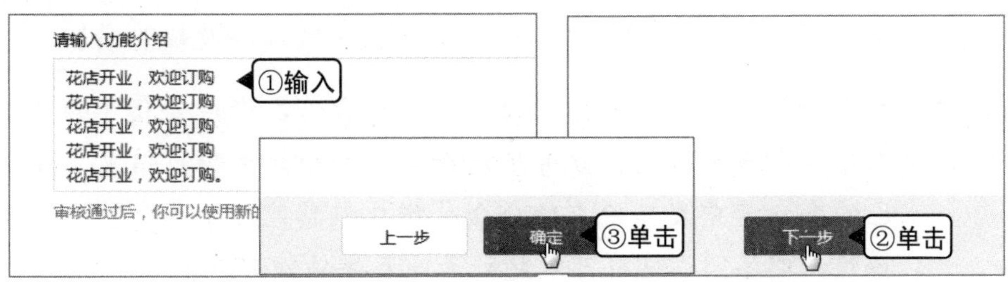

当我们打开某些公司的公众号时，可以看到在页面下方有许多菜单栏，点击不同的菜单可以查询到不同的内容，获取不同的信息，如图 9-3 所示为建设银行微信公众号。

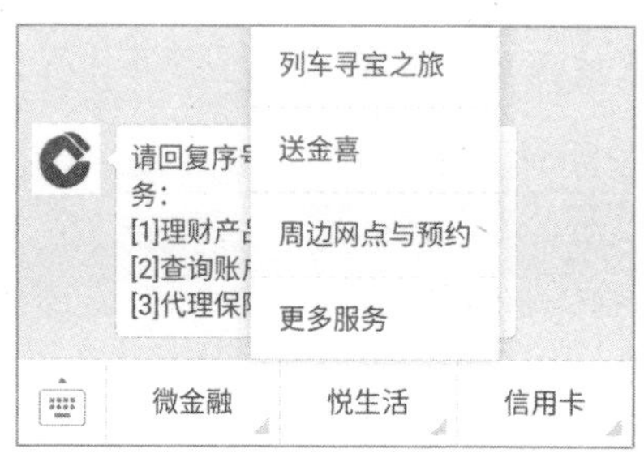

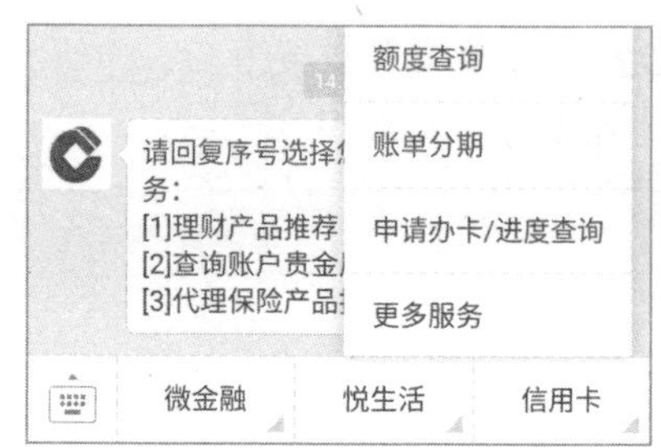

图 9-3　建设银行微信公众号

通过公众号会话界面的自定义菜单，可以使用户进一步了解店铺商品及其他相关信息。自定义菜单可以在公众号的后台进行设置，菜单项可按照需要设定，并可为其设置响应动作。

自定义菜单的开通方法比较简单，只需进入微信公众平台后，单击自定义菜单栏中的“开启”超链接即可。开启该功能后即可设置自定义菜单。

另外，公众号还有自动推送消息、自动问答等功能。这些功能设置都可以在微信公众号的后台进行编辑。

3.　实体店微信推广的方式

随着微信用户的逐渐增加，利用微信来进行营销的企业也越来越多。没有人关注的微信公众号是不能发挥营销作用的，那么如何才能增加公众号的粉丝量呢？我们可以用以下的推广方式来实现粉丝量的增加。

- **微信号互推**：与其他微信公众号进行合作，进行公众号的互相推广。即在他人的公众号中发布自己的公众号推广信息，在自己的公众号中发布他人的公众号推广信息，由于两者的公众号粉丝人群不同，这样可以起到资源互导的作用。
- **活动推广**：在实体店进行公众号关注推广活动，让前来购物的顾客关注公众号。这种方法可以很好地找到目标顾客，粉丝的质量也会相对较高，出现僵尸粉的概率较小。

- **个人微信号互导**：在个人微信号中有摇一摇、寻找附近的人的功能，可以利用这个功能发布公众号信息，让附近的人能够看到推广信息，也可以通过添加好友的方式来推广。
- **二维码推广**：把公众号生成二维码，并把二维码印制在传单或者广告牌上进行推广。
- **分享推广**：在微信、空间或者博客上分享公众号，让更多人了解店铺的公众号，从而增加粉丝关注量。
- **短信推广**：对一些在店铺办理了会员卡的顾客，会留有顾客的联系方式，这时可以采用短信信息把顾客引导到微信中，从而将这部分顾客转化为公众号的关注者。

当店铺公众号有了一定的粉丝量以后，还需要进行公众号运营才能留住粉丝，之后再把粉丝转化为店铺的真实消费者。比如，通过推送微信消息，举行微信大转盘抽奖、答题抽奖等活动，以此来增强粉丝的黏性。

4. 微博号的注册

在微博上进行营销宣传的店铺也有很多，要使用微博进行营销宣传首先需要注册微博账号，下面以新浪微博为例看看如何注册微博账号。

Step01 进入新浪微博官方网站（http://weibo.com/），在首页单击“立即注册”超链接。在打开的页面中单击“邮箱注册”超链接。

Step02 在打开的页面中输入邮箱、密码和验证码，单击“立即注册”按钮。进入短信验证码页面，输入手机号码和短信验证码，再单击“提交”按钮即可。

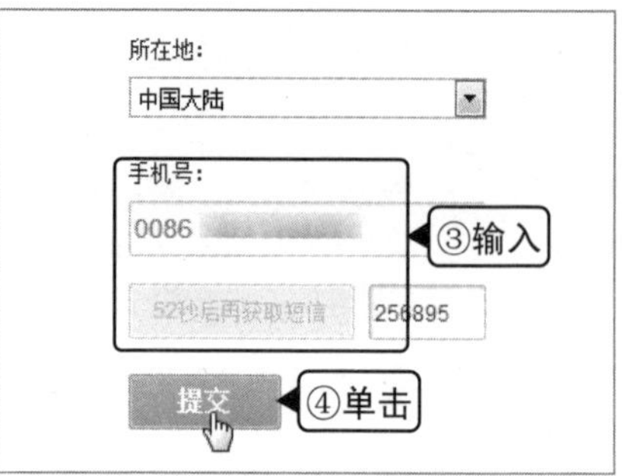

注册微博账号时也可以直接选择手机号码注册，另外政府、企业、媒体、网站、应用、机构、公益、淘宝个人卖家及校园组织也可以申请注册官方微博号。

5. 微博功能的使用

微博能够传递店铺的信息，树立店铺的形象，帮助店铺进行网络宣传。只有学会了使用微博的功能以后才能使得微博发挥宣传的作用，微博提供的功能很多，包括信息的发布、转发、粉丝的关注和管理、私信、评论及搜索等。下面我们来看看如何在微博上发布店铺的推广信息。

Step01 进入新浪微博官方网站，在首页中输入账号和密码，再单击“登录”按钮。

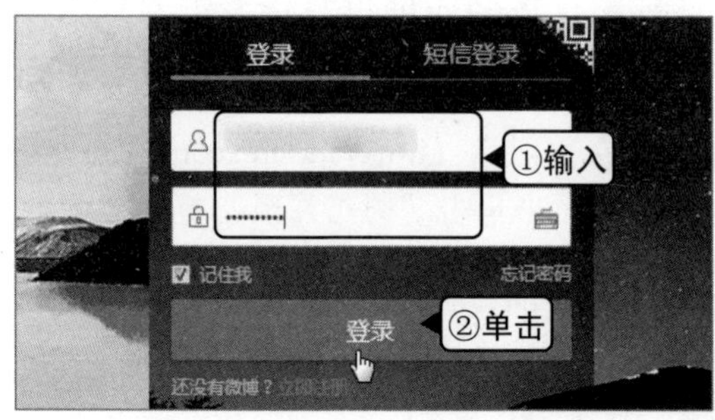

Step02 在打开的页面中输入推广信息内容，再单击“发布”按钮即可。

转发他人的微博可以增加自己微博的关注度，下面我们来看看如何转发他人的微博。

Step01 在微博主页选择要转发的微博，单击“转发”按钮。

Step02 在打开的页面输入理由，再单击“转发”按钮即可。

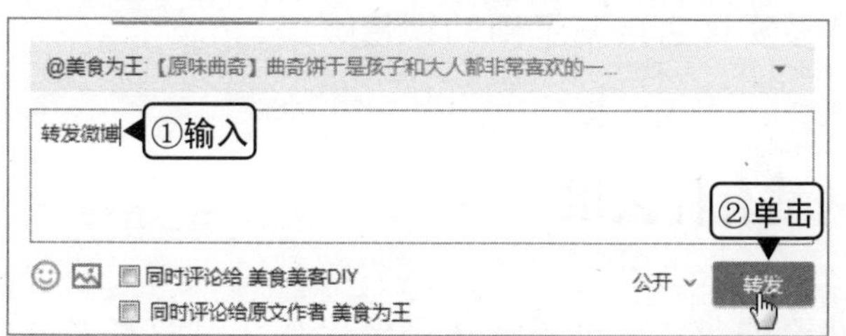

6. 微博推广如何增加客源

拥有庞大用户群的微博是一个快捷宣传店铺的渠道，有许多企业在微博推广中获得了成功。对新店来说进行微博推广的首要目的是增加店铺的曝光率，从而把微博用户引导成为直接消费者，增加店铺的营业收入。要实现这一目的，店铺微博的管理者需要做好以下的工作。

- 做好微博的定位，微博信息尽可能详细；选对用户群体，对微博粉丝进行分类，针对不同的粉丝推送合适的信息。
- 选择合适的时间推送信息，微博的发送频率应该恰当，不能频繁刷屏，否则会引起粉丝的反感。
- 发布有价值的微博内容，加强与粉丝的互动性，可以采取发布微话题的方式，让粉丝参与其中，对粉丝提出的与产品有关的问题要及时解答。

- 提高粉丝质量，围绕目标顾客来推送信息，从而吸引潜在的消费者。

03 团购网站推广

团购是团体购物的意思，指把许多消费者集合起来，加大与商家的谈判能力，从而获得最优价格的一种购物方式。团购不仅给消费者带来了实惠也给许多实体店带来了新的销售渠道。

1. 团购网站有什么用

团购网站给消费者提供了购物平台，那么对商家来说，团购网站能够给商家带来什么呢？总结起来能够带来以下好处。

- **提高销量**：团购直接为商家带来了顾客，虽然价格会相对较低，但是薄利多销，销售量会得到迅速增长。
- **广告宣传**：商家加入团购网站后，商品信息会在团购网站上显示，这能给商家带来广告效果，提高知名度。
- **减少库存**：当商品库存太多的时候，商家可以开展团购活动，让库存减少，增加资金的回流。
- **拓展市场**：利用网络平台，进行线上和线下团购直销，可以把网上消费者直接带到线下消费，起到拓展网上渠道的作用。
- **得到回头客**：当顾客从团购中得到实惠后，并且商品质量本身就够好，那么顾客便会对商家产生信赖感，从而再次消费。

2. 与团购网站合作流程

目前市场上的团购网站很多，比如，百度糯米、大众点评网等。一般情况下，与团购网站合作要经历以下的流程，如图 9-4 所示。

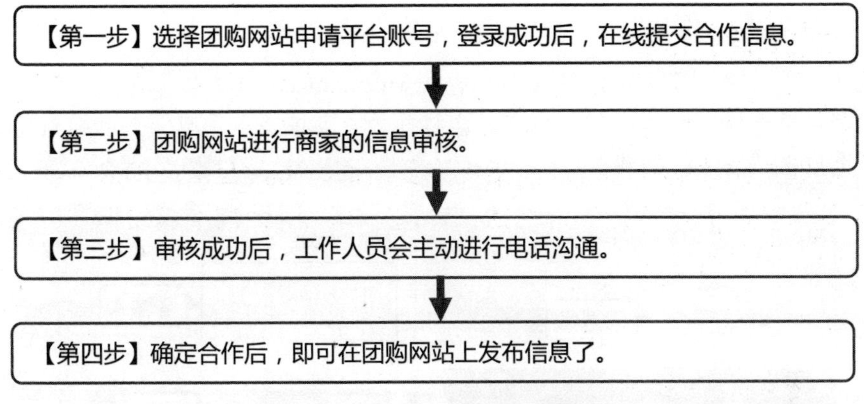

图 9-4　与团购网站合作流程

3. 如何成为团购商家

要成为团购商家，首先必须符合商户资格并注册平台账户，不同平台的要求会有相应的区别。以百度糯米为例，以下其对商户资格及账户要求。

- 商户应当为领取营业执照的具有合法经营资格的自然人、法人或其他组织。
- 商户使用百度糯米提供的网络平台服务，必须自行配备上网的所需设备，包括电脑、调制解调器或其他必备上网装置。自行负担上网所支付的与此服务有关的电话费用、网络费用。
- 商户应妥善保管其百度糯米账户及密码，应定期或不定期修改密码，在每次使用完毕后使其处于“退出”状态，以保证账户安全。
- 使用商户账号进行的行为将被视为商户自身的行为，商户应对此承担相应法律责任。商户不得将百度糯米账户出借、转让或用作其他非法用途，否则因账户未妥善保管而造成损失的，商户应全部承担。

了解了基本要求后，下面我们就来看看如何申请加入团购，此处同样以百度糯米为例。

Step01 进入百度糯米官方网站（http://www.nuomi.com），在首页“我是商家”下拉菜单中选择“我想合作”命令。在打开的页面中输入手机号码和短信验证码，再单击“登录”按钮。

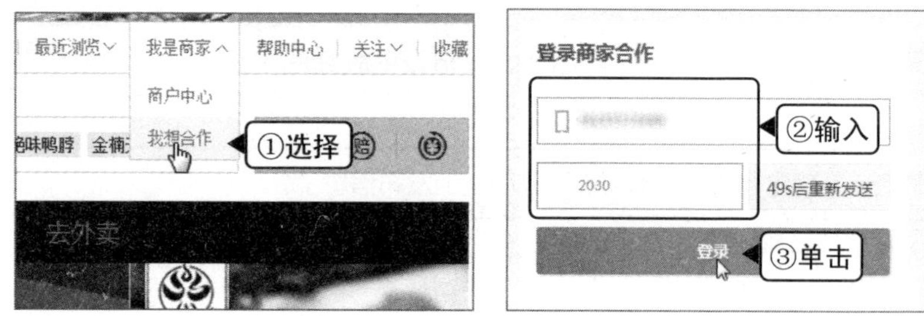

Step02 在打开的页面中填写商家信息，包括姓名、门店名称及合作内容等，再单击“提交”按钮。

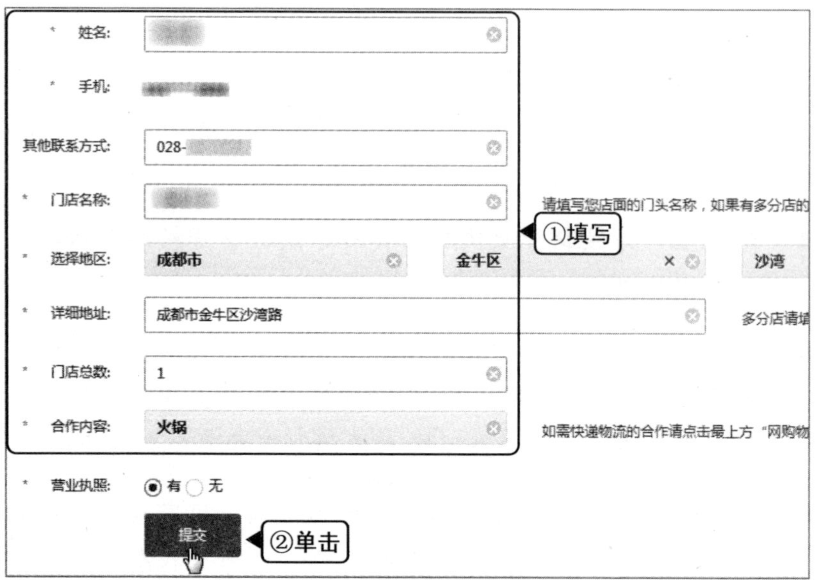

4. 如何建立外卖通道

网上订餐、订鲜花只需等待送货上门，节省了外出购买的时间，因此赢得了许多消费者的喜爱，很多商家也纷纷加入网上订外卖平台，打通了网上订外卖的便捷通道。

外卖平台也有很多，比如，百度外卖、美团外卖、淘点点及口碑外卖等。加入外卖平台与加入团购类似，都需要在网上提交资料，下面我们以申请加入百度外卖为例，来看看具体应该怎么做。

Step01 进入百度外卖官方网站（http://waimai.baidu.com/），在页面最下方单击“商户中心”超链接。进入商户中心后单击“立即加入”按钮。

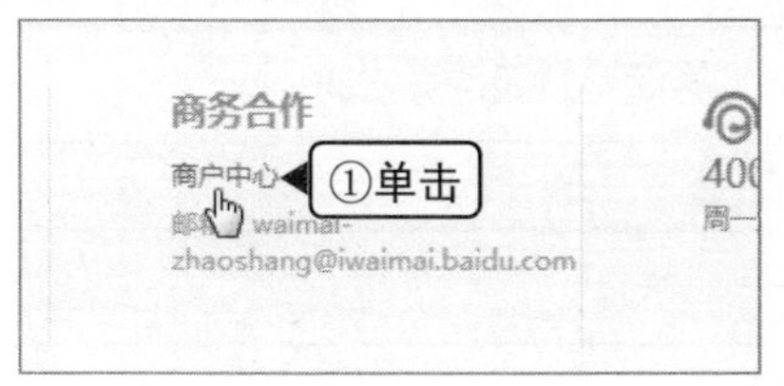

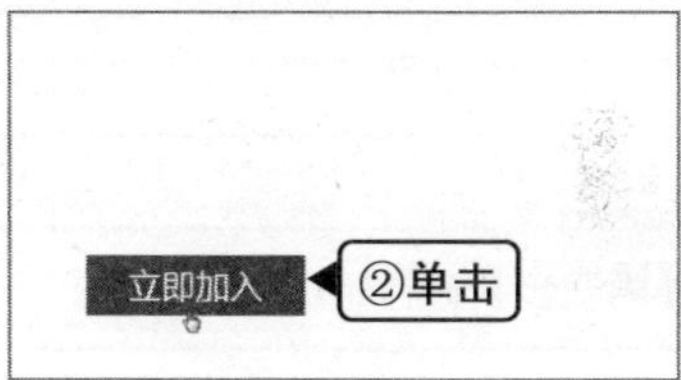

Step02 在打开的页面中填写商户入驻申请表，填写完成后单击“提交”按钮。

*商户名称：
*商户类型：企业商户 个体商户
*所在城市：四川省-成都市
*位置：金牛区沙湾路
*详细地址：金牛区沙湾路
①填写
*经营范围：餐饮 超市购 鲜花 生活服务 生鲜水产 送药上门
*联系人：
*联系电话：
*营业执照：有 无
我在其他平台开过店：店铺链接
注：为了便于审核通过，以上信息需要您如实填写
提交
②单击

提交申请以后，还需要等待百度外卖平台审核，通过后会有工作人员主动与其联系，完成签约入驻。加入外卖需要有专门的外卖配送人员，

如果店铺暂时无法自配送，百度外卖将根据需求及实际情况协助安排第三方配送或百度物流来保证配送服务质量。

5. 客户团购券的验证

消费者在团购平台上购买了团购券以后，到店消费时需要提供团购券才能享受团购优惠。当消费者出示团购券后，商家需要在电脑或者手机上验证团购券是否可用。具体操作流程如图 9-5 所示。

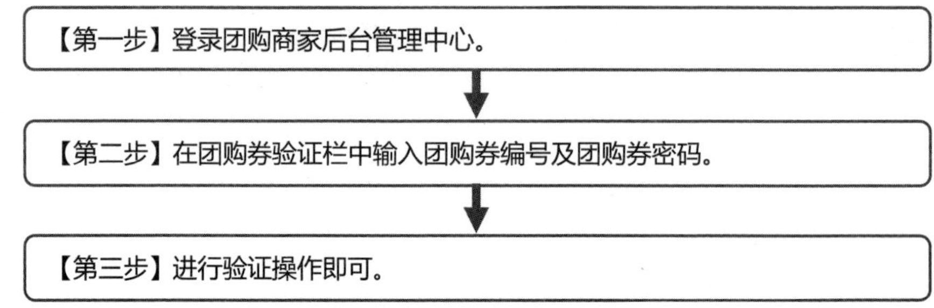

图 9-5 团购券验证流程

04 移动端的 APP 推广

与其他平台合作是快速建立网上通道的一种方法，但是不是自己的平台往往会受制于人。目前，许多商家也开始建立自己的平台，比如，搭建 APP。随着使用智能手机的人越来越多，APP 成了商家打通移动互联网的重要通道。

1. 实体店建立 APP 的好处

面对互联网的出现，许多实体店也不甘落后，因此互联网＋实体店模式逐步成为一种新的趋势。在 APP 应用市场，我们可以找到许多实体店建立的APP，有家具店的、蛋糕店的，也有花店的。为什么这些实体店都纷纷建立了自己的APP呢？这是因为APP有以下的好处。

- **独立性**：搭建自己的APP独立平台，可以实现实体店的移动营销，不用受制于他人。
- **持续性**：一般来说，用户下载了APP以后就不会轻易卸载，这使得APP营销具有持续性。
- **互动性**：APP运营者可以在自己的APP上开展签到、领券等各种营销活动。
- **全面性**：在APP上可以很全面地展示产品信息，并且用户还可以随意地浏览各种产品。
- **方便性**：在APP上用户可以随时随地浏览所需要的商品及进行下单操作，还可以及时与商家交流。
- **精准性**：APP可以记录下用户的上网习惯及产品访问页面情况，便于公司开展更为精准的营销。
- **品牌性**：实体店的APP是店铺在移动应用市场的一张名片。

2. 实体店APP的建立

APP的建立可以由自己设计完成，也可以找专业的网络科技公司为其开发。自己开发可以节省费用，这要求制作人员懂得编程语言，比如JAVA。自己开发的缺陷在于，后期的APP升级可能无法操作，如果是制作简单的、功能要求不高的APP，则可以自己开发。

如果对APP功能及后期管理要求较高，那么建议选择网络科技公司。在选择网络科技公司制作APP时要注意选择正规的、有保障的公司。具体选择时可重点关注以下几点，如图9-6所示。

经营资质

了解网络科技公司是否有营业执照及其他能够证明公司合法性的文件，也可以实地考察公司是否有正规的办公地址。

APP 案例

了解网络科技公司的 APP 案例，看制作效果怎样，能否实现相关功能。查看时，要留意案例是否真是由该公司制作，因为冒用他人案例的公司也是存在的。

公司历史

通常情况下，成立时间较长的公司在制作经验方面会比新建立的公司更丰富。并且历史悠久的公司也更可靠。

售后服务

网络科技公司提供的售后服务是很关键的，因为 APP 制作以后还需要更新，以保证软件能够正常使用，出现故障也需要及时解决。如果网络公司不能提供软件的更新服务，或者没有售后服务的团队，那么当 APP 出现问题后将无法解决。

费用收取

在选取网络公司时要比较不同公司的报价，选择性价比更高的。不能一味地追求低价的公司，而不考虑软件的制作质量。同时，也可以要求网络公司提供报价单，看其内容是否详细。

图 9-6　如何选择网络科技公司

另外，也有公司提供了 APP 的在线开发平台，在这些平台上制作 APP 的过程简单，即使不会编程也可以制作，但是这种方式通常只能制作功能简单的 APP，除此之外，制作成功后的 APP 上通常有广告。

3.　如何让顾客知道店铺 APP

APP 在建立以后还需要推广出去让顾客下载，只有当 APP 有了一定的用户群体后，才能发挥它的作用。在 APP 还没有足够的知名度和用户量的情况下，只有通过推广才能让更多的用户了解到店铺的 APP，并且 APP 的推广渠道有很多。

- **应用市场**：应用市场有手机厂商的应用市场、运营商的应用市场及第三方软件的应用市场，比如，豌豆荚和360应用市场等。商家可以与这些应用市场合作进行APP的推广。
- **网盟推广**：网盟推广是指依托优质的移动联盟媒体资源，通过独有技术精确识别受众人群，APP推广内容可以精准投放给目标受众。
- **厂商预装**：厂商预装是指与厂商合作，把APP提前安装在还没有出售的手机上。
- **社交平台**：社交平台有微信、微博及QQ等，在这些平台上也可以推广APP。
- **二维码推广**：把APP的下载链接制作成二维码，印制在传单、广告牌、杂志或者其他网络渠道上。
- **合作推广**：合作推广是指双方进行合作，在自己的APP上推广对方的APP。

在自己的平台上进行推广是不会支付推广费用的，比如，在店铺公众号及微博中推广。如果是在应用市场、网盟中进行推广就需要支付推广费用。在资金有限的情况下，可以选择一两个渠道进行重点推广，不必选择在所有渠道都进行推广，因为可能无法支付昂贵的推广费用。

4. APP如何实现O2O营销

在建立了实体店的APP后，还要学会把APP与O2O结合起来进行营销，那么实体店应该如何利用APP做好O2O营销呢？总结一下需要做到以下几点。

- **提高服务**：随着竞争的日益激烈，顾客看重的不仅仅是商品本身的价值，还会看重商家所提供的服务。APP要给顾客个性化的体验，并且提供线下服务。比如，送货服务、店铺提供免费Wi-Fi等。

- **留住顾客**：要在营销中制胜，留得住顾客才是关键。要让 APP 一直被保存在用户的手机中，那么 APP 就要对顾客有用才行。商家可以通过一些营销活动来在增强用户黏性，比如，在 APP 上开展有奖问答、抽奖活动等。
- **线上线下结合**：线上渠道和线下渠道两者并不是相脱离的，而是相辅相成的。我们可以把 APP 中的用户引导到实体店中消费，也可以把实体店中的顾客引导到 APP 中。比如，利用线下的实体广告来推广 APP。

05
其他简单的推广方式

实体店的互联网推广方式还有很多，有些简单并且实用的推广方式，很适合用于增加店铺的曝光率。下面我们就一起来看看如何使用这些简单的工具进行推广。

1. 本地贴吧和论坛推广

实体店的大部分消费者主要是本地的顾客，本地的贴吧和论坛上的用户也大多是同一城市的。

我们可以在贴吧和论坛上注册一个以店铺名称命名的账号，再到本地的贴吧和论坛上发布与店铺有关的帖子，从而吸引本地的潜在顾客关注店铺。

在贴吧和论坛上创建账号是比较简单的，下面我们以百度贴吧为例，看看如何创建账号。

Step01 进入百度贴吧官方网站（http://tieba.baidu.com/），在首页单击“注册”按钮。在打开的页面中输入手机/邮箱、密码和验证码，再单击“注册”按钮。

Step02 在打开的页面中单击"立即进入邮箱"按钮，进入邮箱后找到账号激活邮件，单击激活链接即可。

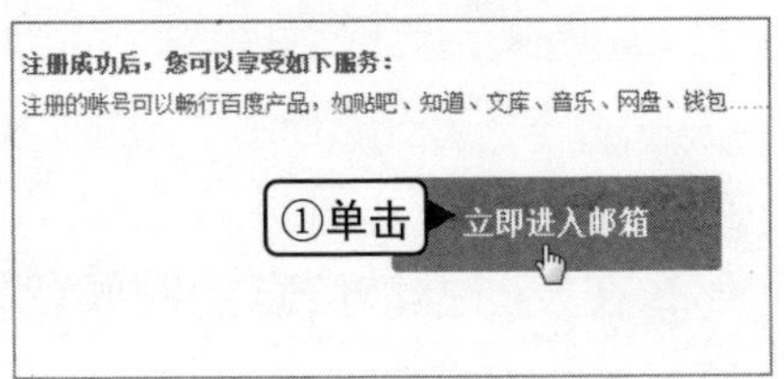

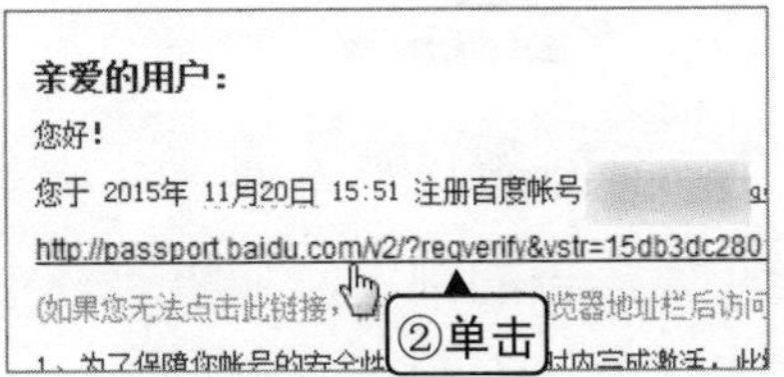

注册成功后便可以关注本地的贴吧，在贴吧里发布帖子。比如，成都地区的实体店便可关注成都吧、成都美食吧等贴吧。在论坛上注册账号也是类似的，大多数人常用的论坛有天涯社区和豆瓣等。

2. 本地 QQ 群推广怎么做

在本地的 QQ 群上进行店铺推广也能起到店铺宣传的作用，要在 QQ 群上推广首先需要加入本地的 QQ 群。下面我们来看看如何加入本地的 QQ 群。

Step01 登录个人QQ账号后，在QQ界面单击"查找"超链接。在打开的页面中选择"找群"选项。

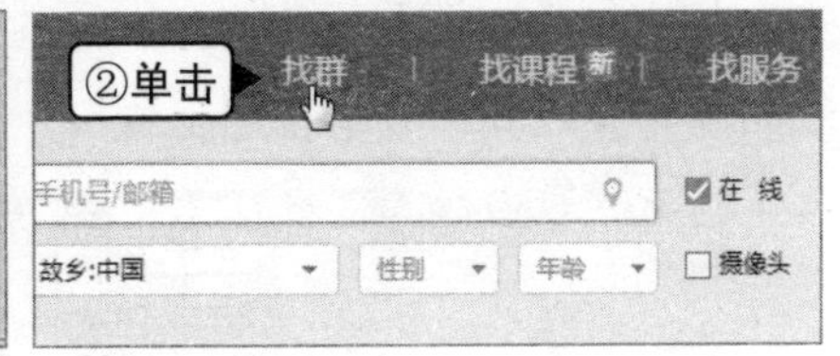

Step02 输入要查找的群名称，比如，输入"成都美食"，单击"搜索"按钮。在打开的页面选择要加入的群，单击"加群"按钮。

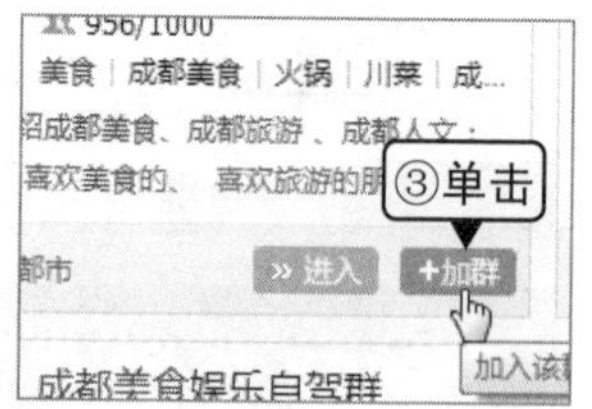

Step03 在打开的页面中输入验证信息，然后单击“下一步”按钮。

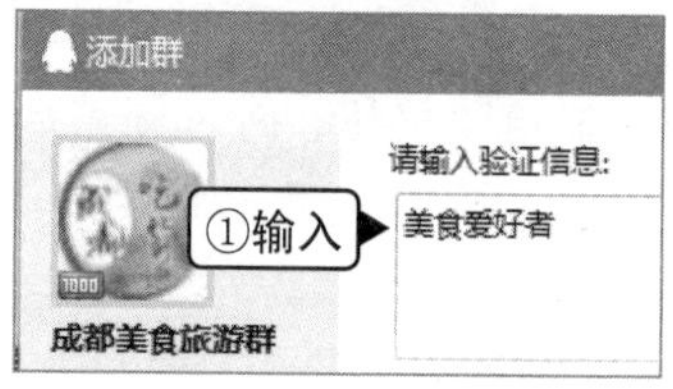

加入本地群以后不要立马就发广告，而应该首先看群公告内容是否有禁止发广告的规定。如果有规定，那么在发布推广信息的时候就要格外慎重，可以在与群友聊天的过程中恰当的宣传一下自己的店铺，不可以频繁地发布广告刷屏，否则会被管理员踢出群。

除此之外也可以利用群相册或者群邮件来发布宣传信息。在群相册里上传图片后，群消息里会提示上传信息图片，所以把店铺推广信息制作成图片也可以起到宣传作用。群邮件则是以邮件的方式把信息发送给群友，下面我们来看看如何在群相册里上传照片。

Step01 在我的QQ群下拉菜单中选择要上传图片的群，双击其名称进入。进入QQ群聊天界面后单击“相册”超链接。

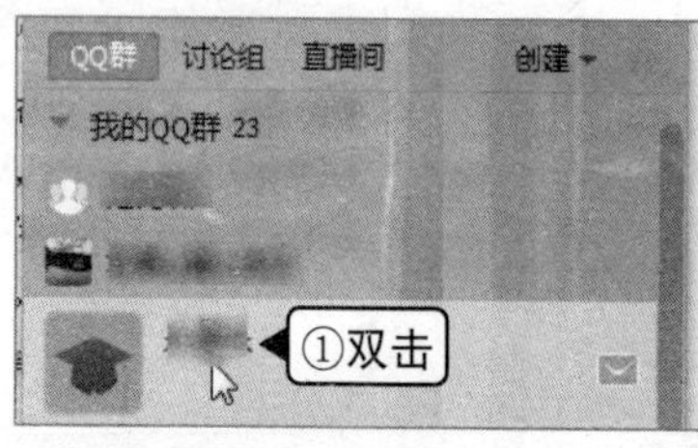

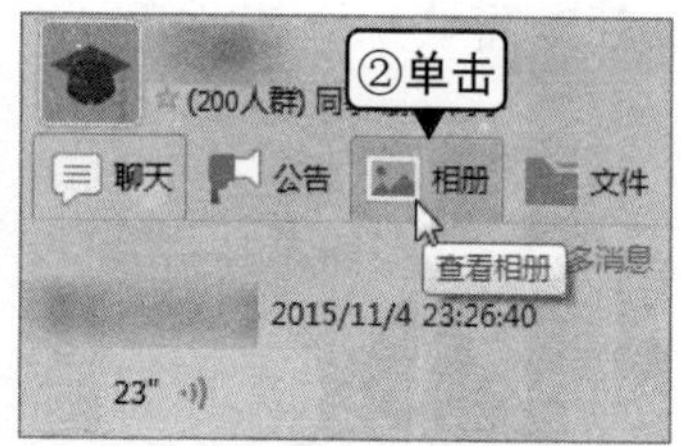

Step02 在打开的页面中单击“上传图片”按钮。再单击“选择照片”按钮。

Step03 在电脑中选择要上传的图片，单击“打开”按钮。在打开的页面中单击“开始上传”按钮即可。

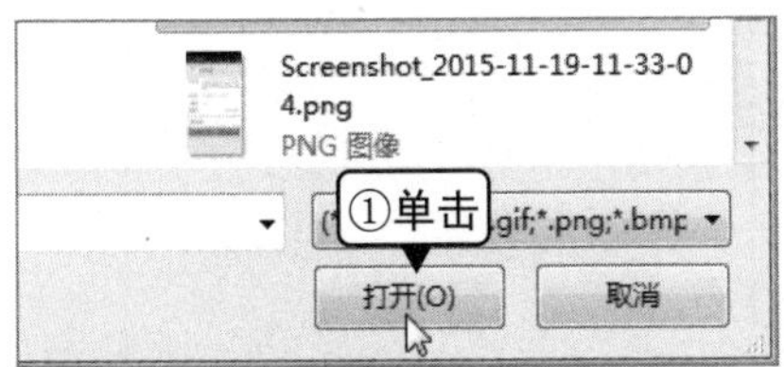

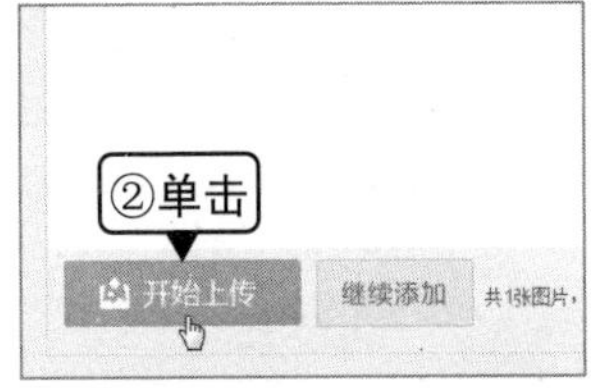

3. 免费 Wi-Fi 提升服务

通过调查显示，如果某个店铺提供了免费 Wi-Fi，顾客在店铺停留的时间就会更长，同时消费者也更加喜欢在有 Wi-Fi 的店铺购物，免费 Wi-Fi 也成为许多实体店抢占市场的新招。

要使自己的店铺也拥有无线 Wi-Fi 首先需要具备两个条件，一是店铺要有无线路由器，是需要安装宽带。无线路由器可以在电脑城购买，宽带安装需要去营业厅办理。目前，许多营业厅也有办理宽带免费送路由器的活动。

在营业厅办理了宽带业务后，会有工作人员亲自上门为其安装。如果没有时间亲自到营业厅办理，可以采取网上预约办理的方式。预约成功后，会有工作人员联系确认预约，之后便会有工作人员上门为其安装宽带。下面我们以中国移动为例，看看如何在网站营业厅办理宽带预约。

Step01 进入中国移动官方网站（http://www.10086.cn/），在页面最下方单击“宽带服务”超链接。在打开的页面中单击“宽带新装”超链接。

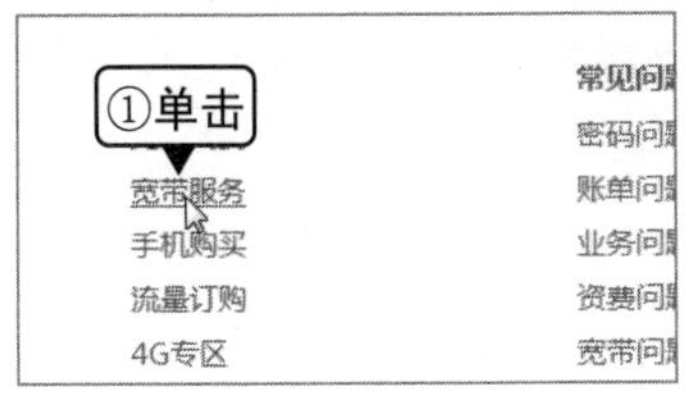

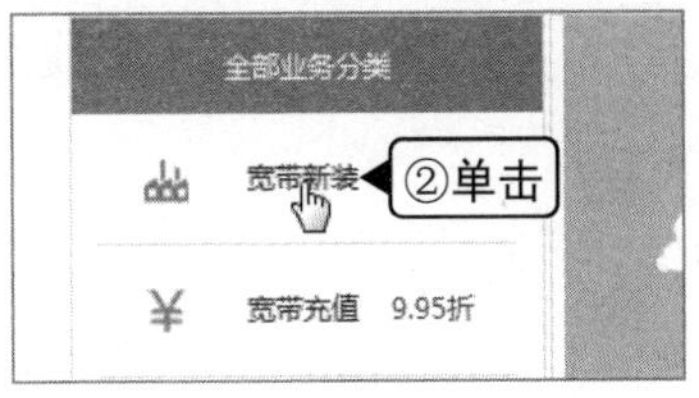

Step02 在打开的页面中选择套餐类型，单击“立即预约”按钮。在打开的页面中输入用户姓名、联系电话及验证码等，再单击“确定预约”按钮。

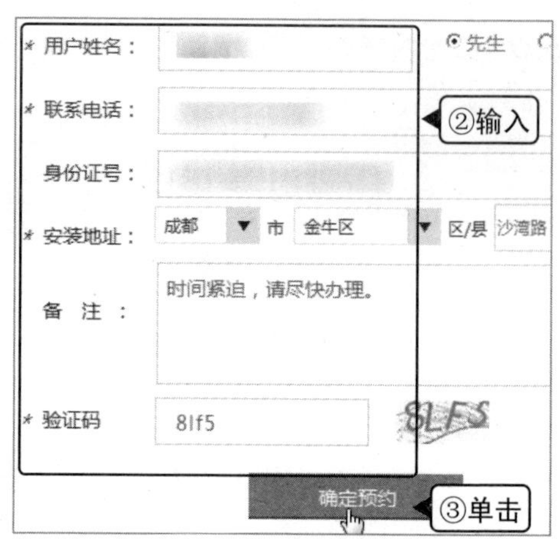

在进行预约前可以先查询一下该地区是否支持宽带新装，如果支持再进行预约。在安装宽带的同时，即可让工作人员帮其安装好无线 Wi-Fi，如果当时没有设置 Wi-Fi，也可以自己进行无线路由器的设置。无线路由器的设置方法如图 9-7 所示。

【第一步】连接好无线路由器、网线和调制解调器，确保所有的指示灯都正常亮着。

【第二步】打开电脑搜索无线路由器信号，搜索到以后，打开浏览器在浏览器中输入 192.168.1.1，进入以后输入用户名和密码。

【第三步】打开设置向导，选择上网方式，在打开的页面中输入上网账号和密码，登录成功后设置路由器密码。

【第四步】设置成功后，重启路由器即可使用无线 Wi-Fi 上网了。

图 9-7　无线路由器设置方法

第十章

掌握店铺的管理和经营之道

许多实体店倒闭的原因不是被竞争对手打败，而是被自己打败的。因为不懂得店铺的管理和经营之道，使得店铺存在的问题日益增多，最终只得关张。作为店铺的管理者，要善于学习和总结，让店铺得到持久的发展。

01 实体店的用人之道

员工流失严重、员工业务水平不高都会影响到店铺的经营。实体店也需要团队，在一个团队中每个人都能够发挥各自的长处，都能够独立解决问题，才能让店铺的销售业绩得到提升。

1. 员工培训提升营业能力

新进员工刚进入一个新的领域，难免会对工作环境及业务体系不适应。员工培训便可以让员工尽快地适应工作岗位，同时也可以提升员工的专业水平和工作能力，员工培训常用的方法有以下几种。

- **讲授法**：讲授法是指通过口头语言将培训内容传递给员工的方法。这种方法运用起来比较方便，缺点在于信息传递是单向的，缺少反馈。如果员工注意力不集中，培训将发挥不了作用，培训者可以适当穿插其他活动，以吸引听众的注意力和兴趣。
- **讨论法**：讨论法是指对某个话题进行探讨，从而获取知识的方法。讨论法能够使员工各抒己见，培养独立思维能力。讨论结束后应该进行小结，让员工获得正确的观点和知识。
- **案例分析法**：以某一案例为素材，让员工进入到案例的情形中，并让其寻求解决问题的方案。培训者可以就店铺经营中的某一案例为题材，以此来提高员工的营业能力。
- **角色扮演法**：让员工扮演不同的角色，在模拟场景中完成某项工作。这种方法实践性较强，反馈效果也较强。培训者可以通过模拟顾客购物或者顾客无理换货等场景来让不同员工扮演不同的角色，从而让员工明白这类问题该如何处理。
- **视听法**：视听法是指通过让员工观看视频的方式进行培训，进行视听法培训需要配备投影仪、电脑等播放视频的设备。

- **自学法**：把理论性、理解性较强的知识印制成册分发给员工，让员工自学，适合于学习能力强的员工。

员工的培训要有计划、有步骤地进行，员工培训一般要进行以下的步骤，如图 10-1 所示。

【第一步】制订培训计划，主要包括培训内容、培训方法、培训人员、培训时间及培训地点的确定。

↓

【第二步】开展培训，在培训过程中要注意理论与实际的结合，能把握培训的重点。

↓

【第三步】进行培训效果的评估，可以对员工进行口试、笔试等测试，以考察培训是否到位。

图 10-1　员工培训的步骤

2.　店长如何带好店员

店长是一个店铺的领头人，店长的工作能力和领导能力会直接影响店铺的销售业绩。作为店铺的执行者和领导者，店长需做好以下的工作。

- **以身作则**：店长首先要以身作则，做好自己的本职工作，遵守店铺的规章制度。如果店长不能以身作则，那么员工在心里也不会认可店长的管理。
- **了解员工**：店长要了解员工，知道员工的性格特征、销售特点及长处，让每个员工都能发挥自己的特长，并对不同员工进行互补组合，让团队和谐，发挥出团队的作用。
- **发现问题**：当员工存在销售或者货物管理方面的问题时，店长应该及时发现并进行纠正。要做到这一点就要求店长需经常观察员工的工作表现，才可以发现员工工作情况的好坏，对工作表现好的员工要给予一定的表扬和奖励，对表现较差的员工应耐心地指导。

- **善于沟通**：在店铺的共同工作中，员工和店长之间难免会产生摩擦。这时店长不应用自己的职位来压制员工，而应该主动与员工进行沟通，了解问题背后的原因。通过沟通让彼此都能包容，从而增加团队的凝聚力。
- **让员工参与**：店长应该积极地让员工参与到管理中，如果某一店员提出了好的想法，店长不应立马否决，而应该考虑这一提议是否可行，如果可行就采纳。让员工知道店长尊重员工的想法，这样员工就会更支持店长的工作。
- **说到做到**：当店长对员工许下诺言后，应该努力地去实现自己的诺言，如果没办法实现也要告知员工不能实现的原因。如果店长不能说到做到，员工就会失去对店长的信任。
- **亲自演练**：有时单纯的言传并不能把要传达的东西完整地传达给员工，这时店长可以采取身教的方法，先自己演练一遍，再让员工自己亲身实践，并在实践中指出员工的不足之处，帮助员工不断成长。

3. 空闲时间店长干什么

店里有忙碌的时候也有清闲的时候，忙碌的时候店长不会担心没事情可做。那么在清闲的时候，除了适当地让自己放松一下，店长又应该做些什么呢？一个优秀的店长会利用空闲的时间做很多事情，下面我们就来看看空闲时间店长可以做哪些工作。

- **调整店面陈列**：在空闲时间调整店面陈列，对空缺货物进行补充，调整不合理的商品布局，这样还可以节省下班后进行商品陈列的时间。
- **清扫卫生**：当大量顾客来店购物以后，店内环境难免会变得脏乱，这时可以清扫一下店内卫生，使店面时刻保持干净整洁。

- **与店员交流**：可以与店员交流下个月的营销方案或者经营中存在的问题等，帮助店铺发展和员工进步。
- **客户管理**：对客户进行分类管理，针对不同的客户制定不同的营销方案，也可以把新品发布的消息告知目标客户。
- **了解竞争对手**：了解竞争对手的营销活动方式，以及商品陈列方式等，做到知己知彼、扬长补短。
- **网络推广**：在空闲时可以开展店铺的网络推广工作，比如，对微信用户进行维护，进行微博和QQ群推广等。

在空闲时间店长可以做的事情还有很多，只要做有益于店铺经营和管理的事情都可以。在做其他事情的时候，也要做好随时接待顾客的准备。

4. 店长如何实现营业利润

一店之长有完成店铺营业目标的责任，那么优秀的店长都是如何实现营业利润的呢？优秀的店长都明白店铺的盈亏平衡点，可以制订有效的营销计划。

盈亏平衡点是指当店铺的营业收入正好能够抵消店铺经营所需的成本时的营业收入，即收支相等。

店长首先需要保证销售收入超过盈亏平衡点，这样才能保证盈利。合理的计划是保证业务量超过盈亏平衡点的重要方法。店长在制订营业计划时应把握以下几点。

- 制订年度营业计划，以保证全年的营业收入达标。
- 把年度计划目标细化，制订月度计划，并根据销售的淡旺季制定不同的销售目标。
- 把月度计划目标落实到每周，保证每周的销售目标达标。

营业计划是店铺实现盈利的一个目标，店长还需要与店员一起努力，在这一过程中，具体需要做以下几件事情。

- **现场管理**：店长要对店铺的现场进行有效的管理，具体内容包括员工形象、商品陈列等，要给顾客以良好的购物环境。
- **成本控制**：店长要学会控制成本，不要造成不必要的浪费。
- **培养人才**：一个人的精力和能力是有限的，店长应把自己的经验传授给员工，培养出经营人才。
- **保证主销产品销量**：店铺的主销产品是完成营业收入的核心商品，如果主销产品的销量都不能达标，那么要完成营业收入计划是比较困难的。

5. 人员流失怎么办

造成员工离职的因素有很多，有可能是员工自己的原因，也有可能是店铺方面的原因，或者是外部原因。不管是何种原因造成的人员流失，都值得店铺的经营者注意。

面对人员流失，解决问题才是管理者需要做的。了解人员流失的原因才能对症下药，导致人员流失的因素主要个人原因、内部原因和外部原因。

- **个人原因**：是指员工个人因为家庭或者其他原因而离职，因个人原因造成的人员流失是不可避免的。
- **内部原因**：内部原因是指店铺自身的原因，包括人才与岗位不匹配、工作环境不尽如人意、员工发展机会太少及管理层管理不当导致员工失去信心等。如果是内部原因造成的人员流失，管理者就需要积极调整管理制度。
- **外部原因**：外部原因有当前社会环境对人才价值观的影响及其他企业的成长，造成人才的流出等。

为了避免人员流失给店铺带来额外的招聘和培训成本，管理者可以使用以下的方法来减少人员流失，如图 10-2 所示。

慎重录用

在对人员进行招聘时要慎重，尽可能地选择道德素养更高的员工。有的员工一年换一次工作或者一年换几次工作，这时就要格外的注意是否要录用此类员工。

制定合理的薪酬制度

合理的薪酬制度才能留得住员工，店铺的薪酬制度的制定要遵循“对店铺的贡献越大，得到的报酬就越大的原则”。

构建公平的内部环境

店铺内部的管理制作应该是对每个人都是公平的，要做到人才提升公平、绩效考核公平和薪酬报酬公平。

营造良好文化

文化是店铺的精华，每一个员工都希望在快乐、温馨、和谐的团队中工作。员工的工作环境要给员工以归属感，这样才能留得住人才。

图 10-2　如何减少人员流失

02
库存商品的管理

很多实体店到年终的时候才发现店铺所赚的钱，全部都在仓库中。仓库中有库存是一件很正常的事情，但是如果库存商品太多，那么就不合理了。

1.　为什么要定期盘点库存

定期盘点库存是每个实体店都需要做的事情，这是因为盘点库存对实体店来说有以下的作用。

- 保证存货的安全性、真实性和准确性。
- 盘点库存能够保证账实相符。
- 盘点库存能够及时了解是否存在商品积压。
- 库存盘点能够了解实体店是否经营正常。

2. 盘点要掌握一定的原则

盘点是指定期对库存商品进行清查的工作，在进行此项工作时要掌握一定的原则，以保证盘点有效地进行，以下是具体内容。

- **真实性**：要求盘点的数量和资料都必须是真实的，盘点人员不能弄虚作假。
- **完整性**：对实体店的各个区域的商品都需要进行盘点，这样才能保证盘点数据的真实性。
- **准确性**：在盘点的过程中，对商品资料的填写必须仔细，因为无论是商品名称的错误还是点数的错误都会对库存数据造成很大的影响。
- **清楚**：不同的人员要明白自己所负责的工作，所需盘点的库存是哪些也要清楚明白。
- **团队合作**：盘点库存往往需要多人配合才能完成，团队之间应该有配合和协调的意识，以保证盘点工作顺利进行。
- **把握时间**：库存盘点要做到尽量不影响店铺的经营，月盘要一天内完成，如果是年盘最好在两天内完成。

3. 选择合适的方法

商品库存盘点的方法有多种，不同的店铺可以根据具体情况选择合适的盘点方式，以下是具体方法。

- **整体盘点**：整体盘点是指对实体店内的所有商品都进行盘点，整体盘点一般在年末或者月末进行。
- **局部盘点**：局部盘点是指按照商品类型、货架或者区域进行盘点，这种方式的盘点可以不定期进行。
- **循环盘点**：循环盘点是指对货物进行分类以后，对不同分类下的商品规定不同的盘点间隔期，进行轮番盘点。这种盘点方法可以针对不同的商品，有针对地进行盘点。
- **临时盘点**：临时盘点是指根据实体店经营的需要或者由于其他特定目的，对某种商品进行盘点。比如，新品上架时要把新品放在橱窗里，这时可以对橱窗内的商品进行盘点。

4. 如何开展盘点工作

库存商品的积压会造成资金的呆滞，在保证店铺能够正常营业的情况下，合理的开展盘点能够提高店铺经营效率。盘点工作的实施需要按照以下的步骤来进行，如图 10-3 所示。

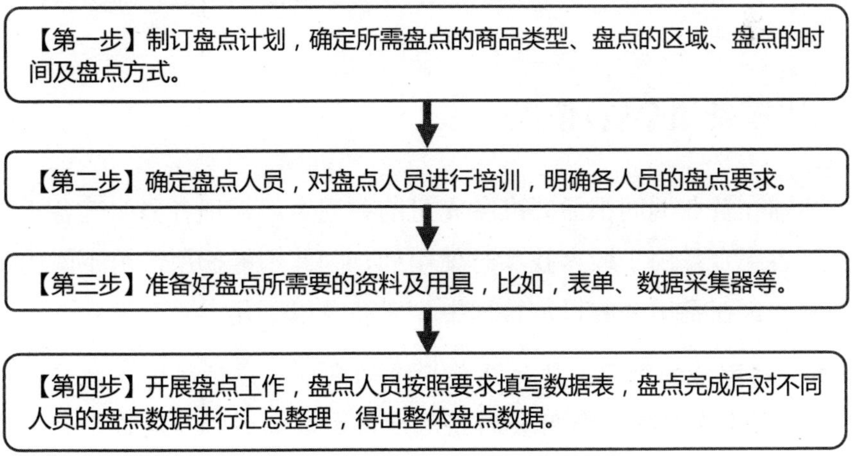

【第一步】制订盘点计划，确定所需盘点的商品类型、盘点的区域、盘点的时间及盘点方式。

↓

【第二步】确定盘点人员，对盘点人员进行培训，明确各人员的盘点要求。

↓

【第三步】准备好盘点所需要的资料及用具，比如，表单、数据采集器等。

↓

【第四步】开展盘点工作，盘点人员按照要求填写数据表，盘点完成后对不同人员的盘点数据进行汇总整理，得出整体盘点数据。

图 10-3　开展盘点的步骤

5. 库存多少才算合理

盘点工作结束后会得出库存数据，从数据中可以看出库存是否合理。合理库存是指商品数量既能保证店铺营业的需要，又能避免积压保持商品周转。我们可以用公式来计算合理库存，具体方法如下所示。

合理库存=销货成本/30×目标周转天数×2−月初库存

其中，目标周转天数是根据销售数量和库存数量来计算的。比如，库存商品为 200 件，预计每天销售 10 件，那么目标库存天数便是“200÷10=20”天。

了解了合理库存的计算公式后，在得出库存数据后即可利用公式来计算库存是否合理。

03 实体店的财务管理

店铺在经营的过程中会有资金的流入和流出，财务管理也是店铺经营管理中的重要环节。下面我们就来看看实体店如何进行财务管理。

1. 找零备用金管理

店铺在营业期间都需要准备充足的备用金，管理者要明确备用金的用途，备用金是用于顾客找零时使用的，因此不能挪用，也不能用于其他的开支。在备用金的日常管理中，会涉及以下几点。

- **备用金的领用：** 实体店备用金的多少，应该根据店铺营业额的大小来确定。备用金的领用应该由店长到财务处进行领用，领用的备用金应该交予当班的收银人员放置妥当，并填写备用金交接明细表。

- **备用金的流转**：当收银员交班时也要清点备用金的金额，对备用金进行交接，以确保备用金金额的准确。营业时间结束后，需要对当天的备用金进行清点，交到指定的存放处。
- **备用金的兑换**：备用金的兑换不能由收银员私自兑换，而应该由店长或店助进行兑换，相关人员可以到银行进行兑换，也可以到财务处进行兑换。
- **备用金的补充**：当备用金不足时应该及时补充，由店长到财务处领取补充的备用金。
- **备用金的监督**：实体店管理人员应对备用金进行不定期的检查，如果发现有挪用备用金或者违反现金管理制度规定的，应该给予处罚。

2. 如何保证资金的安全

店铺的资金是店铺的财产，因此一定要保管好，保证其安全性，在经营过程中掌握以下几点，以确保资金的安全。

- 营业结束后，当天不能到财务部进行报账的，可采取银行汇款报账的方式，也可以在店长的陪同下，按照要求把当天款项放入保险箱。
- 保险箱的钥匙应该由专人保管，可以是收银员、店长、财务部各一把，其他无关人员不得保管。
- 收银员应该妥善保管收银密码，不得将其告知他人。
- 交接班时应该清点收银款项，留足规定的备用金后将多余款项存入保险箱。
- 当天的 POS 机单及现金抵用券等，应该按照现金的交接和保管方式进行交接和保管。
- 每日营业后进行对账，核对现金、营业收入等是否准确。如不符应出具书面报告，解释原因。如果是收银过程中造成的，应由收银员进行赔偿。

- 为顾客结算出现结算错误时，应将错误的收银小票回收，并打印正确的收银小票。请顾客在错误的小票上签字并登记入册。
- 保险柜中只能存放公司的现金及票据等，不得存放私人用品。
- 收银员必须有识别假币的能力，如遇无法辨别的钱币，应使用验钞机进行验证。

3. 如何有效进行收银

在店铺中收银员是为消费者购物结算的人员，收银员要保证顾客结账的准确性，并给即将离开的顾客留下良好印象。如何有效地进行收银，是每一位收银员的职责，要做到这一点需要做以下工作如图 10-4 所示。

做好准备工作

在开始一天的工作前，收银员需检查电脑、收银机 POS 机等设备是否能够正常运行。并清点备用金是否足够找零，如不足需要及时补充。

保持专注

当有顾客结账时，收银员应保持专注，保证每一件商品都得到了计算，并准备告知顾客所需支付的金额。

现金结算的处理

顾客使用现金付款时应确保不是假币，并按所需找零的金额进行找零。将找零与打印好的小票一起交予顾客。

刷卡结算的处理

当顾客刷卡结账时，应该检查卡种是否在接受范围内。如在接受范围内，便进行刷卡操作，在 POS 机上准确输入顾客需要支付的金额，并让顾客输入支付密码，把打印好的签购单交予顾客签字。将签字栏的签购单放入收银机中妥善保管，把副联及小票和银行卡交予客户手中。

图 10-4　如何有效收银

折扣的处理

顾客办理消费折扣时，应该检查本次消费是否可享受折扣，如可享受则按照折扣为顾客办理结账。

图 10-4 如何有效收银（续）

4. 说说缴税那点事儿

在办理税务登记以后，如果店铺的销售收入超过了规定的起征点，就需要缴税。办理缴税需要到当地的税务局进行办理，办理不同税种的纳税申报所需提交的资料会有所不同。比如，办理增值税小规模纳税人申报需要提交以下资料。

- 《增值税纳税申报表（小规模纳税人适用）》及附表各 3 份。
- 使用税控收款机的纳税人应报送税控收款机用户卡等存储开票信息的存储介质，也可以点对点或网络传输开票信息。
- 已开具的税控“机动车销售统一发票”和普通发票的存根联。
- 跨境应税服务免征增值税应报送《跨境应税服务免税备案表》及其他证明资料。
- 《增值税减免税申报明细表》，由享受增值税减免税优惠政策的小规模纳税人在办理增值税纳税申报时填报。
- 仅享受月销售额不超过 3 万元（按季纳税 9 万元）免征增值税政策或未达起征点的增值税小规模纳税人不需填报明细表。
- 税务机关规定的其他资料。

通常情况下，实体店需要缴纳的税种有增值税、营业税及个人所得税等。纳税的基本流程，如图 10-5 所示。

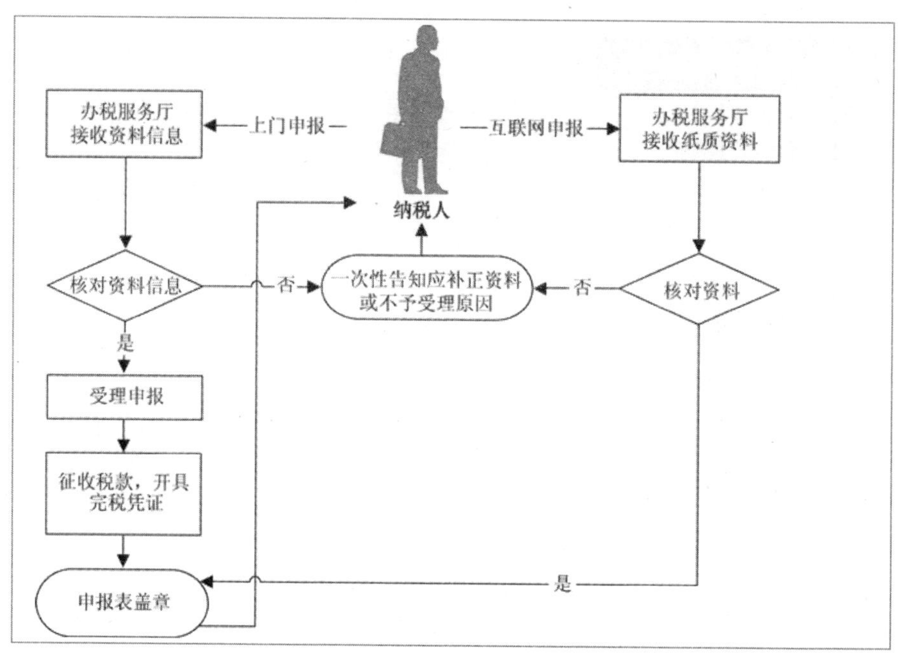

图 10-5　纳税的基本流程

网上申报可以更方便地办理纳税，同时也可以在网上查询到涉税信息，纳税人只需进入当地税务局的官方网站即可进行办理。

04 实体店的经营之道

实体店应该如何经营，是许多实体店管理人员想要了解的事情。让实体店得到良好的发展是每一位管理者都想实现的目标，下面我们就一起来看看如何经营好一家实体店。

1.　如何调整商品价格

商品价格不是一成不变的，店铺经营者还需要根据市场的变化来调整商品价格。商品价格的调整可以分为主动调整和被动调整，主动调价只是根据店铺经营需要主动调整价格，被动调价是指由于竞争对手或者市场价格的变化导致的调价。

不管是出于何种原因导致的价格调整，价格的调整都要根据商品的不同类型进行，如可以把商品分为高档、中档和低档三种商品的调价方法。

- **高档商品：**高档商品的购买者更多的是看重商品的质量和其中象征的经济地位，对高档商品调价要格外的慎重，特别是商品的降价，消费者可能会怀疑之前的价格。对高档商品的调价幅度不宜过大，不要让消费者感觉与之前的价格差距太大。
- **中档商品：**中档商品通常是店铺中销售较好的商品，这类商品的调价要在保证整体利润的基础上进行。中档商品调价时，商家应该采用宣传广告的方式将这个消息传达给消费者，只要商品的质量过关，商品的促销降价常常会取得不错的销量。
- **低档商品：**低档商品的消费者对商品价格较敏感，微小的价格变动都会改变他们的购买需求，对这类商品在调价时可以营造打折销售的氛围，刺激其购买欲望。

2. 提价不流失客户的方法

有时实体店为了增加营业利润会采取提高商品价格的方式来增加利润，但是许多经营者又害怕提价以后流失顾客。那么如何在提价的同时又保证顾客不流失呢？具体有以下几种方法。

■ 提价的同时增加服务

商品的提价必定会影响消费者的购买欲望，许多对价格特别看重的消费者就可能放弃购买该商品。为了让消费者的注意力不被提价而吸引，可以采取转移注意力的方式，把消费者的关注点转移到其他地方。

在提价的同时可以增加商品的增值服务，比如，把商品的保修期由一年改变为两年、赠送某种小物件等，并把这一信息传递给消费者。当消费者发现商品的增值服务提高时，便会觉得提价也是合理的。

■ **搭配销售**

将两种互补的商品搭配起来销售，从而提高商品的总价，也是一种较好的提价方式。消费者常常不会特别清楚某个商品的单价，组合销售能够给消费者以商品便宜又实惠的心理暗示。

■ **减量销售**

如果担心消费者对商品过于敏感可以采取不改变商品价格而改变商品数量的方式来提价。消费者在购买商品的时候，常常不会过多地关注包装里商品数量的多少，虽然表面没有提价，但是实际上利润增加了。

■ **告知原因**

如果是由于原材料价格的上涨等导致商品成本的增加而需要提价的，不妨直接告知消费者，以获得消费者的理解。虽然部分消费者仍然会对提价表示不满，但是同样会选择接受该价格。

3. 如何开展营销折扣

营销折扣活动是吸引顾客前来消费的有效手段，并不是所有的销折扣活动都能起到很好的效果，运用不得当反而会造成损失。要使促销取得良好的效果，可以按照以下几点开展促销活动。

- **确定促销目的**：实体店在开展促销活动时首先需要明确此次营销的目的是促进库存商品的销售，是加强店铺的竞争，还是提高商品的知名度。
- **确定促销范围**：确定此次营销的商品，明确哪些商品适合进行折扣销售，哪些商品不适合。

- **确定促销力度**：对促销的商品明确其打折力度，比如，分为小力度、中等力度和大力度。
- **确定促销方式**：明确促销的方式，比如，采取数量折扣、特价品促销等方式。
- **确定促销时间**：选择最合适开展促销的时间，通常情况下，会选择在周末或者节假日开展。

4. 如何提高店铺营业额

我们都知道，只有当消费者进入了店铺以后才可能产生消费。因此，提高店铺的入店率便是提高营业额的一种有效方法。我们可以使用一些行之有效的方法来增加店铺的客流量，如图 10-6 所示。

重视产品质量

消费者之所以会购买某种商品，是因为商品能够为其带来价值，如果产品质量不过关，消费者便会感到花的钱有所不值，这时要让消费者产生二次消费是很困难的。

合理利用营业时间

在一天的营业时间中，有销售的高峰期也有销售的低峰期。在低峰期时就要为高峰期的销售做好准备，比如，此时可以进行检查商品品种是否齐全、清洁店内卫生及到周边进行广告宣传等工作。在高峰期时就要服务好顾客，不要让进店的顾客空手而归。

口头促销

顾客在选购时有时会忽略自己暂时不需要或者没有看到的商品，导购人员可为顾客介绍没有考虑到的商品，告知商品所能提供的价值。在顾客犹豫不决的时候就要加大推销力度，促成成交。

提供良好的服务

对每一位来店购物的消费者都应提供良好的服务，劣质的服务常常会赶跑很多消费者，相反良好的服务会为店铺带来很多忠实的消费者。

图 10-6 如何提高店铺营业额

5. 与顾客有效沟通的方法

店铺的营业人员每天都会与各种各样的消费者接触，良好的沟通是营销的基础，要做到与消费者有效沟通就需要掌握以下几点。

- **学会倾听**：在与消费者沟通时首先要倾听，了解消费者的需求，如果只是销售人员一个人唱“独角戏”会引起消费者的反感。如果在倾听时，出现漠视的态度也会引起消费者的不满，认真的倾听会让消费者感受到销售人员的“真诚”。
- **积极解决消费者的疑问**：当消费者提出问题以后，销售人员应该积极地解答问题，而不应该表现出不耐烦的表情，并且要用清晰的语言表达出来。
- **主动提问**：如果遇到消费者在购买商品时不知道该如何选择，又不愿主动询问的情况，销售人员应该主动提问，帮助消费者挑选到满意的商品，从而促成成交。
- **有针对性的推销**：对不同类型的消费者应该采取不同的推销方式，面对沉默型消费者，应少说、多看并适当鼓励。面对商量性的消费者应提供自己的建议。面对果断性消费者可以礼貌为其提供参考，并让消费者自己做出选择。

第十一章

店铺突发状况的处理

店铺在经营过程中会遇到一些突发状况，比如，顾客要求退换货、店铺遭遇盗窃等。面对此类突发状况，店铺经营人员不能不知道如何处理。本章我们就一起来看看如何处理此类事件。

01 商品退换货的处理

当消费者购买商品以后发现存在问题会要求退还货，面对这种情况不能以商品卖出为由而不为其退还，而应以退换货的标准为依据，看其是否在可退换的范围内，再进行具体处理。

1. 制定退换货标准

消费者在购买了商品后感到不满意而要求退换货是许多实体店都会遇到的事情，首先实体店需明确退换货的标准，以确定哪种情况下可以退换货，下面我们以某实体店的退换货标准来看看具体有哪些内容。

【实体店退换货标准】

一、可退换商品标准

1.当商品出现质量问题的可凭小票或者发票，自销售日起15天内到实体店办理退货、换货或者维修。

2.商品未出现质量问题的，自销售日期7天内，可凭小票或者发票，在保证不影响二次销售的情况下选择换货。

3.如是因收银员重复扫描导致的，可在7天内，凭小票或者发票到实体店办理退换货。

4.三包范围内的商品，在30天内商品出现质量问题，可凭小票或者发票选择退货、换货或者维修。

二、不可退换商品标准

1.顾客自行拆装、维修或者使用不当导致商品损坏的不予退换。

2.顾客无法提供小票、原包装及商品保修卡的不予退换和维修。

3.商品配件遭到损坏，以及不能进行二次销售的商品不予退换。

4.由于自然灾害导致的商品损坏不予退换。

5.未出现质量问题的商品，自销售日期7日后提出申请的不予退换。商品自身存在质量问题的，自销售日期15天后提出申请的不予退换。

6.化妆品、促销商品、个人卫生用品及洗涤用品等，一经售出不予退换。

从上面的例子我们可以看出退换货标准应包括可以退还的商品和不予退换的商品，并且需明确退换货的时间范围。在具体制定退换货标准时还应该考虑商品的具体类型，比如，生鲜和服装的退换货标准应不同。

2. 如何进行退换货

当辛苦销售出去的商品被顾客要求退换货是每一位导购员都不愿面对的事情，但是遇到这类事件又是不可避免的。导购员不可以把顾客"晾"在一边不闻不问，而应友好地为顾客解决问题。可以按照以下流程进行，如图11-1所示。

【第一步】询问顾客退换货的原因，根据顾客的描述检查商品，如在可以退换商品范围内予以退换，在不可以退换商品范围内，告知顾客不可以退换的理由。

【第二步】查看顾客小票，不能出示的不予办理。小票真实且有效的，请顾客填写退换货申请表。

【第三步】顾客要求办理退货的应收回小票，把款项返回消费者并进行记录。要求办理换货的应当天办理换货，当天不能办理的，告知顾客在规定时间内到店取货。

图11-1 退换货流程

对顾客合理的退换货，要求在办理时应尽量说服顾客换货，换货时存在差价的应补齐差价，如顾客强烈要求退货的，也应为其办理退货。

顾客退货的商品主要有两种类型，一种是存在质量的商品，另一种是没有质量问题的商品。对存在质量问题的商品，卖家应联系供应商办理换货，对没有质量问题的商品，应进行再次售卖。

3. 退换货不满意如何处理

在为顾客办理退换货时，有时消费者可能会对处理方式感到不满意，面对这种情况，首先需要倾听顾客的诉说，明白顾客不满意的原因。如果是店铺方面的原因应主动道歉，并积极与顾客协商解决；如果遇到无理取闹的顾客，这时可采取以下的方式来进行解决。

- 等待消费者发泄完后再进行解决，切记不可针锋相对。
- 如果和颜悦色的解释后，顾客还是不依不饶，可请求消协进行和解。
- 如果顾客态度恶劣并影响了店铺的正常经营，可向行政部门申诉。

通常情况下，只要态度诚恳并且按照正确的流程处理顾客的退换货要求，顾客都不会出现不满情绪。为了不给店铺造成不必要的麻烦，在销售过程中就要避免退换货现象的发生，具体需要做到以下几点。

- 采购的货物要把好质量关，商品的验收要严格按照流程进行。
- 每日出货时应仔细检查商品是否存在残损、包装不当及质量问题。
- 销售人员应加强自身商品知识储备，掌握商品的保养方法，确保商品在销售过程中不会出现损耗。
- 在销售商品时应告知顾客保养及使用方法，以避免顾客使用不当导致商品损坏。

02 意外事件的处理

当店铺在经营时发生意外事件，应做到不慌不忙，冷静地进行处理。那么店铺营业时会遇到哪些意外事件呢？下面我们就来看看可能发生的情况，并了解如何解决。

1. 停水停电的处理

店铺突然停水停电了，对正在购物的消费者肯定会产生影响。“停水的情况”对服装店、杂货店等通常不会产生较大的影响，而对餐饮店的影响则较大，店铺停水时工作人员应做以下的应对。

- 当门店临时停水时应查询停水的原因，并询问停水的长短及恢复的时间。告知顾客停水的原因，寻求顾客的谅解。
- 临时停水如果时间较长，可以向周边没有停水的商户借水。
- 如果是店内原因导致的停水应及时安排维修，以保证尽快供水。
- 如果是计划停水，一般都会提前通知商户，这时需要了解停水时间的长短，并提前做好蓄水准备。

店铺停电会造成照明设备及收银设备无法使用，当遇到此类事件时可以做以下应对。

- 查明停电的原因，了解停电的时长，如果有备用发电机应使用发电机发电。如没有发电机，可使用台灯、电筒等进行照明。
- 停电时会有顾客产生抱怨情绪，这时应稳定顾客情绪。如有顾客要离开应安排顾客有秩序地撤离，避免拥挤。
- 收银员可安排手工收银，以保证需要结账的顾客能够顺利结账。在手工收银的同时，可安排一个人配合帮助照明。

- 如果停电不会对店铺营业造成影响，则可继续营业；如有影响，应在门前张贴上暂停营业的通知，待恢复供电后再正常营业。

2. 如何应对纳税检查

税务机关到门店进行税务检查是一件很正常的事情，面对税务机关的检查，应该摆正心态，做好以下的应对。

- 税务检查前税务机关通常会有通知，接到通知以后，财务人员应进行自我检查、查漏补缺，保证所需缴纳的税种都已全部缴清，如未缴清应及时补缴。
- 税务稽查人员到来以后应做好接待工作，财务人员应陪同稽查人员进行检查。相关人员可提前准备好检查所需的资料，并提前检查资料是否有不妥之处，方便稽查人员进行审查。
- 对稽查人员提出的涉税问题要进行陈述申辩，如果对稽查人员提出的某项违反事实存在异议，应尽量提供反对依据，避免错案的发生。
- 在检查过程中如果稽查人员存在违反法定程序收集证据的行为，可不予认可，并要求稽查人员按照法定程序进行检查。
- 在对《税务检查工作底稿》进行签字确认时，要仔细查看其内容描述是否属实，如属实再签下“情况属实”的字样。
- 如果在检查过程中，确实存在漏缴的情况，应陈述漏缴原因，并预缴涉案税款，可争取从轻处罚。如果当时未预缴涉案税款的，应在还未收到《税务处理决定书》之前补缴税款，以避免被收取大量滞纳金。
- 如果对罚款有异议，可行使听证、复议和诉讼的权利，以保证自身的合法权益。

3. 如何应对卫生检查

与食品相关的行业会遇到市政府的卫生检查，针对临时的卫生检查，店铺工作人员应做以下的应对。

- 由一位工作人员做好接待工作，另一位工作人员及时到放置清洁用具的地方进行预先自检，并进行快速整理。
- 陪同检查人员检查门店内的卫生情况，对检查人员提出的问题应积极地的回答。
- 对检查人员提出的合理整改意见应表示接受，并承诺在短时间内完成整改。
- 对不合理的要求应进行陈述申辩，维护合法权益。

在平时就应做好店铺的卫生工作，这样不管卫生行政部门何时来检查都不用担心会因为检查不合格而被罚款。

03 其他事件的处理

在店铺的经营中，有些事件是每一位经营者都不愿意遇到的，但是不能避免此类事件的发生，比如，遭遇偷窃、顾客购物使用假币等。虽然这类事件发生的概率较小，但是为了防患未然，店铺的营业人员也要学会应对。

1. 如何应对假币购物

在现实生活中，很多店铺在营业时都曾遭遇到有人使用假币购物的情况。假币在小商店、集市等地方时有出现，收银员在收银的过程中如果确定顾客使用的是假币，这时就应该做以下的工作。

- 可以礼貌地告知顾客无法找零，或者要求顾客换一张。如果是恶意使用假币购物的顾客会明白已被拆穿，而使用真币付款，或者选择离开。
- 面对不清楚自己使用的是假币的顾客，应礼貌提醒其到银行辨别真伪。
- 收银员应避免与使用假币购物的顾客产生冲突，坚持拒收的原则。
- 面对多次使用假币购物的顾客，应向公安机关报告，协助公安机关扣留假币。

为了防止事后才发现收到假币的情况，收银人员应加强假币辨别的技能，以避免造成不必要的损失。在 2015 年 11 月，新版人民币正式发行，下面我们就来看看辨别新版人民币真伪的方法，如图 11-2 所示。

光变镂空开窗安全线

光变镂空开窗安全线位于票面正面右侧，在垂直观察的时候会看到安全线呈品红色。当与票面呈一定角度观察时会发现安全线呈绿色。对安全线进行透光观察，会发现安全线中间有“¥100”字样。

人像水印

人像水印位于票面的最左侧空白处，进行透光观察时，可以很清晰地看见人物头像。

胶印对印图案

胶印对印图案位于票面的左下方和背面的右下方，其显示有“100”字样。透光观察时会发现正面和背面的图案组成了数字“100”。

横竖双号码

在票面正面的左下方有横向号码，冠字和前两位的数字呈现暗红色，后六位数字呈现黑色。票面右侧为竖号码，竖号码的冠字和数字都是蓝色。

白水印

白水印位于票面正面横号码的下方，在透光观察时，可以看到水印面显示有“100”的数字。

图 11-2　辨别新版人民币的方法

雕刻凹印

在票面正面有毛主席头像、国徽、中国人民银行的行名、右下角面额数字及背面人民大会堂都采用雕刻凹印方式，手指触摸有凹凸感。

图 11-2　辨别新版人民币的方法（续）

2.　遭遇小偷该怎么办

店铺内的商品及经营人员的手机、钱包等物品被偷窃的事件时有发生。如果当场发现有小偷扮演成顾客偷窃，这时可以使用以下几个方式进行处理。

- 发现有顾客在店内偷窃，可上前询问其是否要购买商品，并为其介绍商品，委婉地告知已识破其行为。
- 如果发现小偷拿着藏匿的商品即将离开，应在小偷跨过收银台，即将离开门店前，由一名员工站在门口，防止小偷离开。另一名员工则上前询问是否要付款，如不付款让其拿出藏匿商品。
- 当在店内抓获了小偷时，应向公安机关报案，保留现场被偷窃的原样，让执法人员前来处罚。在有其他顾客在场的情况下，也可麻烦他人留下作证。

为了防止遭遇小偷，店铺营业人员应随时提防小偷，基本的安防配备也是必不可少的。比如，安装摄像头、防盗警报系统及在店铺内张贴偷一罚十的告示，以起警示的作用。安装摄像头后如果发生偷窃，即使当时未抓获小偷，也能为公安机关破案留下线索。

3.　顾客投诉员工怎么办

在为顾客提供服务的过程中，遇到顾客对服务不满意并投诉是在所难免的。如果处理不当会造成顾客的不满情绪加深，会对店铺形象造成不好的影响。在遇到顾客投诉时可以按照以下步骤进行，如图 11-3 所示。

【第一步】耐心倾听顾客的诉说，可以通过做好笔记来表明重视顾客的诉求。顾客讲诉完成后，再委婉复述一次，表明已听懂顾客的诉求。

【第二步】对顾客表示抱歉，站在顾客的角度思考问题，对顾客表示理解其诉求，并会马上为其解决问题。

【第三步】对顾客的诉求进行查证，确认顾客的问题所在。

↓

【第四步】提出解决问题的方案，如果遇到暂时无法确定或为顾客解决的问题，应告知顾客何时可以给予回复。

↓

【第五步】为顾客解决问题后，要询问顾客是否满意，并对顾客提出的意见表示感谢。

图 11-3 遇到顾客投诉时处理步骤

在处理顾客投诉时要遵循冷静和不争辩的原则，就算不是员工的错误也要礼貌的对待顾客，争辩或者推卸责任只会加深顾客的不满情绪。当顾客情绪激动时，应等到顾客情绪稳定后再解决问题。在处理投诉问题时，要避免使用以下的忌语。

- 这不是我们店的问题，这是你的问题。
- 我们员工绝对不会对你态度恶劣。
- 你的问题我们处理不了。
- 要怎样处理你才会满意？
- 你故意找茬吧！
- 你这种人我们见多了。

很多时候顾客投诉只是为了发泄自己心中的不满和寻求解决方案，在处理时切忌使用以下几种错误的方法。

- 只是道歉，但是没有为顾客解决问题。

- 把错误向顾客身上推，并且对顾客置之不理。
- 在未进行查证的情况下，就单方面的做出处理意见。
- 对顾客承诺解决后，却没有兑现承诺。

4. 内部员工偷窃的处理

导致员工偷窃的原因有很多，比如，店铺管理不到位、员工贪图小利，以及对公司感到不满等。不管是出于何种原因导致的员工偷窃，都会给店铺造成损失。发现店铺内部偷窃现象的，应按照以下步骤进行处理，如图 11-4 所示。

【第一步】调取监控录像，或者通过内部密码调查的方式进行取证，以确定偷窃的当事人。

↓

【第二步】确定当事人后，与当事人进行谈话，了解偷窃的原因和目的，并做好相应的记录。

↓

【第三步】如果情节不严重的可进行教育和处罚。对情节严重的偷窃行为应向公安机关报案，由公安机关解决。

图 11-4 内部员工偷窃的处理流程

从管理的角度来说，员工能够偷窃成功，说明店铺的管理存在问题。为防患未然，可以采取以下一些措施来防止内窃行为的发生。

- 加强员工的法律意识，对员工进行教育，让员工明白偷窃是违法行为。
- 制定相应的管理规定来约束员工的行为。
- 明确采购、收银员及导购员的分工，定期对货物、现金等进行稽核。

- 安装摄像头对收银台、卖场及其他放置重要财务的地方进行监控。
- 建立完善的招聘制度，招聘道德素养高的员工。

对员工偷窃行为的处罚，可按照情节的严重程度来决定，下面我们看看某实体店的处罚规定内容。

某实体店的处罚规定内容

1.第一次实施偷窃的，偷窃的商品价值在 300 元以下的，给予警告处分，并以偷窃金额的 3 倍进行经济处罚。

2.偷窃的商品价值在 300 元～500 元之间的，给予通告批评，并以偷窃金额的 5 倍进行经济处罚。

3.偷窃的商品价值在 500 元～1000 元之间的，解除劳动合同，并以偷窃金额的 8 倍进行经济处罚。

4.偷窃的商品价值金额巨大的，解除劳动合同并向公安机关报案。

5.给予警告后再次进行偷窃的，解除劳动合同，并以偷窃金额的 10 倍进行经济处罚。情节严重的，报送公安机关处理。

在对偷窃员工进行处罚时，切忌不可以对员工进行人身伤害，比如暴打等行为，否则可能会因触犯法律而遭到惩罚。

第十二章

常见的开店技巧

我们前面已经对如何开店创业及经营管理等有了较清晰的认识，在日常生活中有些实体店是比较常见的，也是许多开店者首选的开店项目，因此掌握一些常见的实体店技巧很有必要。本章我们就一起来看看这些常见的实体店开店技巧的。

01 开加盟店攻略

开连锁加盟店省去了许多人找不到好的创业项目的苦恼，因为加盟总部会提供支持，让加盟者更容易取得成功。但是开加盟店也有诸多限制和陷阱是需要加盟者格外注意的。

1. 加盟店对资金的要求

开加盟店需要加盟者有一定的经济实力，通常情况下开加盟店所需的资金由初期规划费用、加盟费、店铺租金、装修费用、设备购买、进货成本、开业费用及运营费用等构成。其中加盟费是需要支付给加盟总部的费用。

开不同的加盟店对资金的要求是不同的，提供的支持也会不同，部分加盟公司还针对不同的合作级别，制定了不同的加盟方案，下面我们来看看某蛋糕加盟店的加盟资金要求，如表 12-1 所示。

表 12-1 某蛋糕加盟店的加盟资金要求

合作级别	精品店	标准店	旗舰店
加盟费用	15 万元	20 万元	25 万元
品牌管理费用	1 万元	2 万元	3 万元
加盟保证金	2 万元	3 万元	4 万元
总计	18 万元	25 万元	32 万元

确定合作以后，该蛋糕加盟公司会为加盟者提供支持，主要内容包括以下几点。

- 品牌商标终身免费使用。
- 赠送全套烘焙工具。
- 由总部安排专业的团队进行市场调研工作，并制定策划方案。

- 根据店铺大小制定装修设计方案，提供平面图、3D效果图及其他设计图纸。
- 提供店员工作服装，店铺管理手册及经营手册等资料。
- 可免费到总部学习烘焙、店铺营销及店铺管理等知识。
- 开业期间安排专业人员进行开业指导。

如果要询问加盟所需费用的详细细节，可以进入加盟总部的官方网站寻找加盟电话进行电话沟通咨询。

2. 开加盟店的流程

开加盟店与自己开店有相应的区别，它是与加盟总部进行合作，再完成开店的各事项，合作流程主要包括以下几个方面。

■ 前期咨询

在开店前首先需要进入加盟总部的官方网站了解加盟的条件及加盟政策等。再与相关工作人员联系，前往品牌总部进行考察和了解。在考察的过程中应了解到以下内容。

- 加盟总部的品牌发展历史、管理和经营的理念及加盟总部的实力等，做到对加盟总部有详细的了解。
- 了解加盟店的规章制度是怎样的，以及总部是否能够很好地履行合同条款。
- 了解加盟总部的开店经验，以及是否能够为加盟店提供支持和帮助。

■ 确定合作意向

对加盟总部进行考察并确定可以合作后，加盟总部会安排专业团队开始与加盟者制订开店计划。主要任务是进行市场考察，以确定该地区是否适合开加盟店。

■ **签订合作合同**

如果该地区适合开加盟店，这时应确定加盟并与加盟总部签订加盟合同。加盟者同时可着手办理相关营业执照，而加盟总部会安排专业人员指导开店，确保开店计划顺利进行。

■ **开业前的准备工作**

在开业前可以安排人员到加盟总部学习相关店铺经营和管理的技能，包括管理培训、操作训练和技能培训等。所有工作完成后便可以选择开业时间正式开业。

3. 小心加盟店的陷阱

随着创业开店的人越来越多，各种加盟项目也层出不穷。然而连锁加盟也存在陷阱，常见的加盟陷阱有以下几种，如图 12-1 所示。

价格陷阱

加盟公司以高利润，或者低成本来吸引加盟者，当加盟者加盟以后才发现与加盟总部描述的相差甚远。

注册资本陷阱

有些加盟公司为了让加盟者认为公司是一家很有实力的公司，注意以高注册资本来诱导加盟者。有些公司的注册资金不是公司自身出资而是由其他金融结构融资得来的，通过工商行政管理局的验资后，再把钱还给金融机构。

证书陷阱

加盟公司在宣传自己的项目时，会拿出各种证书给加盟者看。实际上，许多加盟者也常常会被证书所蒙蔽，而没有考虑到证书的真伪。

招牌陷阱

加盟公司在宣传自己的时候，会打上“老字号”的旗号。让加盟者感觉很有品牌实力、值得信任，而实际上所谓的老字号可能根本不存在。

图 12-1　常见的加盟陷阱

加盟方式陷阱

有些加盟公司的加盟方式并不是缴纳加盟费，而采用的是购买产品的方式。也就是说只要购买了加盟总部的产品即可成为加盟商，这有可能只是加盟公司销售产品的一种策略。

合同陷阱

加盟者与加盟公司签订的合同很简单，在内容上更多地强调加盟公司的利益和权力，而没有顾及加盟者自身的利益。

展会陷阱

许多创业者会到展会上寻找结盟项目，认为展会上的加盟商都是合格且有实力的。由于有些展会主办商并不会考察参展者的资质，这也使得许多不合规的加盟公司也进入其中，他们会想方设法让加盟者在展会上缴纳订金，等到展会结束后，加盟者才知道上当受骗了。

图 12-1　常见的加盟陷阱（续）

4.　如何识别加盟骗局

要识别加盟骗局其实并不是一件很困难的事情，只要学会一些以下识别方法就能很好地进行辨别。

- **了解注册商标**：注册商标是企业的一种标识，它具有唯一性和独占性。正规的加盟公司通常都有自己的商标，这是识别骗局的有效方法。
- **审核方式**：正规的加盟公司对加盟者的审核是很严格的，包括投资者的人际关系、背景等。如果加盟总部对加盟者的审核很简单，甚至不用审核也能加盟，那么投资者一定要格外谨慎。
- **不预先缴款**：面对“圈钱”的加盟骗局，投资者只要做到不预先缴款就不会上当受骗。
- **看清合同款项**：在签订合同时，投资者一定要仔细阅读合同内容。对加盟金收取和退还、违约责任及纠纷处理方式等内容都必须明确。

- **考察项目本身**：投资者不要听信加盟者的一面之词，而应该考察项目本身是否可行，对加盟总部宣传的某地区的加盟店利润有多高等情况，不妨实地考察以证其真伪性。

02
开家芬芳的鲜花店

相信许多投资者都有开花店的想法，开花店不仅可以使自己的店铺花香四溢，还能陶冶个人情操。随着生活水平的提高，花店也拥有了更为广大的市场。

1. 开花店必备的知识

开花店的投资成本较低，创业也较简单，适合夫妻或者个人创业。花店的经营和管理需要经营者有基础的技能，具体所需掌握的知识如表 12-2 所示。

表 12-2　开花店需要掌握的知识

必备技能	内容
礼仪花篮造型制作	许多开业庆典活动都需要使用花篮，只有懂得花篮的制作，才能开展礼仪花篮的业务
花束包装	花束是指使用包装材料把花材绑扎起来的一种形式，在节假日等，花束的需求量很大
花材的认识	在采购花材的时候，需要采购者认识基本的花材
花材的养护	鲜花的养护是很重要的，需要掌握鲜花习性，了解养护知识
婚礼花艺制作	婚礼现场的花艺需要根据不同的环境进行搭配，因此还需要掌握婚礼花艺的设计制作方法
插花艺术	利用不同的花材，对鲜花进行设计
包装	许多鲜花都需要包装，因此需要掌握包装技巧

如果创业者还不懂上表所述的基本知识，而开业后又想要自己担任花艺师，也可以在开店前提前学习。目前市场上有许多花艺培训学校，不仅能够学习到花艺技术还能学习到花店经营管理方面的知识。同时，也可以购买相关书籍进行自学。

2. 花店开在哪里才好

随着交通的日益便利，鲜花的采购已经不是难题，各种花店的鲜花种类也基本相似，选择一个好的店址对花店来说就很关键了。花店的选址可以考虑以下几点。

- **住宅区**：许多小区居民都有养殖花卉的习惯，鲜花也是许多家庭必不可少的装饰用品，因此在人口密集的住宅区选址是不错的选择。
- **大学区**：大学生购买鲜花的也很多，特别是在节假日鲜花的销量会更好。
- **医院附近**：在大型医院的附近开花店，也会有不错的市场。
- **其他地区**：写字楼、商场及青年公寓附近也适合花店选址。

3. 花店环境很重要

虽然花店的店铺面积普遍不会太大，但是对细节的把握仍需到位。花店的装修风格要与鲜花相结合，花店的装修要注意以下的细节。

- **地面材料**：花店的用水会比较多，因此地面材料的选择要考虑到防水性。如果选择瓷砖作为地面材料，需要选择防滑的瓷砖，通常不会使用木地板，可以选择仿石地面。
- **墙面设计**：墙面的色彩要与陈列的鲜花颜色相搭配，如果墙壁面会被陈列鲜花的货架所遮挡，那么壁面可以不用粉刷。如果壁面要悬挂花卉，那么就需要选择较空的壁面，并且壁面粉刷的颜色要对花卉起衬托作用。壁面颜色不应过于花哨，一般以浅色系为主。

- **花架设计**：花架可以设计为可移动花架和不可移动花架，移动花架可用于鲜花上市后的陈列，固定花架要求实用和牢固，便于插花人员的操作和顾客的观赏。
- **天花板设计**：店铺内的照明设备会安装在天花板上，因此天花板的材料要保证耐热、耐湿并且足够安全。在设计时可采用悬挂藤类植物或干花的方式来增强装饰效果。
- **照明**：花店内的照明会对花艺的展现产生影响，花店的照明通常以暖色调为主，以烘托温馨的氛围，对局部的照明可以使用射灯来突出某一花艺。

4. 鲜花的保鲜

鲜花的保鲜对花店来说是很重要的，只有做好保鲜工作才能让鲜花保存的时间更长。针对不同的鲜花，采用的保鲜方式有区别，下面我们主要来看看鲜花的基本保鲜方法。

- **进货要鲜**：要使鲜花保存的时候更长，必须保证所采购的鲜花够鲜。
- **冷柜保鲜**：把鲜花用塑料袋包装以后，放在冷柜中保存可以保证鲜花数日不凋。
- **多次剪切**：把鲜花放入花瓶中两三天以后，水中的沉淀物会阻碍花枝吸收营养。每天把花枝剪切 2 ~ 3cm，能够延长鲜花的保鲜时间。
- **保鲜剂保鲜**：在插花溶液中加入化学保鲜剂，从而来延长鲜花的保鲜时间。

- **斜切法**：把鲜花的花枝斜切，来使鲜花的吸水面积增大。

除了使用上述方法以外，还要注意鲜花不宜放在阳光直射的地方。在冬季通常 3～4 天进行一次换水，在夏季通常 2～3 天换一次水。

5. 花店盈利的三个绝招

投资开店当然是为了盈利，要使新开的花店快速地盈利还需要掌握一些技巧，下面我们来看看让花店盈利的三个绝招，如图 12-2 所示。

精美包装

同样的鲜花，包装不同售价也会不同，单支鲜花在没有包装的情况往往卖不出高价，因此利润也不会太高。而如果把单支鲜花组合起来进行包装，就会使鲜花的售价大大提高。

拓宽销售渠道

只依靠零售鲜花来盈利是比较困难的，鲜花的销售渠道还应包括婚礼、活动、展会等，如果有条件还可以扩宽网络销售渠道。

花材采购方法

花材的补充要及时，因此花材的采购地最好选择较近的距离。另外采购时也不宜进货太多，鲜花毕竟有一定的保存时间，如果进货太多会导致浪费。新店由于没有固定的客源，刚开始进货时宜少进，随后再慢慢增加。

图 12-2 花店盈利的三个绝招

03 开家漂亮的服装店

在街上随处可见的店铺类型可能就是服装店了，在任何一个季节，人们对服装的需求都是旺盛的。创业投资选择开服装店，只要懂得经营之道也能获利。

1. 服装店如何定位

准备开服装店，但是不知道要开家什么风格的服装店，这是许多创业者都遇到过的难题。开服装店定位是很重要的，这直接影响着店铺后期的发展。服装店的市场定位，可以按照以下步骤进行，如图 12-3 所示。

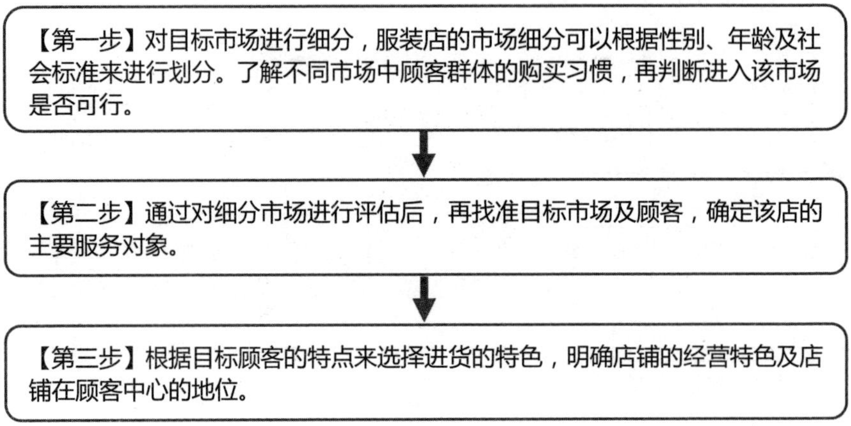

【第一步】对目标市场进行细分，服装店的市场细分可以根据性别、年龄及社会标准来进行划分。了解不同市场中顾客群体的购买习惯，再判断进入该市场是否可行。

↓

【第二步】通过对细分市场进行评估后，再找准目标市场及顾客，确定该店的主要服务对象。

↓

【第三步】根据目标顾客的特点来选择进货的特色，明确店铺的经营特色及店铺在顾客中心的地位。

图 12-3 服装店的市场定位步骤

2. 在不同区位开服装店

服装店所在的位置会影响服装店的销售收入，那么哪些区域更适合开服装店呢？有以下几个地方可供选择。

- **百货商场、服装城及女性专用品商场：**许多消费者购买服装都会挑选，因此他们更愿意到款式多、选择多的地区购买服装。而百货商场、服装城、女性专用品商场这些场所便是服装消费者聚集的地区。
- **繁华商业街：**商业街流动人群较多并且不同年龄层的消费者都有，商业街既能休闲娱乐又能选购商品，是大多消费者购物的好去处，在此处开服装店也比较好。
- **车站附近或交通要道：**在车站附近或者交通要道购买服装的消

费者与在商业街购买的消费者有所不同，这类消费者以求便、求实心理居多，因此服装店要突出自身的优势，服装价格要多以实惠型为主。

3. 避免服装店取名错误

服装店的店名是以文字的形式向顾客传达信息，没有意义的店名不会给顾客留下太多的印象。店名就是店铺的推广渠道，为了给自己的服装店起个好听且容易记的名字，就要避免以下的错误。

- **不考虑顾客**：服装店的店名要符合目标顾客的气质，比如，童装店可以利用卡通人物来命令，而女装店的店名则应以文艺和时尚为主，男装店的店名则应该有气魄。如果起了与目标顾客不符的店名，会让消费者对其印象大打折扣。
- **不可太过深奥**：有些创业者为了使店名更有寓意，就起深奥的店名。实际上，顾客不会过于细究店名所具有的含义。他们只会简单地看一下店名，因此店名还是要以通俗易懂为主，即使要赋予特别的含义，也应该取一个让消费者容易理解的名字。
- **忌用意不良**：服装店的名字可以有创意，但是切忌用意不良，店名传递应该是正面的能量。

4. 服装店怎样装修

开服装店有一个比较重要的工作，那便是为服装店装修，俗话说“人靠衣裳马靠鞍”，店铺也一样，特别是要体现店铺品味的服装店，更需要装修来衬托，服装店的装修要把握好以下几点。

■ 把握整体形象

通常情况下，消费者都有店铺装修差卖的便是便宜货，店铺装修好卖的便是高档货的心理。因此相同质量和品牌的服装放在不同的店铺里售卖，会对消费者的心理产生不同的影响。店铺的装修要与店铺的定位相符合，如果是品牌店，那么装修一定不能太差。

不要因为店铺的装修而影响到顾客的购买欲望，要做到店内环境给顾客以值得信赖和放心购买的感觉。

■ 内部布局要合理

服装店的内部布局包括服装空间布局和通道空间布局，服装的空间布局主要由橱窗、柜台和货架构成。

橱窗一般要布置在店门口的两边，货架的摆放不能给顾客以凌乱的感觉，而应整洁并且以方便顾客选购为原则。柜台要放在能够一眼看到店铺内的整个区域的地方，这样才能保证店员在柜台的时候也能看到进店的顾客。

服装店的通道布局应以保障通道畅通为基本原则，并且要具有引导性，引导顾客继续向前，而不要让顾客中途折返。

■ 照明灯光要搭配

服装店内的灯光能够让服装的色彩看起来更明亮也更吸引人眼球，灯光的选择应与服装店的整体风格相配合。服装店的灯光一般采用冷暖光相结合的方式，暖色灯光给人以温暖的感觉，冷色灯光给人以冰冷的感觉。

在夏季的时候可以更多地使用冷色灯光，而冬季则更多地使用暖色灯光。在搭配其他色调的灯光进行衬托时，切忌不可以只使用一种色调的灯光，比如，只使用冷色调会给人以冰冷、不够温馨的感觉，衣服也会显得不够柔和。

5. 了解服装店导购技巧

服装店销量的好坏很大程度和导购员有关，优秀的导购能够为顾客挑选出适合他们的服装，并促成成交。导购员在推销店内服装时可以掌握以下的技巧。

- **自信的推销**：导购员在推销服装的时候要有信心，要做到自信推销就需要掌握足够的产品知识，包括服装的价格、风格、功能及产品的特色等。这样才能保证在为顾客推销时，能够更有说服力，也使得自己的推销更有信心。
- **适当的推荐**：在对顾客感兴趣的服装进行介绍时，可以为顾客推荐适合的服装。并且礼貌的让顾客试穿，在顾客还没有准备离开或者没有主动把试穿过后的服装交给导购员的时候，可以让顾客拿着服装，让顾客感觉商品已经是他的了。
- **把握成交时机**：在与顾客交谈的过程中，应把话题集中于商品本身，并观察顾客的反应。当顾客有购买的意向时，可采取成交行动，比如，询问顾客是否可以现在就包装好，告知产品很畅销等，以刺激顾客购买。
- **适当的夸赞**：在顾客试穿衣服时可适当地进行夸赞，比如，你穿着很漂亮、正符合你的气质等话语。

6. 盘存工作很重要

服装店在经营过程中并不能保证进货以后就能及时地把货物销售出去，盘点工作对服装店的管理有着重要的意义，它能够了解商品的存量和销量，从而为调整产品种类、开展促销工作提供依据。服装店在开展盘点工作时需要注意以下的事项，如图 12-4 所示。

清楚盘存重点

较大的服装店进行盘点会耗费大量的人力和物力，所以在盘点时要了解盘点的重点。重点盘点商品要优先进行盘点，重点盘存的商品通常是属于当前流行的，或者当前库存量较大的商品。

做好准备工作

在开展盘点前应暂停供货，把需要的单据准备齐全，配备好盘点人员，以保证进行盘点时不会手忙脚乱。

提高效率

使用电脑建立起商品数据库，能够更方便地对商品的销量和库存进行统计，同时也能提高盘点的效率。

图 12-4　服装店盘点注意事项

04 开家舌尖上的餐厅

民以食为天，餐厅在实体店中是不会过时的。它拥有很大的市场需求量，也适合许多投资者小本创业。虽然餐饮店具有很好的前景，但是创业者仍不能掉以轻心。

1.　餐饮店装修要求

餐饮店的装修主要分为两部分，一部分是厨房的装修，另一部分是前厅空间的装修，前厅空间的装修要掌握以下几点装修细节。

- **色彩搭配：**色彩起着营造氛围的作用，不同的色彩会给人以不同的心理暗示。如果想加快顾客的就餐速度可采用红色、黄色等明亮的色彩。要使顾客停留的时间更长则可以采用蓝色、棕色等营造柔和休闲的氛围。
- **风格协调：**餐饮店的桌椅、餐具及墙面等都体现了店铺的风格，店铺的风格应该是统一的，比如，木质深色的餐桌应该对应自然的风格；简约的餐桌对应现代风格；金属雕花餐桌对应欧式风格、切记不可胡乱搭配导致风格不统一。

- **空间搭配**：餐桌的大小应与店铺的空间大小相配合，小店不要配大餐桌，同样的，大型餐饮店的餐桌也不能太小。除此之外，餐桌的位置应保证顾客进出方便，通道空间不可太过狭窄，最好是直线，也可减轻服务人员的劳动强度。

餐饮店的厨房是制作美食的地方，厨房的装修同样不能马虎，在装修时要把握以下的细节。

- 厨房地面要使用防水和防滑的材料，并且接缝处要小，以便于打扫，也可以防止污垢的积累。
- 台面要使用防水和防火并且便于打扫的台面，可以选用不锈钢材质的。
- 墙面的材料应选择便于打扫的材料，因为在使用过程中会产生油污，清洁方便可以减少很多工作量。
- 厨房的灯光不宜太过花哨，以实用性为主，同时要有足够的灯光亮度，以保证配菜、清洁卫生时能够看得清楚。
- 厨房通风必须足够好，保证空气流通、温度适宜。排烟系统的安装也不能马虎，尽量选择质量有保证的设备，避免厨房油烟进入到前厅中。
- 吊顶材料需要耐高温和防水的材料，可以使用 PVC 吊板、铝扣板及集成吊顶等。

2. 如何设计菜单

菜单是用于顾客点餐的工具，菜单的设计并不是随意的搭配，它的布局及设计都会影响到顾客的点餐。

在顾客还没有品尝到菜品之前，菜单便是留给顾客的第一印象，菜单的设计有以下几点技巧，如图 12-5 所示。

价格设置

餐馆的菜品便是售卖的商品，为了吸引顾客点餐，在价格的设置上也可以使用一些定价技巧。

图文搭配

图文搭配能够让顾客更清晰地看到菜品的样式，顾客看到图片时也会垂涎欲滴，会有效提升菜品的销量。

字体的选择

菜单上字体的选择不要使用繁体，这样会让有些顾客看不懂。字体的大小也不宜过大，保证顾客能够清晰地看清楚菜品名称即可。

高低价配合

把高价的菜品放在菜单的前面，低价的菜品放在后面。更容易让顾客点价格更高的菜品，当顾客翻到后面时也会觉得菜品便宜，从而点到菜单后面的菜。

图 12-5 菜单设计的技巧

3. 餐饮店服务员的要求

餐饮店中的服务员代表了餐厅的形象，顾客对餐饮店中的服务感到满意也会再次消费。对于顾客接触最多的服务员，应该做以下的要求。

- **仪容要求：**要求女服务员把头发扎起来，男服务员不要留长发和胡须，鞋要擦亮，统一着装，外表给人干净整洁的感觉。
- **礼仪要求：**当顾客来到餐厅以后要礼貌的上前迎接，并询问顾客就餐人数，为顾客安排合适的位置。顾客离开时应热情地送别，邀请顾客下次光临。
- **交谈要求：**与顾客交谈时要多用尊称，微笑着与顾客交谈，要讲清楚并让顾客听明白，声音不能太小，否则顾客听不见所讲内容。

- **工作要求**：工作时间要以客为先，不要做与工作无关的事情。当顾客要求添加茶水或者加菜的时候，应该快速地满足顾客的需求，不要表现出不耐烦，也不要拖拉。

4. 开餐饮店不要犯的错误

餐饮店刚开业会因为经验不足而犯错，下面我们就来看看这些常见的错误是什么，从而避免自己也犯类似的错误。

- **以自我为中心**：很多餐饮店领导者会以自己的口味和喜好来设计菜单，甚至要求厨师也按照自己的口味来制作菜品。餐饮店的核心人物应该是顾客，要从店铺的目标顾客的喜好出发来设计菜品。
- **把产品当顾客**：部分餐饮店会把店铺内的菜品当作目标顾客，认为自己的菜品有多么的好，结果却没有顾客消费。领导者应该明白，如果产品不能满足顾客需求，再好的产品也不会销售出去。
- **不进行营销**：没有营销的店铺是不会被他人发现的，特别是还没有太多老顾客的新店，只有通过营销让顾客尝到了菜品的美味后，才会赢得顾客的喜欢从而取得销售收入，坐在店铺中等待顾客主动上门是不会赢得太多顾客的。
- **盲目跟风**：当看到竞争对手推出某个菜品后，受到了广大消费者的喜爱时，就盲目跟风的店铺也推出了同样的菜品。实际上他人能够取得成功不代表自己能够取得成功，店铺应该有自己的发展方式和特色菜品，而不应追求与他人一样。

5. 成为一名优秀的老板

餐饮店的老板是餐饮店的中坚力量，对餐饮店的很多工作的开展起着决定性的作用。作为餐厅的老板，一定不能只要求员工，也要要求自己。要做一名优秀的老板，需要具备以下条件。

- **认识自己**：老板应该认识自己，包括个人能力、经验、优点和缺点。同时也要了解自己餐厅的人力、物力、服务水平及竞争力等。
- **了解员工**：老板应该了解自己员工的优缺点及能力，做到知人善用，让合适的人在合适的岗位。
- **了解竞争对手**：老板不仅需要了解自己餐馆的情况，还需要了解竞争对手的情况，做到知己知彼才能百战不殆。
- **善于倾听**：老板对员工提出合理的意见应该倾听，如果员工提出了有利于餐厅发展的好点子，也应该接受并运用。
- **善于学习**：老板应该不断地提高个人的领导能力，也应该向下属和对手等学习他们的优点。
- **善于突破**：餐厅应该保持活力，应学会创新和突破，要根据市场对菜品、价格及服务等进行革新。